拉脱维亚中文教育简史
（1920—2022）

尚劝余　著

商务印书馆
创于1897 The Commercial Press

图书在版编目（CIP）数据

拉脱维亚中文教育简史：1920—2022 / 尚劝余著.
北京：商务印书馆，2024.--ISBN 978-7-100-24559-3

Ⅰ. H195.3

中国国家版本馆CIP数据核字第20245WA460号

拉脱维亚中文教育简史（1920—2022）

尚劝余 著

商 务 印 书 馆 出 版
（北京王府井大街36号 邮政编码100710）
商 务 印 书 馆 发 行
北京虎彩文化传播有限公司印刷
ISBN 978-7-100-24559-3

2024年12月第1版　　开本 880×1230 1/32
2024年12月北京第1次印刷　　印张 $10^{1}/_{8}$

定价：88.00元

序

我与尚劝余教授在拉脱维亚大学孔子学院合作共事10个年头，一起见证和亲历了拉脱维亚中文教育的发展历程。尚劝余教授新著《拉脱维亚中文教育简史(1920—2022)》即将付梓面世,我非常高兴为之作序。

首先，本书具有重要的学术价值。拉脱维亚中文教育具有悠久的历史，迄今经历了百余年的发展历程。第一次独立时期，施密特教授开始在拉脱维亚大学从事拉脱维亚民间传说研究和教学的同时，也进行汉学研究和开设中文讲座，拉开了拉脱维亚中文教育的帷幕，但是他去世之后拉脱维亚中文教育中断。苏联时期，我本人在莫斯科大学学习中文并在远东大学讲授中文，回到拉脱维亚后在拉脱维亚大学开设中文课程，恢复了中文教学。恢复独立时期，我在外交部工作的同时，承担拉脱维亚大学东方学系汉学专业中文教学任务，在最初几年里我是唯一的中文老师。孔子学院成立后，我一直担任拉方院长，中文教学随之推广并在全国各地普及。但到目前为止，不论是拉脱维亚学术界还是中国学术界尚无系统研究拉脱维亚百年中文教育史的学术成果问世。本书作为世界上第一部系统探讨拉脱维亚中文教育发展史的著作，具有重大的学术价值，有助于弥补学术界这方面的空缺，进一步推动拉脱维亚中文教育的发展。

其次，本书具有重要的史料价值。拉脱维亚大学孔子学院是中国（华南师范大学）和拉脱维亚（拉脱维亚大学）双方合作共建的教育机构，是肩负着在拉脱维亚全国推广中国语言文化的唯一官方机构，在拉脱维亚10个重要城市20余所大学、中学和小学开设中文课程，从事中文教育。尚劝余教授担任中方院长长达10个年头，与我一起负责各个教学点中文教学和文化活动的组织管理工作。他利用在拉脱维亚大学工作的得天独厚的有利条件，掌握了丰富而珍贵的素材。他深入挖掘档案、书信、手稿、讲义、访谈等第一手资料，包括施密特教授捐赠给拉脱维亚大学的珍贵文献资料以及历任上百位中文教师的教学日志、工作总结、离任鉴定等；并对分散在拉脱维亚各地的近20个中文教学点以及相关的重要人士进行邮件、微信、WhatsApp、Facebook、Messenger、手机短信、电话、视频和现场访问及面谈等，获取了大量宝贵的第一手信息资料。本书无疑将为进一步研究拉脱维亚中文教育史提供可靠的素材和资料。

我们相信和期待，有本书披荆拓路，拉脱维亚中文教育特别是中文教育史研究领域定会涌现出更加丰硕的成果，拉脱维亚中文教育之花定会在波罗的海之滨和道加瓦河畔绚丽绽放。

贝德高（Pēteris Pildegovičs）

2023年于拉脱维亚大学孔子学院

目　　录

下篇　中文教育的推广和普及（2011—2022）

绪　论

拉脱维亚位于欧洲东北部，西邻波罗的海，东邻俄罗斯和白俄罗斯，北邻爱沙尼亚，南邻立陶宛，与南北两个邻国并称“波罗的海三国”，在地理和文化上既属于东欧又属于北欧。关于拉脱维亚国名，有不少人经常误将“拉脱维亚”写成“拉托维亚”，也有人对“脱”与“托”的译法有疑问。“名不正则言不顺”，因此，在这里有必要先为拉脱维亚正一下名，以便名正言顺地探讨百余年的拉脱维亚中文教育史。

于丛杨（2022）就拉脱维亚国名的翻译和含义做了专门考证和探讨。他发现在俄语或英语中，凡是带 T 或 TO 的人名，中文均译作“特”“托”或“妥”，如俄罗斯名人托尔斯泰、莱蒙托夫、奥斯特洛夫斯基、莫洛托夫、陀思妥耶夫斯基等；查遍全球 202 个国家和地区的名称，凡原名带有 T 或 TO 的，中文都译成“托”“特”或“多”，如俄罗斯的萨拉托夫、罗斯托夫、托木斯克，非洲的莱索托，亚洲的科威特，城市名阿姆斯特丹、蒙特利尔、多伦多，等等，而唯独 Latvija（拉脱维亚语）被翻译成拉脱维亚，这个带“脱”字的国名，就傲然地成为了世界唯一。由于无法找到“拉脱维亚”中文译法的原始出处，1998 年他曾从文学的诗意角度，对“脱”字的译法做了诗意的发挥解释：第一，这个“脱”字符合中国典籍的“脱笼之鹄”一说，寓意着拉脱维亚脱离大国统治而获得独立。第二，这个“脱”字大有“脱可免祸，脱离苦难”之义。第三，这个“脱”字寓意脱颖而出，脱离凡俗，大气洒脱。2019 年他做了一番考证，找到了“比较可靠”的答案——拉脱维亚国名在民族语言里是“铠甲”“金属制的衣服”之义。其实，这个看似权威的解释打了个马虎眼——只笼统地称“民族语言”而不明说是哪个民族的语言！经贝德高和艾晓奇等拉脱维亚族人士确认，在拉脱维亚民族语言里，Latvija 根本没有“铠甲”之义。据史料记载，Latvija 源自 Latgalians（拉特加莱语），是整合成现代拉脱维亚民族的四个波罗的海古老印欧部落之一。至今，在拉脱维亚东部仍保留着古老的拉特加莱方言。那么这个无端的“铠甲”是从何方飘过来的呢？查阅多种语言、多种版本词典以及苏联时期各加盟共和国国名标识发现，在 1989 年苏联解体前，苏联各加盟共和国的国名，官方必须用俄文书写。而“拉脱维亚”的俄文书写形式是 ЛАТВИЯ，在俄文里，“铠甲”一词的词根是 ЛАТЫ。据推测，当年第一位翻译 ЛАТВИЯ 这个国名的译者，可能根据俄文的含义，想尽量在中文译名中体现地名背后蕴藏的人文内涵，于是就把铠甲需穿需脱的特性，通过“脱”这个汉字译写巧妙地融进去了，“拉脱维亚”也被解释为铠甲之义了。沉闷的考证和斗胆的推测，是否符合拉脱维亚国名真实的含义呢？还望方家指正。（于丛杨，2022a）

拉脱维亚曾长期遭受外国统治，命运多舛。波罗的海部落是史前印欧语族跨大陆迁移的组成部分，拉脱维亚人的祖先公元前 3000 年至公元前 2500 年左右定居在波罗的海东岸。公元前 900 年，克罗尼人、塞梅加莱人、拉特加莱人、瑟罗尼亚人以及说芬兰语的利沃尼亚人，几个不同的波罗的海部落定居在拉脱维亚。波罗的海人建立了直通古罗马的商路，以当地所产琥珀交换贵金属。12 世纪晚期，第一个传教士由罗马教皇派遣，来到了道加瓦河下游进行传教，并且逐渐建立了由德国商人和传教士为主的定居点。但当地居民却没有接受基督教，于是日耳曼十字军被派往拉脱维亚，用武力强迫当地居民改信基督教。这时，克罗尼人、塞梅加莱人、拉特加莱人、瑟罗尼亚人都已建立自己的王国并与入侵者对抗。但在 13 世纪早期，德国人控制了现在拉脱维亚的大部分地区以及爱沙尼亚的南部地区，并且在被征服地区建立了十字军国家即后来所知的玛利亚地或利沃尼亚。里加成了主要的贸易中心，并于 1281

年加入了汉萨同盟。1583—1710 年拉脱维亚先后被瑞典、波兰-立陶宛联邦瓜分；1710—1918 年又先后被俄罗斯帝国和德国侵占；第一次世界大战后于 1918 年 11 月 18 日宣布独立；第二次世界大战期间于 1940 年 8 月被苏联吞并，成为苏联加盟共和国之一；随着东欧剧变和苏联解体，于 1990 年 5 月 4 日通过关于恢复独立的宣言并改国名为拉脱维亚共和国，1991 年 8 月 22 日拉脱维亚最高苏维埃宣布拉脱维亚共和国恢复独立，同年 9 月 17 日加入联合国；2004 年加入北大西洋公约组织（简称“北约”）和欧洲联盟（简称“欧盟”）；2007 年加入申根国家；2014 年加入欧元区。（Kalnins Māra，2014；李兴汉，2003）

中国是亚洲东部古老的国家，而拉脱维亚是欧洲波罗的海东岸的国家。两国之间相距甚远，语言与文化上差异也很大，两国在历史上少有交集，彼此了解十分有限。拉脱维亚人过去把中国视为一个神奇的遥远国度，拉脱维亚人甚至用“这就像汉语字母表一样”这一俗语来形容那些令人费解的事物。19 世纪末，不少拉脱维亚族的工程师、技术人员和工人被沙皇俄国政府派到中国东北修建中东铁路，之后有些人留在中国，大多数住在哈尔滨。1904—1905 年日俄战争期间，拉脱维亚族人作为沙皇俄国军队的一部分来到中国，战争结束后一些人也选择留在中国。第一次世界大战和俄国内战时期，也有一些拉脱维亚族难民来到中国。因此，铁路工人、退役军人以及难民成为中国的拉脱维亚侨民的主要组成部分。据拉脱维亚驻哈尔滨总领事馆资料记载，拉脱维亚侨民在哈尔滨的人数在 1927 年达到顶峰，有 616 名拉脱维亚公民在哈尔滨登记注册。（Rode Nadina，2016）在拉脱维亚第一次独立时期（1918—1939），中国于 1923 年承认拉脱维亚独立，但并没有正式建立外交关系，两国之间的官方交流是通过中国驻伦敦和柏林的外交官进行的。1936 年 6 月 25 日，双方签订正式友好条约，但仍没有建立正式关系。虽然拉脱维亚和中国都没有正式设立大使馆，但拉脱维亚在中国有两个总领事馆，分别在哈尔滨和上海。据拉脱维亚国家历史档案馆文件记载，在两次世界大战期间，中国是拉脱维亚在亚洲的最大贸易伙伴。拉脱维亚成为苏联加盟共和国后，中国与苏联发展双边关系。1990 年 5 月，拉最高苏维埃通过关于恢复拉脱维亚独立的宣言，并改国名为拉脱维亚共和国；1991 年 8 月，拉最高苏维埃宣布拉脱维亚共和国恢复独立；1991 年 9 月，苏联国务委员会承认拉独立。中拉于 1991 年正式建交，中国是最早承认拉脱维亚恢复独立的国家之一。建交以来，中拉双边交往逐渐密切，双边合作不断加强。进入 21 世纪后中拉关系发展迅速，各方面的合作日益密切，但两国交往也面临一些挑战，包括两国有关政策存在的问题、经济贸易不平衡的问题、两国之间距离遥远对交往的障碍以及欧盟、美国、俄罗斯等第三方的因素对中拉合作与发展带来的挑战。（纳迪娜，2022）

拉脱维亚中文教育具有悠久的历史，始于第一次独立后不久（1920 年），迄今 100 余年。截至 2020 年年底，全球共有 180 多个国家和地区开展中文教育，拉脱维亚即是其中之一。拉脱维亚是中东欧十六国中最早开始中文教育的国家，是波罗的海三国中最早开设中文专业的国家，也是波罗的海三国中文教育规模最大的中心，具有代表性，也占有重要的地位，影响较大。拉脱维亚中文教育经历了百余年的曲折历程，取得了不菲的成就，积累了丰富的经验，同时也面临不小的挑战。全面而系统地梳理和研究拉脱维亚百年中文教育史，不仅有助于推动拉脱维亚中文教育的进一步发展，从而加深中拉两国教育交流合作和双边关系，同时也可为中东欧其他国家特别是“一带一路”沿线的波罗的海国家中文教育提供参照和借鉴，进一步提升中文和中华文化的国际影响力。

国外相关研究：国外有关拉脱维亚中文教育的研究起步比较早，始于 20 世纪 20 年代，经历了两个阶段。(1) 起初主要是围绕拉脱维亚汉学研究和中文教学创始人施密特的个案研究。如从 1920 年开始，拉脱维亚语报刊《教育部月刊》等就开始发表有关介绍和研究施密特的文章，（Zeiferts Teodor, 1920）1929 年拉脱维亚大学 10 周年纪念文集和 1939

年拉脱维亚大学20周年纪念文集中都有关于施密特的介绍与研究，[①] 仅20世纪20年代和30年代，就有30多篇有关施密特的文章，作者为雅尼斯·恩泽林斯、安德烈斯·乌皮茨、欧内斯茨·布莱赛等。（Staburova Jeļena, 1990）1940年拉脱维亚传记家古斯塔夫斯·沙乌鲁姆斯撰写《彼得里斯·施密特教授：基于自传资料》（Šaurums G., 1940），1962年施密特教授的儿子帕维尔斯·施密特撰写《施密特教授的学术遗产——纪念这位语言学家、民族志学家和民俗学家逝世24周年》（*Profesora Šmita atstātais zinātniskais mantojums* (sakarā ar valodnieka, etnogrāfa un folklorista 24. gadu nāves dienu)）。1982年德国汉学家魏汉茂发表了重要成果《彼得·施密特：东亚学者、语言学家和民俗学家的简要传记》（Walravens Hartman, 1982），1990年拉脱维亚汉学家史莲娜发表有关彼得·施密特研究专文《他选对了时间走对了方向——东方研究者彼得·施密特》（Staburova Jeļena, 1990），1998年拉脱维亚大学教授亚尼斯·罗森堡斯发表专文《纪念民俗学家、民族志学家和语言学家彼得·施密特》（Rozenbergs Jānis, 1998）。2000年和2019年，拉脱维亚大学和联合国教科文组织等举办了施密特国际学术研讨会，分别以“彼得·施密特：在拉脱维亚和中国之间”和“彼得·施密特：站在文化和语言十字路口的人”为会议主题，来自拉脱维亚、中国、俄罗斯、德国、匈牙利、芬兰、美国、日本等国的学者参加了研讨会，两次研讨会共收到39篇论文，这些论文后来被结集成书出版。（Saviča Mārīte, 2020）2021年拉脱维亚国家图书馆葛思语发表专文《从东方学家到亚洲学者：彼得·施密特为〈家庭来客〉撰写的论述中国的文章，1897—1899》（Dunajevs Georgijs, 2021）。(2) 之后逐渐转向拉脱维亚东方学研究和汉学研究及拉脱维亚大学汉学专业教学的宏观梳理。如维克多·伊夫布

① *Latvijas Universitāte 1919–1929*, Rīga, Latvijas Universitātes izdevums, 1929. *Latvijas Universitāte 1929–1939*, Rīga, Latvijas Universitātes izdevums, 1939.

里斯概述了拉脱维亚大学东方学系建立20年来(1991—2011)的发展历程,(Ivbulis Viktors, 2011)哈艾葛妮赛探讨了拉脱维亚日本研究和汉学研究20年的历程,(Haijima Agnese, 2015)鲍葛薇分四个历史时期四代人论述了拉脱维亚汉学研究历程和成就,(安吉塔·鲍葛薇,2016)并根据她个人经历对拉脱维亚大学汉学专业教学做了梳理。(Baltgalve Agita, 2024)国外的这些相关研究都不同程度地涉及拉脱维亚早期中文教育肇始和后来中文专业发展的概况,为本书提供了有益的思路和宝贵的资料,但是这些研究或属于简略传记或属于宏观概括,而非中文教育史方面的专门论著,因此有待在此基础上按照拉脱维亚中文教育史的总体演化历程进行深入系统的专门研究。

国内相关研究:国内相关研究起步比较晚,始于20世纪90年代末21世纪初,可归纳为两个方面。(1)有关施密特及其早期中文教材《官话语法试编》研究。如柳若梅(2005)、罗薇(2020、2021)等对施密特《官话语法试编》做了论述和研究,阎国栋(2006)、Shang Quanyu(2020)以及Shang Quanyu和Lü Yan(2020)等对施密特本人做了研究,但对施密特在拉脱维亚大学的中文教学情况着墨寥寥。(2)有关拉脱维亚中文教学研究。以2011年拉脱维亚大学孔子学院成立为分界点,之前只有零星的几篇文章,以介绍拉脱维亚中文教学概况为主,如何杰(2000)、彭飞和张红(2011)等对拉脱维亚的中文教学历史和近况做了简要探讨,但存在个别史实谬误之处;之后大批中文教学志愿者教师结合自己的教学实践和研究探索撰写相关硕士学位论文,对各个中文教学点的语言教学和文化教学进行深入的定性定量研究,形成系列研究成果,但多侧重共时研究,缺乏历时梳理;(参阅尚劝余、贝德高、董芳主编,2016;尚劝余、王琼子、贝德高主编,2019;尚劝余、贝德高、王蕾、王琼子主编,2021;尚劝余、贝德高、白冰玉主编,2022)尚劝余和尚沫含(2022)、王琼子和尚劝余(2022)等也对拉脱维亚中文教学及拉脱维亚大学中文教学做了宏观梳理,但限于篇幅,未能深入展开。通观国内外相关学术研究及动态可以看出，迄今为止的研究涵盖拉脱维亚中文教学拓荒者施密特的个案研究、拉脱维亚东方学和汉学的宏观研究、拉脱维亚中文教学的定性定量研究，但缺乏对拉脱维亚百年中文教育发展的系统深入的专门研究，此外也有个别史实谬误有待匡正。因此，有必要在迄今为止研究的基础上，进一步深入挖掘和探讨，对拉脱维亚百年中文教育史进行系统梳理和研究。

学术价值：(1) 突破传统的研究分期法。本书突破传统的拉脱维亚汉学研究四阶段四代人分期法（第一代：拉脱维亚第一次独立时期，1918—1939 年；第二代：苏联时期，1940—1990 年；第三代：恢复独立时期，1991—2004 年；第四代：欧盟时期，2004 年至今），按照中文教育自身发展的历史轨迹和内在逻辑，采用新的分期法分三个阶段（中文教育的发轫和传承：1920—1990 年；中文教育的成熟和发展：1991—2010 年；中文教育的推广和普及：2011—2022 年），系统梳理研究 1920—2022 年拉脱维亚百年中文教育史的全貌。(2) 突破传统的研究理路，匡正某些史实谬误。学界对拉脱维亚中文教育的论述多从恢复独立时期开始，而对拉脱维亚第一次独立时期和苏联时期的中文教育关注不多，或浅尝辄止或一笔带过，本书挖掘尚未被学界注意到的原始史料并对相关亲历者进行访谈，对拉脱维亚中文教育的缘起和传承进行新的探索；并对国内学界有关拉脱维亚大学创立和施密特任教时间等问题上的史实谬误予以匡正，以免以讹传讹。(3) 突破传统的研究关切点。学界对拉脱维亚恢复独立及欧盟时期的汉学 / 东方学研究和具体的中文教学比较关注，但对这一时期中文教育的内在演进逻辑和发展脉络梳理不够，本书进一步挖掘探讨，按照这一时期中文教育的内在演进逻辑和发展特点，就拉脱维亚中文教育的成熟和发展、推广和普及两个阶段的重大问题进行新的探索。

重点难点：(1) 对档案材料和原始资料进行挖掘整理，包括施密特本人捐赠给拉脱维亚大学的 2600 多件文献资料，其中有许多不为人知的中文、拉文、俄文、德文、英文等手稿、信件、讲义等，以及上百位中文教师的教学日志、工作总结、离任鉴定、光荣岁月等；对分散在拉脱维亚各地的近20个大学、中学、小学中文教学点以及相关的重要人士进行调研和访谈（通过邮件、微信、WhatsApp、Facebook、Messenger、手机短信、电话、视频和现场访问及面谈等），获取第一手信息资料。(2)在深入挖掘第一手资料（档案、书信、手稿、讲义、访谈等）的基础上，开拓性地研究探讨拉脱维亚第一次独立时期和苏联时期的中文教育，揭示拉脱维亚中文教育的缘起和传承，特别是两个代表人物施密特和贝德高的教育理念、教学经历、教学方法及教学成就对拉脱维亚中文教育传统有着重要影响；全面客观多维度探讨拉脱维亚恢复独立和欧盟时期的中文教育，目前有关这个时期的中文教学研究多属共时维度，主要侧重于当下的教学实际进行教学经验的总结和研究，缺少历时的对比研究及对不同阶段中文教学特点的探讨，尤其是缺乏针对孔子学院成立前后中文教学情况的对比研究以及孔子学院与大学中文专业院系之间关系的研究。

学术观点：(1)学者们一般以拉脱维亚大学汉学专业的设立作为中文教育的开端，这一观点有失偏颇。中文教育史应重追根溯源，开端不应以后来开设汉学专业为标志，而应以早前开设中文教学为标志。据资料显示，1920年拉脱维亚汉学家施密特离开任教20余年的远东大学回到祖国，在拉脱维亚大学任教，开设了“中国语文导论”“中国文化史”“汉语”等课程，并多次举办有关孔子儒学等的讲座。因此，拉脱维亚大学是拉脱维亚中文教育的摇篮，施密特是拉脱维亚中文教育的开拓者。(2)学界普遍认为，苏联时期的中文教育集中在俄罗斯的圣彼得堡、莫斯科、符拉迪沃斯托克，忽视了拉脱维亚的中文教育。其实，这一时期是拉脱维亚中文教育承前启后的重要时期。拉脱维亚汉学家贝德高在远东大学任教10年后回到拉脱维亚，于20世纪80年代在拉脱维亚大学开设中文课程，90年代与其他学者一起建立了汉学专业，并承担主要的教学工作，培养了许多汉语人才。他的学生鲍葛薇2007年从德国博士毕业后回到拉脱维亚大学任教并一直担任汉学专业负责人。从施密特到贝德高再到鲍葛薇再到卡琳娜（鲍葛薇的学生和同事），拉脱维亚中文教育一脉相承，薪火相传。

总之，拉脱维亚中文教育历经百年，有其自身的发展轨迹和内在逻辑，拉脱维亚中文教育史的研究应突破传统的拉脱维亚汉学研究理念和视角，遵循中文教育发展逻辑和轨迹，客观准确揭示拉脱维亚百年中文教育史的发轫和传承、成熟和发展、推广和普及的历程与全貌。拉脱维亚中文教育是全球中文教育的组成部分，既有其自身的特点，也遇到其他国家所面临的一些共性问题，特别是波罗的海国家具有相似的历史经历和文化背景，20 世纪 90 年代以来中文教育的共性更加突出。因此，对拉脱维亚百年中文教育史进行系统梳理和探讨，具有重要的价值和意义。

著名史学家彭树智先生提出“文明交往论”，同吴于廑先生提出的世界史纵横发展整体史观，罗荣渠和钱乘旦先生提出的现代化史观，被学界称为中国世界史理论研究的三大创新史观，是当代中国世界历史研究的重大理论成果之一。当前，国际社会正经历百年未有之大变局，不同文明之间和相同文明内部的交往更加频繁。文明对话和文明交往是人类超越冲突和对抗、实现平等和共同发展与繁荣的唯一途径。“一带一路”建设的最高目标就是各国间“民心相通”，其途径就是文明交往。同样，文明交往也是推动人类命运共同体建设的前提。[①] 作为“一带一路”沿线国家的拉脱维亚，是“民心相通”“文明交往”的重要组成部分。因此可以说，本书也是“文明交往”的有力见证。

本书定名为“拉脱维亚中文教育简史（1920—2022）”，基于如下几点考虑：第一，中国面向国际人士的中国语言文化教育经历了几个发展阶段，即“对外汉语教学”—“汉语国际教育”—“国际中文教育”。

① https://www.nwu.edu.cn/info/1192/25633.htm，2022 年 10 月 20 日查阅。

本书体现的是最新的“国际中文教育”的内涵，这里的“中文”涵盖广义的中国语言文化各个方面，而非狭义的“汉语”。因此本书在论述过程中，除了一些特定情况使用“汉语”一词外，主要使用“中文”一词，在此特向读者交代。第二，教育包含“教”和“育”，既包括课堂上的中国语言文化教学（教与学），也包括课堂外的中国语言文化各个方面的传授和传播（教与育）。第三，本书是一部简略的中文教育发展史稿，而非全面的中文教育史研究，旨在简要展示拉脱维亚百年来中国语言文化教育的发展演化历程以及相关史实和史料，对其进行系统梳理。

本书按篇章节排列，除绪论、余论外，全书分为三篇八章三十六节。为了便于读者对照人名汉译和原文，整理收录了人名汉译和原文对照表，按照汉语拼音音序排列。需要说明的是，人名重名很多，笔者给中文译名加了姓，以示区别；此外，女性婚前一般随父姓、婚后随夫姓，原文采用了婚前和婚后双姓，以便识别。本书倘若能够使读者对拉脱维亚百年中文教育史有一个概括了解，笔者将不胜欣慰。

上篇

中文教育的发轫和传承（1920—1990）

拉脱维亚曾长期遭受外国统治，命运多舛。第一次世界大战后，拉脱维亚于 1918 年 11 月 18 日宣布独立；第二次世界大战期间，拉脱维亚于 1940 年 8 月被苏联吞并，再次失去独立，成为苏联加盟共和国之一；1990 年苏联开始解体，随后拉脱维亚宣布恢复独立。第一次独立时期（1918—1940）和苏联时期（1940—1990），是拉脱维亚中文教育的发轫（1920 年拉脱维亚大学开设中文课程）和传承时期。

第一章　第一次独立时期（1918—1940）

拉脱维亚汉学研究和中文教学孕育和发轫于第一次独立时期（1918—1940）。拉脱维亚独立不久建立的拉脱维亚大学是拉脱维亚汉学研究和中文教学的摇篮与发源地，著名汉学家施密特是拉脱维亚汉学研究和中文教学的开山鼻祖，拉开了拉脱维亚汉学研究和中文教学的帷幕。

第一节　中文教育摇篮拉脱维亚大学诞生

拉脱维亚大学是一所历史悠久、规模宏大的大学，[①] 其历史可以追溯到 1862 年，数度易址，屡次改名，历经 57 年的颠沛流离和风雨变迁，终于在拉脱维亚独立不久后应运而生。

一、里加理工学校

拉脱维亚大学的前身是沙皇俄罗斯帝国时期的里加理工学校（拉文名 Rīgas Politehnikums，英文名 Riga Polytechnic School），创建于 1862 年 10 月 14 日，1896 年 5 月 18 日改名为里加理工学院。

里加理工学校的创办与 19 世纪中叶欧洲经济和政治发展密切相关，

---

① 据拉脱维亚大学校长穆伊日涅克斯教授介绍（2018），拉脱维亚大学各个学院和机构散布在里加市区和近郊，共有 59 处，目前正在建设现代化新校区拉脱维亚大学学术中心，计划先把理工科院系搬过去，然后逐渐将其他院系和机构搬过去，这样可以整合资源，不再分散于各处。

即制造业和公路交通、桥梁和其他工程建设等迅速发展，使得里加迅速发展成为一个发达的工业中心，需要大量掌握新的制造业设备技术并具有创新思想的人才。在德国各大学专家的建议下，决定在里加开办一所私立的理工高等教育机构。

1861 年 5 月 28 日沙皇亚历山大二世批准建立里加理工学校，1862 年 10 月 14 日开学。里加理工学校是俄罗斯帝国第一所多学科高等技术教育机构，也是拉脱维亚境内和波罗的海地区第一所高等技术教育机构。里加理工学校条例规定了学校的目标和任务，即提供理论和实践教育，培养生产、技术和贸易领域的专家，从而推动波罗的海地区的经济发展和现代化。里加理工学校时期的办公和教学语言是德语。

里加理工学校是按照当时世界上最先进的技术大学的模式创建的，学校的机构框架和学科设置等以瑞士苏黎世联邦理工学校和德国卡尔斯鲁厄理工学院为样板。1863 年最早组建的有化学系、工程系、农业系和制造系四个系。随后几年又组建了机械系（1868）、商业系（1868）、建筑系（1869）和勘探系（1869）四个系。但由于缺少生源，制造系于 1865 年关闭，勘探系于 1888 年关闭。此外，为了使里加理工学校的申请者具备所需的基础知识，1862 年成立了预科学校，开设数学课、科学课、商业课、技术课。随着真正现代高级学校的增多和申请者知识水平的提高，预科学校于 1892 年 6 月关闭。

里加理工学校的教职人员最初几乎都是从外国邀请的，主要来自德国、瑞士和奥地利的大学。后来，外国教职人员数量逐渐减少，由塔尔图大学（即多帕特大学）和里加理工学校毕业生取而代之。教职人员中包括许多世界著名科学家，特别是化学和工程学领域的科学家。例如，物理化学奠基人威姆·瓦斯伍德（Wilhelm Ostwald），出生于里加，1881—1887 年任教于里加理工学校，1909 年获得诺贝尔化学奖。里加理工学校与俄罗斯帝国其他高等教育机构一样，只招收男生，不招收女生，没有入学考试。第一个学年（1863—1864）只有 16 名学生，1869 年增加到90名。1874年1月1日，沙皇亚历山大二世颁布了征兵令，所有年满21岁的男子必须服役15年，但对于想在俄罗斯帝国的大学学习的毕业生，只需服役6个月。由于这一政策，里加理工学校学生数量大幅增加。1874—1875学年，即有59名学生注册，学生总数达到201人。截至1896年，共有4941名毕业生。

里加理工学校是作为一个拥有自主权的私立大学建立的，但是接受俄罗斯帝国财政部的监督，并接受波罗的海国家总督的直接监管，总督也是里加理工学校的监护人。1881年，与俄罗斯帝国大部分教育机构一样，里加理工学校归国民教育部管辖，它将直接行政管理权移交给塔尔图学区监护人，从1886年起移交给里加学区监护人。里加理工学校由一位校长和一个内部管理机构里加理工学校理事会领导。理事会由校长和学校财政赞助者推选的成员组成，理事会成员由爱沙尼亚、库尔泽梅、维泽梅和萨雷马的骑士以及里加市政府、大行会和小行会、塔林市、塔林和里加股票交易所推举代表组成。

里加理工学校校舍几经搬迁和扩建，1862年创建之初，为了满足教学需求，租用了伊丽莎白街和苏沃洛瓦街(现K.巴罗纳街)角的烘焙房作为临时场地，1869年9月1日搬到了位于特朗曼特涅卡街(即现在的莱纳街)19号专为里加理工学校建造的大楼，即现在的拉脱维亚大学主楼。[①] 随着学校的发展，在莱纳街19号主楼之外，又于1877年在保录奇街(现迈尔凯拉街)、1884年在尹泽涅鲁街、1910年在阿尔希泰克特街增建了新的大楼。1900年，化学系搬到了普希金大街(现克朗瓦尔达街)4号。

① 拉脱维亚大学主楼位于里加市中心，自由纪念碑广场和国家歌剧与芭蕾舞剧院近在咫尺，离火车站、长途汽车站、中心市场也不远，学校行政部门和法学院、神学院、医学院一部分以及孔子学院办公室等位于这里(2022年7月孔子学院办公室迁往新址)，主楼大礼堂(Liela Aula)是拉脱维亚最好的礼堂之一，经常举办世界合唱节等。

二、里加理工学院

随着19世纪俄罗斯化政策的加强，里加理工学校实行重组和改革。沙皇尼古拉二世通过1896年5月6日敕令将里加理工学校国有化，并于5月18日改名为里加理工学院(拉文名 Rīgas Politehniskais institūts，英文名 Riga Polytechnical Institute)，成为一所国立大学，办公和教学语言是俄语。

1896年5月18日，里加理工学院条例赋予教职人员、学生和毕业生享有和俄罗斯帝国其他国立教育机构同样的权利。1900年6月10日，所有1896年之前毕业的学生也获得了国立高等教育机构正式毕业生的权利。里加理工学院也为学生提供各种组织和个人奖学金，从1900年1月1日起也提供国家奖学金。随着里加理工学院国有化，学生数量持续增加。1896—1897学年，有1282名学生。1912—1913学年，有2008名学生。截至1912年，共有9931名毕业生。里加理工学院获得国立高等教育机构地位之后，也实行入学考试。按照考试分数录取学生，如果分数相同，优先招收波罗的海省份出生的学生。

在世纪之交和20世纪头10年，里加理工学院繁荣昌盛。里加理工学院在里加转变为现代大都市的过程中发挥了重要作用，在校师生和毕业生参与了里加电气供应系统以及有轨电车交通系统的开发。成百上千栋砖造大楼拔地而起，其中不乏新艺术流派建筑瑰宝，这些建筑主要是由里加理工学院建筑系毕业的当地建筑师设计的。里加理工学院师生对里加现代技术发展作出了重要贡献，如民航业和汽车业等。毕业生赞德尔成为俄国火箭和太空科学的奠基者之一，包括波罗的海国家唯一的诺贝尔奖获得者在内的许多著名科学家都在里加理工学院执教。

第一次世界大战对拉脱维亚产生了巨大影响，一半领土受到冲击，人口由最初的251万减少到130多万。剩下的人口缺衣少食，饱受流感等时疫的折磨。几乎所有工厂和里加理工学院等机构都迁往俄罗斯。

1915 年 4 月，德国军队进入拉脱维亚。里加理工学院于 1915 年夏开始疏散，先撤到塔尔图(教职员工和学生)和下诺夫哥罗德(资产和图书馆)，最后于 1915 年 10 月 8 日撤到莫斯科，一直开办到 1918 年 5 月 22 日。

三、波罗的海理工大学

1918 年夏，里加理工学院开始部分撤回里加。8 月 3 日，在里加理工学院的基础上，在苏俄成立了伊万诺沃-沃兹涅先斯克理工学院，根据苏联政府决定，里加理工学院大部分资产和图书转给了该学院。10 月 1 日，在里加理工学院的基础上，在里加成立了波罗的海理工大学(拉文名 Baltijas Tehniskā augstskola，英文名 Baltic Technical University)。

波罗的海理工大学由德国在里加创办。1917 年 11 月 9 日，德军占领里加，开始筹备波罗的海理工大学。1918 年 5 月，在柏林建立"波罗的海理工大学促进协会"，并在里加建立"波罗的海理工大学联盟"。8 月 20 日，波罗的海军管会决定将里加理工学院改名为波罗的海理工大学，并计划于 10 月 1 日实施。属于里加理工学院的教学大楼和从莫斯科撤回的部分教学资源和教职人员，由波罗的海理工大学接管。波罗的海理工大学联盟也向德国的大学发出邀请，希望能为波罗的海理工大学提供教学物资、图书和科研设备。

1918 年 10 月 14 日适逢里加理工学院创建 56 周年，波罗的海理工大学举行盛大的开学典礼，第二天开始学生入学报到。波罗的海理工大学的教学工作语言是德语，波罗的海理工大学条例与德国高等教育机构条例一致，纳入德国教育体系，为德国培养专业人才。波罗的海理工大学招聘了 67 名教师，其中教授 17 名，特聘教授 12 名，副教授 30 名，助教 8 名，但不是所有招聘教师都能来到里加。所有教师都是之前里加理工学院的教师，大部分是德国人、波兰人和犹太人，也有几位拉脱维亚人。具有德国和波罗的海省份高中文凭的学生都可以入学，外国学生入学须由军管会决定。波罗的海理工大学是拉脱维亚境内第一个招收女生的高等教育机构，1918 年 10 月 19 日招收了 904 名学生，其中 42% 是继续学习的原里加理工学院的学生，43% 是新招的学生，15% 是旁听生。随后，大批拉脱维亚学生也进入波罗的海理工大学。在三个月时间里，总共有 1500 名学生在这里学习。

1918 年 11 月，在俄国十月革命的影响下，德国爆发十一月革命，德意志帝国瓦解，魏玛共和国成立。11 月 11 日，德国与俄国签订停战协议，但德军仍占据拉脱维亚，以阻止苏俄军队前进。11 月 13 日，苏俄军队进入德国控制下的俄罗斯帝国西部领土，全俄中央执行委员会决定在拉脱维亚恢复苏维埃政权。12 月 4 日，拉脱维亚社会主义苏维埃共和国成立。[①] 1919 年 1 月 3 日布尔什维克军队进入里加，波罗的海理工大学停止工作，1 月 31 日学生被正式遣散，但管理层（学校理事会和校领导机构，位于里加老城瑞典门对面的雅各布兵营）坚持工作到 2 月 8 日。[②]

四、苏维埃拉脱维亚大学

早在 1918 年 11 月 18 日，拉脱维亚人民委员会（1918 年 11 月 17 日成立）在拉脱维亚国家剧院（1899—1902 年建造）宣告拉脱维亚共和国独立，并成立拉脱维亚临时政府（1918 年 11 月 18 日—1920 年 6 月 20 日），选举卡尔利斯·乌尔马尼斯为拉脱维亚共和国第一任总理。[③] 这只是拉脱维亚独立迈出的第一步，面对严峻的内部和外部形势，拉脱维亚的独立之路前途漫漫，跌宕起伏。当时拉脱维亚处于德国军队的占

---

① 拉脱维亚社会主义苏维埃共和国：受苏俄布尔什维克支持，创建于俄罗斯，是在拉脱维亚被苏俄红军占领的地区（西南部库尔泽梅地区除外）建立的社会主义政权，在拉脱维亚独立战争时期，它与拉脱维亚临时政府（退却到西南部库尔泽梅地区的利耶帕亚）并存。1920 年 1 月 13 日，拉脱维亚社会主义苏维埃共和国正式终结。

② https://enciklopedija.lv/skirklis/107884-Baltijas-Tehnisk%C4%81-augstskola，2021 年 5 月 24 日上网查阅。

③ 卡尔利斯·乌尔马尼斯：四度出任拉脱维亚总理（1918 年 11 月 8 日—1921 年 6 月 18 日，1925 年 12 月 24 日—1926 年 5 月 6 日，1931 年 3 月 27 日—12 月 5 日，1934 年 3 月 17 日—1940 年 6 月 17 日），1936 年 4 月 11 日—1940 年 7 月 21 日兼任总统。

领之下，德国战败投降后迫于西方盟国的压力，11 月 26 日德国波罗的海国家事务专员宣布承认拉脱维亚临时政府，德国军队与拉脱维亚临时政府军队一道作战，抵抗布尔什维克军队在拉脱维亚的入侵。[①]

1918 年 12 月 5 日，苏俄红军（布尔什维克）进入拉脱维亚，拉脱维亚独立战争（1918 年 12 月 5 日—1920 年 8 月 11 日）爆发。一方是受到爱沙尼亚、波兰和西方联盟支持的拉脱维亚临时政府，一方是受俄罗斯苏维埃联邦社会主义共和国支持的拉脱维亚社会主义苏维埃共和国。苏维埃红军攻城拔寨，势如破竹。12 月 17 日，拉脱维亚社会主义苏维埃共和国发布宣言，宣布拉脱维亚临时政府和德国占领政权被推翻。1919 年 1 月 1 日，大部分德国占领政权机构撤离里加。1 月 2 日，卡尔利斯·乌尔马尼斯领导的拉脱维亚临时政府乘火车离开里加，前往叶尔加瓦。1 月 3 日，拉脱维亚社会主义苏维埃共和国政府进入里加。拉脱维亚临时政府一路向西南退却，撤到利耶帕亚，拉脱维亚大部分地区遂被彼得里斯·司徒奇卡为首的拉脱维亚社会主义苏维埃共和国控制。拉脱维亚社会主义苏维埃共和国实施了一系列苏维埃化措施。重新命名街道和广场，建造豪华纪念馆，组织宏大庆典。例如，将亚历山大街（现自由大街）改为革命大街，尼古拉街（现瓦尔德马拉街）改为卡尔·马克思大街，巴兹尼卡街改为第三国际街，埃斯普兰纳德广场改为共产主义广场，花费数百万卢布庆祝五一劳动节。此外，在五个月的时间里改革了教育体系，并创建了一系列文化机构，包括艺术博物馆、工人剧院、拉脱维亚高等教育机构等。

① 德国军队与拉脱维亚临时政府军队一道作战至 1919 年 4 月。4 月 16 日德军发动“利耶帕亚政变”，建立以安德列夫·涅德拉为首的从属于德国的政府，调转枪口对准拉脱维亚，企图将拉脱维亚变为从属于德国的一个公国。卡尔利斯·乌尔马尼斯领导的拉脱维亚临时政府避难于停泊在利耶帕亚港的萨拉托夫号汽轮商船上。当时，拉脱维亚有三个政府并存。但在 6 月的采西斯战役中，拉脱维亚军队打败了德国军队，卡尔利斯·乌尔马尼斯政府开始返回里加掌权。History of Latvia 1918–1940，https://www.latvia.eu/history-latvia-1918-1940，2021 年 5 月 26 日上网查阅。

1919年2月8日，拉脱维亚社会主义苏维埃共和国主席彼得里斯·司徒奇卡与教育专员亚尼斯·贝尔津什签署法令，解散波罗的海理工大学，建立苏维埃拉脱维亚大学(Padomju Latvijas Augstskola)。2月20日，在位于莱纳街19号的原里加理工学院主楼大礼堂举行盛大开学仪式。该大学遵循苏俄大学模式，直属拉脱维亚社会主义苏维埃共和国教育委员会，位于里加的原里加理工学院和波罗的海理工大学的教学大楼以及部分从莫斯科撤回来的物资和人员都归入该大学。教学机构沿用原里加理工学院模式，开设化学、农学、机械、工程和建筑五个系。后来，计划新开设医学、兽医和教育系，但由于时间和资源所限未能开办起来。3月7日，成立大学理事会，选举系主任，确认教职员工，共80名教师，其中60名是原里加理工学院教师。凡年满16岁的男女都可以申请入学，免除学费，没有入学考试，因此报名学生人数非常可观。截至3月20日，共有3078名学生入学，其中2123名是一年级新生，其余为原里加理工学院学生和俄罗斯其他大学的学生，进入二年级和三年级学习。①

1919年3月始，战事发生转折，苏俄红军节节败退。5月22日，拉脱维亚临时政府军队进入里加，拉脱维亚社会主义苏维埃共和国政府撤往雷泽克内，6月2日撤出拉脱维亚。苏维埃拉脱维亚大学仅存在了三个半月，布尔什维克军队撤出里加后，原里加理工学院和波罗的海理工大学领导层和教职员工倡议建立拉脱维亚高等教育机构，接管里加理工学院和波罗的海理工大学机构、物资和人员。7月8日，卡尔利斯·乌尔马尼斯领导的拉脱维亚临时政府离开避难的利耶帕亚港萨拉托夫号汽轮商船，返回首都里加，开始重新创建教育文化机构。

---

① https://enciklopedija.lv/skirklis/107733-Padomju-Latvijas-augstskola，2021年5月26日上网查阅。

五、拉脱维亚大学

在拉脱维亚独立战争期间，拉脱维亚创建新国家的脚步并未停下来。国家行政机构、法院系统、警察系统、国家歌剧院、音乐学院、美术学院和拉脱维亚大学等都在1919年建立起来。[①] 自从7月初临时政府回到里加，建国者们就着手第三次创建重要的文化教育机构。他们相信，创建文化教育机构与组建武装力量和公共管理机构同样重要，于是从7月到9月，上述机构终于建立起来，拉脱维亚是一个具有丰富文化传统的国家，拉脱维亚政府致力于保护和发展拉脱维亚文化，这一观念开始结出硕果。

1919年9月28日，拉脱维亚高等学校(拉文名 Latvijas Augstskola，英文名 Higher School of Latvia，德文名 Hochschule Lettlands，俄文名 Высшая школа Латвии)在位于莱纳街19号的原里加理工学院主楼正式宣告成立，接管原里加理工学院的所有大楼以及物资和学术基础，并按照里加理工学院的机制运作。保罗·瓦尔登出任拉脱维亚大学首任校长。教育部长卡尔利斯·卡斯帕尔森斯在致辞中说："我们站立着的这块土地，是拉脱维亚及其历史之根。最近，当我们思考我们现在所拥有的东西的时候，我们曾一度认为它是一个梦，当时有人说：只有当石头站在水上、羽毛沉到水底的时候，那个时代才会降临我们的土地。然而，我们已经拥有了这个时代，这个时代已经到来，它变成了现实。拉脱维亚人民生命中的这一事件犹如一道明亮的阳光，照耀着我们。"[②] 当然，拉脱维亚大学以及其他文化教育机构的诞生并非一蹴而就，而是经

---

① 与此同时，1920年5月1日，选举并召开制宪会议，颁布拉脱维亚宪法。1921年1月26日，拉脱维亚首任外交部长兹格付里资·安娜·迈叶洛维奇说服盟国最高委员会(英国、法国、意大利、比利时、日本)承认拉脱维亚，并将拉脱维亚纳入国际联盟。History of Latvia 1918–1940，https://www.latvia.eu/history-latvia-1918-1940，2021年5月24日上网查阅。

② https://lv100.lv/en/news/1919-latvia-s-first-year/，2021年5月25日上网查阅。

历了战火的考验，在烽烟中诞生。1919 年秋，乌苏里哥萨克司令官帕维尔·本莫特-阿瓦洛夫率领的“西俄罗斯志愿军”（亦称本莫特军）进攻里加，拉脱维亚国家歌剧院遭到八颗炮弹袭击，拉脱维亚音乐学院中止两天前开始的入学招生，刚成立的拉脱维亚大学课室里也空无一人，许多学生和教师拿起武器，走向街头保卫首都。11 月底，西俄罗斯志愿军被赶出里加。

拉脱维亚大学的诞生具有重大的历史意义。在 19 世纪后半叶，阿迪斯·克朗瓦尔兹第一个表达了拉脱维亚高等教育的乌托邦梦想，尤里斯·阿伦南斯和奥赛克里斯也表达了同样的思想。经过数十年的风雨历程，这个梦想终于成真。对许多当时的人来说，拉脱维亚大学的建立是仅次于拉脱维亚独立的重大事件。1923 年 3 月 28 日，拉脱维亚议会批准了拉脱维亚大学章程，正式将拉脱维亚高等学校改名为拉脱维亚大学（拉文名 Latvijas Universitāte，英文名 University of Latvia，拉丁文名 Universitas Latviensis），拥有自主自治权，校训为“为了科学与祖国”（Scientiae et patriae，For science and fatherland）。12 月，原里加理工学院一小部分资产和图书重新从伊万诺沃-沃兹涅先斯克理工学院运回里加，总共 3 车，约 2500 册书、450 套期刊和专利文件。

拉脱维亚大学章程指出：“拉脱维亚大学源于 1862 年建立的里加理工学校，1896 年改组为里加理工学院。1919 年 2 月 8 日拉脱维亚苏维埃社会主义共和国签署法令，解散里加理工学院并在其基础上建立拉脱维亚大学。在拉脱维亚获得独立的条件下，拉脱维亚大学于 1919 年 9 月 28 日开办。拉脱维亚大学章程于 1923 年 3 月 28 日获得拉脱维亚共和国议会选举法批准，校名为‘拉脱维亚大学’。”[①] 因此，拉脱维亚大学官方宣布的建校时间是 1919 年，9 月 28 日定为校庆日，每年都举行系列校庆活动。2019 年 9 月 28 日，拉脱维亚大学举办了隆重的百年校庆活动，

① https://www.lu.lv/fileadmin/user_upload/LU.LV/www.lu.lv/Dokumenti/Dokumenti_EN/1/Constitution_of_the_University_of_Latvia.pdf，2021 年 5 月 26 日上网查阅。

并发行了纪念章。有学者认为“拉脱维亚大学是拉脱维亚国立综合性大学，始建于1911年”（何杰，2000)，系史实谬误。

拉脱维亚大学是世界上第一个采用拉脱维亚语教学的高等教育机构，是独立后的拉脱维亚最大的高等教育、科研和文化中心，（Dedze Indra & Rubene Zanda, 2016)为拉脱维亚培养了众多总统、总理、部长及各界杰出人才，同时也是拉脱维亚汉学研究和中文教育的摇篮，培养了大批中文人才。

第二节　施密特与拉脱维亚中文教育的孕育和发轫

1920年6月，刚成立不久的拉脱维亚大学迎来了著名汉学家彼得·施密特。施密特曾在圣彼得堡学习汉学，在北京实习任教，在海参崴(符拉迪沃斯托克)东方学院教授中文，他的到来为拉脱维亚大学汉学研究和中文教学带来了新机，成为拉脱维亚汉学研究和中文教育的开山鼻祖、拓荒者和奠基者，拉开了拉脱维亚汉学研究和中文教学的帷幕。①

一、早年求学

施密特于1869年12月25日出生在拉脱维亚东北部维泽梅地区劳纳教区里塞尼小区派克西斯农庄的一个农民家庭。他在自传中写到父

① 关于施密特汉学研究和中文教学情况，参见Shang Quanyu(2020)，Shang Quanyu & Lü Yan(2020)。关于施密特姓名的拼写，德国汉学家魏汉茂写道：“在拉语中，他最初将自己的姓写成Šmidts，后来写成Šmits, 在俄语中偶尔写成Šmidt，在其他语言中一直写成Schmidt。”(Walravens Hartman，1982)拉脱维亚学者葛思语这样写道：“由于他的著作用多种语言发表，也由于20世纪初拉脱维亚语拼写改革，他的名字至少有六七个不同的拼法。在拉脱维亚，有时写成Pēteris Šmits-Smiters，因为Smiters(Smitter)是他的姓的比较古老的形式。在拉脱维亚语拼写改革之前，他的姓通常写成Šmidts/Schmidts。在俄国，通常写成Petr Petrovich Schmidt，而在德语和英语中，则采用Peter Schmidt书写形式。”(Dunajevs Georgijs，2021)在中国学界，除了个别不同译法(如史密斯等)，通常译为施密特。

母、祖父、外祖父、保姆在他早期家庭启蒙教育中起了关键作用。他们给他讲各种有趣的民间故事、宗教故事和历史故事，教他如何读书、唱宗教歌曲和民谣等。[①]

他最初在当地的雅尼斯学校（这所学校后来以施密特的名字命名）就读，随后，又和后来的拉脱维亚语言学家雅尼斯·恩泽林斯[②]一起在采西斯地区学校就读，之后又到了里加的省会学校尼古拉斯中学学习，这是一所用德语授课的学校。（Šmits Pāvils，1962）他不满足于只在学校课堂学习，一有空就读课外的报纸和书籍，碰到什么书就读什么书。在尼古拉斯中学上学期间，由于不堪忍受德国学生的欺凌，他半途退学，一直坚持自学，只是回校参加了毕业考试，这培养了他自学的习惯和能力。（Dunajevs Georgijs，2021）

根据拉脱维亚神学家、图书馆家和传记家古斯塔夫斯·沙乌鲁姆斯[③]在1940年所写的《彼得里斯·施密特教授：基于自传资料》手稿中的回忆，施密特天性开朗、热情："总体而言，应该说，施密特这个人具有典型的维泽梅地区的淳朴、善良、爱心、乐于助人，对他所遇到的每一个人都很亲切，特别是对他故乡劳纳教区的居民。这个教区的有些人甚至前来参加施密特的葬礼，给他带来了他喜爱的故乡的花——白丁香。"[④]

施密特十分喜爱诗歌、音乐和歌曲，在学生时期，除了自己编曲，也

---

① Šmits Pēteris, *Mana autobiogrāfija*, pp.6,7,17,18. 转引自 Rozenbergs Jānis（1998）。

② 雅尼斯·恩泽林斯，拉脱维亚语言学家，毕业于塔尔图大学，任教于塔尔图大学、哈尔科夫大学和拉脱维亚大学，曾任拉脱维亚大学语言与哲学学院院长等职，对20世纪拉脱维亚语的发展做出了杰出贡献。

③ 古斯塔夫斯·沙乌鲁姆斯，出生于里加，在塔尔图大学学习神学，在拉脱维亚各地做过中学老师、教区牧师、图书馆馆长、杂志主编等，收藏了两万余册书，撰写了几部历史文化方面的著作，包括1940年撰写的《彼得里斯·施密特教授：基于自传资料》，曾获"祖国勋章"。http://lgdb.lnb.lv/index/person/48/；https://dspace.lu.lv/dspace/handle/7/48934，2021年5月26日上网查阅。

④ Šaurums G., *Profesors Pēteris Smits*, Rokraksts, Latvijas.X Valsts bibliotēka, P. Smita fonds, Rļy'mape 2, apvāks 30, p.21. 转引自 Jeļena Staburova（1990）。

时常翻译其他同学的音乐作品。此外，在孩童时代，他就对拉脱维亚文化充满兴趣，并开始收集和研究寓言故事、传说故事和民谣等。1888 年，他在《声音》报上发表了第一首诗作《一首诗》。[①] 彼耶扎伊斯[②] 曾写道："我们知道，在他上高中的时候，就开始收集拉脱维亚民间智慧财富。"(Biezais Von Haralds，1982)但可惜的是，他将这些早期作品以及对自己收集的民歌和神话所做的整理批注材料留在了乡下的家中，第一次世界大战期间被士兵抽烟焚毁了。(Stabuova Jeļena，1990；Šmits Pāvils，1962)

此外，他从小就具有强烈的怀疑精神和批判思维。他不盲从权威，不人云亦云，喜欢独立思考和科学探索。《彼得里斯·施密特教授：基于自传资料》中这样写道："对老师和学校的怀疑，也使我对拉脱维亚的一些事物持怀疑态度。我不久就猜想，拉脱维亚的诸神和著名古代历史是建立在很不确定的基础上的。我也对富有魔法性的作品失去了兴趣。这些怀疑转变成对一切谬误的敌意。"[③] 这种性格特征对他后来的学习和研究产生了终生影响。

1891 年他中学毕业时将近 22 岁，具有成熟的面孔和明确的人生目标。他先进入莫斯科大学学习斯拉夫语言和文学(主要是俄语)，他对俄罗斯语言学家福图纳托夫(1848—1914)的课程特别上心，学习了喜欢的学科，如以俄语为主的语言学、历史等。但在当时俄罗斯化政策盛行之际，他明白作为一个拉脱维亚人，这样的专业发展前景不容乐观。此

---

① Kalēju Pēteris. Dzejols, Balss, Nr. 30 (27 Jul), p.4. 转引自 Georgijs Dunajevs(2021)。

② 彼耶扎伊斯，出生于拉脱维亚，就读于拉脱维亚大学，获得博士学位并留校任教；第二次世界大战后流亡西欧和北欧，先后在瑞士苏黎世大学、法国斯特拉斯堡大学和瑞典乌普萨拉大学就读，获得乌普萨拉大学博士学位并担任教授；用拉脱维亚语、英语、德语、瑞典语、丹麦语、挪威语、芬兰语、波兰语撰写发表学术论文；去世后安葬于斯德哥尔摩。https://literatura.lv/en/person/Haralds-Biezais/871651，2021 年 5 月 27 日上网查阅。

③ Šaurums G., *Profesors Pēteris Smits*, Rokraksts, Latvijas. X Valsts bibliotēka, P. Smita fonds, Rļy'mape 2, apvāks 30, p.5. 转引自 Jeļena Staburova(1990)。

外，当时莫斯科大学的学习氛围很淡，拉脱维亚侨民知识分子群体内也争论不休，这使他兴趣顿失。于是，他于1892年转入圣彼得堡大学东方系学习中文、满语、蒙语、卡尔梅克语。[①] 他师从汉学家王西里(原名瓦西里·帕夫洛维奇·瓦西里耶夫)[②]，王西里除了教授汉语和满语外，也教授中国文学，涉及的内容极其丰富。施密特虽然在语言学习中找到了乐趣，但这种学习缺乏语境和体系，因此他投入大量精力自学。此外，施密特也对文学、语言学、神话、民族志和民俗学等很感兴趣，便利用课余时间进行研究和写作。他对拉玛瓦[③]及其众神的尖锐描写，既使他收获了朋友，也招致不少反对者。尽管他一直支持和追随民族主义者，但反对者视他为唯物主义者和新潮流运动的成员。[④]

1893年，施密特小学同学和好友、哲学家扎里特成为《家庭来客》周报主编，该周报配套有文学副刊《家庭来客副刊》和杂志《家庭来客月刊》，从而开始了施密特与该报刊的长期合作。在大学就读期间，他在报刊上发表了不少文章、诗歌和译作，内容广泛，主要有《关于拉脱维亚语的口音》《梦(诗)》《妄想过后，我的心在渴望(诗)》《我们为何将拉脱维亚民歌称为“拉脱维亚达伊纳斯”?》《浅谈立陶宛-拉脱维亚古代史》《中国故事》《蒙古人》《我们的语言变化》《拉脱维亚民歌》《芬兰-乌戈尔语的关系》《芦苇》《〈聊斋志异〉阿宝》《薄伽丘的故事》《巨哈尼·阿霍：农场主》《死亡的天使(诗)》《论民歌、传说和其他精神产品的收集》《论语言的讹误》《雅克布的作品》《马克卢斯在拉脱维亚作

---

① Šmits, P. *Mana autobiogrāfija*, pp.10–12. 转引自 Georgijs Dunajevs(2021)。

② 王西里是俄罗斯汉学奠基人之一，后面章节将做详细介绍。

③ 拉玛瓦(Rāmava)是拉脱维亚众神所在地，(森林里的)圣地，被称为拉脱维亚的香格里拉，人们到这样的地方去祭祀、拜神，施密特可能认为这是迷信。参看 https://tezaurs.lv/r%C4%81mava ; https://zeltaatsledzina.ucoz.ru/publ/latviska_vide/gudribas_un_ieteikumi/kas_ir_dievturiba/7-1-0-25。2021年5月30日上网查阅。感谢鲍葛薇教授的详细解释和查证，并提供网址。

④ *Latvijas Universitāte 1919–1929*, Rīga, Latvijas Universitātes izdevums,1929, pp.185–186.

品中的意义》《扎戈斯金：红花》等。(Walravens Hartman, 1982)

1895年，他因《南明朝的命运》一文荣获圣彼得堡大学金奖。1896年他以优异成绩大学毕业，留在学校为从事这一领域的学术研究工作做准备，并被学校派往北京进修实习，学习中文。

二、中国实习

1896年，施密特与新婚不久的妻子玛丽亚·叶盖莱(来自拉脱维亚东北部的斯米尔提恩)以及大学同学鲁达科夫一道离开圣彼得堡，踏上了既艰辛又浪漫的旅途。当时，跨西伯利亚铁路刚开始修建，尚未贯通，他们在途中历经数月，时而坐车，时而骑马，时而乘船，时而骑骆驼和骡子。他们首先穿过广袤的西伯利亚，抵达伊尔库茨克，除了坐火车，大部分路途骑马前行。然后，乘船穿过贝加尔湖，从恰克图离开俄国边境进入中国。再骑骆驼经乌兰巴托，穿越戈壁沙漠，进入张家口。最后，骑骡子翻山越岭，抵达目的地北京。

这段亚洲之行在施密特的学术生涯中留下了浓墨重彩的一笔。在学生时代，他一直认为印欧民族的祖先与亚洲族群有关联，但是在这次旅行途中，他感受到了亚洲文化和欧洲文化的巨大差异，因而相信印欧民族的祖先并不来自亚洲。当时，不少人认为中国人的祖先是在史前时代从北部和西部地区迁移至中国境内的，然而对比物产丰富、人口密集的中国与地广人稀的西伯利亚，他不禁对这个主流假设产生了怀疑。①

他在中国度过了三年宝贵的时光，期间时不时在北京远郊走走看看，加深了对中国的了解。这三年对他的学术生涯发展而言非常重要，不仅是从学习中文的角度讲，而且他也结识了一些汉学家并与他们建立了联系，这有助于他很快跻身世界汉学界。他结识了德国汉学家葛禄博(亦音译为顾路柏、顾威廉、格鲁柏、格鲁伯、葛鲁贝等)、福兰阁和佛尔

① *Latvijas Universitāte 1919–1929*, Rīga, Latvijas Universitātes izdevums,1929, p.186.

克，奥地利汉学家讷色恩和查赫（一译赞克），以及来自英国、法国、意大利和美国高校的汉语专家。葛禄博曾于1897—1899年在北京等地游历，福兰阁和佛尔克分别于1888—1901年和1890—1903年在德国驻中国使领馆工作，讷色恩于1895—1903年在奥地利驻中国公使馆工作，查赫于1897—1901年在中国海关工作。与这些汉学家交往对施密特后来的执教生涯意义非凡。[①]

他详细记录了自己的旅途见闻以及在北京的生活情况，不断写信件和文章寄回拉脱维亚，在《家庭来客》《家庭来客副刊》《家庭来客月刊》上发表。正如史莲娜所说，施密特从北京寄来的信件是拉脱维亚文化史上的一个独特现象，时隔90年后贝德高从上海寄来的信件延续了这一传统。魏汉茂指出，施密特的几篇中国来信是用拉脱维亚语写的，发表在杂志上，在今天很罕见，基本上不为人知。（Walravens Hartman, 1982）幸运的是，拉脱维亚国家图书馆葛思语[②]对施密特发表在《家庭来客》系列报刊上的这些信件文章做了专题研究，并用英语撰写发表了相关论文。

据叶春萌介绍，《家庭来客》报创办于1856年，停办于1910年。[③]据葛思语介绍，《家庭来客》报是第一份由拉脱维亚人编辑的拉脱维亚语报纸，成为"青年拉脱维亚人"文学–政治运动的喉舌，该运动受到方兴未艾的西欧民族国家意识形态的鼓舞，目标是通过摆脱传统的波罗的海德国人优势范式，创建独立的拉脱维亚人身份认同。该报纸的读者群是拉脱维亚普通人，特别是农民，他们比《拉脱维亚报》（将德国路德教牧师的思想传播给淳朴的拉脱维亚百姓）读者群受教育程度高一些，但比后来创办的更激进的《彼得堡报》读者群受教育程度低一些。《家庭来

① *Latvijas Universitāte 1919–1929,* Rīga, Latvijas Universitātes izdevums, 1929, p.187.

② 葛思语，2008—2011年在拉脱维亚大学汉学专业读本科，期间于2011—2012年在天津师范大学留学一年，2019年9月开始在拉脱维亚国家图书馆工作。

③ 叶春萌微信访谈录，2022年4月4日。

客月刊》的宗旨是密切追随时代精神，恪守人民需求、法律与发展，努力做到只刊登提升个人思维进程、灵性净化、人民福利以及属于顶级当代科学和文学的原创文章和小说。施密特负责月刊的语言学部分，他的名字经常出现在年度撰稿人名单中。施密特的父亲也是该报的热心读者，他故乡的乡亲们对月刊的游记非常感兴趣。1893—1896 年，施密特发表了有关拉脱维亚语言、历史、民俗等方面的文章。1896—1899 年，他发表了一系列有关中国的文章，担负起公共教育者的角色，带领拉脱维亚普通读者探索东亚世界成为他的使命。其中，发表在主报上的几篇文章附有编辑部按语，解释了了解中国形势的重要性。他的写作风格鲜明而独特，举一反三，触类旁通，不时岔开提供相关地方或人物的背景信息，描写当地景色、花卉、习俗等异域文化特色，激发读者的兴趣。他履行了作为学者和大众教育者的双重职责，既满足了他自己作为民族志学者的兴趣，也满足了普通公众的信息需求。(Dunajevs Georgijs，2021)

据魏汉茂统计，施密特的这些信件和文章涉及范围很广，主要有《亚洲的婚礼习俗》《从圣彼得堡到北京之旅》《冯·斯瓦茨论中国历史上的洪水》《从北京到明朝陵墓》《古籍图书集成》《中国文化与欧洲人形同陌路吗？》《中国来信》《中国人如何生活》《〈聊斋志异〉水莽草》《天津之旅》《天子的听众》《胶东港口与山东省》《进山》《东方：批判主义的批判》《李太白醉酒诗》《李太白重阳诗》《中国的开放》《中国的命运》《中国来信 XII. 印刷术》等。(Walravens Hartman, 1982)这一时期，他也在其他刊物发表了一些文章，如 1898 年在北京发表《满语和蒙语中的发音变化》，1899 年在圣彼得堡发表《拉脱维亚语中三个元音的长度》，将拉脱维亚语词汇的语音属性与汉语中富含音乐感的声调进行了比较。(Rozenbergs Jānis，1998)

葛思语按照主题顺序，对施密特的系列报刊文章做了系统梳理。施密特发自中国的文章始于 1896 年末他从圣彼得堡到北京的跨越大陆之旅，由 4 篇文章组成。他在几篇文章的导言中哀叹拉脱维亚缺乏有关中国的“正确”知识，总是散播上百年的陈词滥调和错误信息。因此，他在1897—1899年间以“中国来信”为标题，在月刊上发表12篇系列文章，[①]描述中国人生活和文化的各个方面，向读者介绍北京城、中国美食、衣着、货币和信仰，纠正人们的错误认知。接着，他着手讨论中国的过去和现在。然后，详细介绍中国的艺术、农业、茶、迷信和“四大发明”（火药、造纸术、罗盘、印刷术）。在这之后，他以“中国的开放”为标题，发表了3篇系列短文，[②]纠正非常流行的关于中国与外部世界隔绝的错误观念，有条不紊地叙述了欧洲人经年累月形成的古旧知识以及中国在历史上与西方文明的联系。葛思语认为，这些系列文章是第一次用拉脱维亚语撰写的有关中国“国家概况”的独特教程。

施密特花了大量时间提升汉语水平，在学术界和外交界建立了宝贵的联系，在北京周边地区游历，从事实地考察和探索。他发表了三次系列游记共8篇文章，即1897年8月明十三陵游记、1897年10月天津游记和1898年夏北京西山游记。[③]西山游记被认为是最有意思的游记，标题为“进山”。他躲开难以忍受的天气，进入北京西山，住在八大处的大悲寺，与寺庙和道观里的人员交流，热切关注中国社会。出于一个民族志学者的好奇天性，他与各类人士交流互动，包括佛教徒侍应生、天主教徒女佣、穆斯林牛奶工等，他看到了一个苦乐参半的中国社会，面

① Šmits, P. Vēstules no Ķīnās, *Mājas Viesa Mēnešraksts*, 1897, Nr.8, pp.599–604; Nr.9, pp.679–682; Nr.10, pp.784–789; Nr.11, pp.819–822; 1898, Nr.1, pp.34–41; Nr.3, pp.187–193; Nr.4, pp.268–272; Nr.6, pp.415–422; Nr.8, pp.596–603; Nr.11, pp.809–813; Nr.12, pp.939–940; 1899, Nr.1, pp.12–17. 转引自 Georgijs Dunajevs(2021)。

② Šmits, P. Ķīnās atvēršana, *Mājas Viesa Mēnešraksts*, 1899, Nr.2, pp.109–114; Nr.3, pp.168–172; Nr.4, pp.299–304. 转引自 Georgijs Dunajevs(2021)。

③ Šmits, P. No Pekingas uz Ming kapiem. *Mājas Viesa Literāriskais pielikums*, 1897, Nr.50, pp.794–798; Nr.51, pp.810–815;.Šmits, P. Ceļojums uz Tien-dsinu. *Mājas Viesa Mēnešraksts*, 1898, Nr.5, pp.343–349; Šmits, P. Uz Kalniem. *Mājas Viesis*, 1898, Nr.43 (21 Oct), pp.1–2; Nr.44 (28 Oct), pp.1–2; Nr.45 (4 Nov), pp.1–3; Nr.46 (11 Nov), pp.1–2; Nr.47 (18 Nov), pp.1–2. 转引自 Georgijs Dunajevs(2021)。

临着内部冲突和西方影响。年轻的施密特也经历了“文化休克”。这些经历和叙述与他之前或之后到过中国的西方人士差不多，但独特之处在于他展现出了深入了解他所经历的每一种文化现象的决心、毅力、执著和自律。（Dunajevs Georgijs, 2021）如葛思语所说，施密特在北京期间开始理解和同情中国普通民众，特别是农民。他经常正面评价中国人，强调他们顺应、勤劳、节俭的“典型”特征，这可能是施密特侄女所说的他终生对中国人保持同情的开始，他后来将中国人称为“我的同胞”。①

施密特发表在《家庭来客月刊》上的文章，基本上是长篇大论，侧重历史和文化；而发表在《家庭来客》周报上的文章基本上聚焦于时事，包括他对中国政治形势和中-欧关系现状的评论。葛思语说，施密特的一个持续的分析焦点是东亚政治和社会进程对俄罗斯帝国的意义，要了解他在这方面的政治观点，需要考虑当时的整个地缘政治形势。施密特是在中日甲午战争结束一年半之后抵达中国的，俄国当时也想利用清朝的衰落在远东扩张势力，这是俄国政治的新方向。施密特后来在自传中写道：“这样，我们学习东方语言的人也认真思考俄国在远东的宏大任务。”② 那么，施密特被派往远东是为了实习和研究，还是有其他的目的？史莲娜首次提出了这个问题，葛思语对此也进行了讨论。列舍托夫提到，根据有些资料，施密特从圣彼得堡大学毕业后便听命于俄国外交部，但是并没有这方面的档案材料佐证。③ 葛思语认为，根据施密特文章的语气并结合他自传中的信息，他最初似乎是真诚地同情俄国，但后来在海参崴（符拉迪沃斯托克）的亲身经历使他对“俄国事业”感到幻灭和不满。

① Šauruma, M. *Valodnieks Pēteris Šmits. Maijas Šaurumas dz. Vitolas atmiņu pieraksts*, p.3. 转引自 Georgijs Dunajevs（2021）。

② Šmits, P. *Mana autobiogrāfija*, p.21. 转引自 Georgijs Dunajevs（2021）。

③ Reshetov, A.M. Petr Petrovich Shmidt (1869–1938), p.94. 转引自 Georgijs Dunajevs（2021）。

这个时期，施密特非常关心鸦片战争后中-西对话思潮，包括“黄祸论”、即将到来的西方和东方文明冲突、假设中的西方列强对中国的完全殖民地化等。他这方面最早的文章是《中国文化与欧洲人形同陌路吗?》[①]，分为两个部分。在第一部分，他再次纠正了“中国与世隔绝和落后”的错误观念，同时突出强调了西方学者对中国所做的最有价值的研究。第二部分副标题为“中国对未来的意义”，思考了一个现代化的中国对欧洲的意味。他以日本工业转变为基准，指出在中国发展制造业的纯成本-利润优势，并得出预言性的结论，“假以时日，欧洲可能也会到处充斥着中国廉价商品”。与此同时，他也分析说，农业国家俄国比重工业化的西欧国家处于更为有利的地位来面对这个威胁。施密特在随后的文章《胶东港口与山东省》中，也谈及中国政治事件对俄国的影响，并从民族志学的角度向读者简要介绍了山东，以及德国在胶州湾地区即将建立租赁区。[②] 在后续文章《天子的听众》中，施密特描述了摇摇欲坠的清政府和欧洲列强对中国领土的攫取，这篇文章分三期发表。文章一开始，施密特解释了在历史上如果外国外交使节想见中国皇帝如何被迫经历自取其辱的外交礼仪程序，现在的事态发展使西方人足以按照自己的条件安排外交礼仪。他也总结了过去50年的朝廷阴谋，扶上了傀儡皇帝光绪，实际权力由慈禧太后和恭亲王掌握。在第二部分，施密特叙述了他作为俄国外交使团成员出席由光绪皇帝在紫禁城举办的新年招待会的经历，文章中穿插着有关皇帝和其他重要人物如李鸿章的第一手信息。[③] 施密特接着思考了西方超级列强对中国的潜在瓜分，在此之前

---

① Šmits, P. *Vai Ķīnas Kultūra eiropiešiem ir sveša? Mājas Viesis*, 1897, Nr.39 (24 Sep), p.1; Nr.40 (1 Oct), p.1–2. 转引自 Georgijs Dunajevs(2021)。

② Šmits, P. Dsiao-dschou osta un Schan-dung province, Mājas Viesis, 1898, Nr.7 (11 Feb), pp.2–3; Nr.8 (18 Feb), p.3. 转引自 Georgijs Dunajevs(2021)。

③ Šmits, P. “Debess dēla” audiencē, *Mājas Viesis*, 1898, Nr.21 (20 May), pp.2–3; Nr.22 (27 May),pp.2–3; Nr.23 (4 Jun), p.3. 转引自 Georgijs Dunajevs(2021)。

他已经对此做了表述。史莲娜指出，当时，中国成为殖民扩张和争夺的对象，施密特将自己的命运与中国联系在一起，不可能对中国遭受的苦难无动于衷。他不是将殖民者粉饰成"文明的传播者"，而是揭露他们的侵略野心。他写到，这些衣冠楚楚的外国人早已计划瓜分中国，包括法国、英国、德国以及俄罗斯。[①] 当时，施密特的同事们都是通过粉红色面纱来看待俄国殖民计划，但施密特的立场则不同。当代史学家尼基福罗夫在《苏联历史学家论中国问题》中说，"与官方政策给汉学家设定的任务不同，施密特对中国的独立斗争公开表示同情并对殖民者进行谴责"，他认为"施密特的语气与官方手册和文章截然不同"。[②] 正如史莲娜所说，在当时列强之风肆虐之际，保持一颗清醒的头脑并非易事。施密特也对"黄祸论"表示关切，他思考了近代中国长期战乱丢疆失土的历史，表示对部分领土的征服并不能终结中华民族，因为中华民族具有适应环境的能力。此外，中国通过书面语言在该地区创造了一种凝聚力很强的文化空间，将日本、朝鲜和越南的不同文化凝聚在一起，因此"一旦中国这个巨人从沉睡中醒来"，它们也会随之醒来。但他认为"黄祸论"并不意味着军事威胁，因为"这种推论意味着太低估欧洲政治太高估东方人(即东亚人)。相反，我们有充分的理由担心东方人的消极抵抗"[③]。

最后，施密特在《中国的命运》文章中对传言的中国人拒绝接受西方价值和现代化的说法进行了论述。他不同意"中国人的精神已经僵化，再也不能追求远大理想"的论断，他解析了中国历史的兴衰阶段，特别关注清朝时期的帝国转变，表示中华帝国的历史与欧洲大帝国的历史

① *Mājas Viesa Mēnešraksts*, 1897, pp.821–822. 转引自 Jeļena Staburova(1990)。

② Никифоров В. Советские историки о проблемах Китая. М, 1970. С. 34. 转引自 Staburova Jeļena(1990)。

③ Šmits P. "Debess dēla" audiencē, *Mājas Viesis*, 1898, Nr.23 (4 Jun), p.3. 转引自 Georgijs Dunajevs(2021)。

并无二致，它在历史上的消亡是因腐败的内侍和官僚机制所致，他们将变革看成是对他们权威的威胁，他们也对当时中国缺乏进步难辞其咎，欧洲文化没有在中国传播并非中国人民的“先天性缺陷”。施密特对中国的未来没有给出精确预测，他的结论是，“这个中央之国在很长一段时间将是全球政治的一个谜，只有肤浅的评论者认为中国将很快转变或重生，或者更确切地说将被瓜分和灭亡”①。

在梳理完施密特的文章后，葛思语说，在北京期间施密特属于知情专家之列，即所谓的“中国通”。但他的文章是写给报刊的，而不是写给政府的，他期待中国在未来扮演更重要的角色，同时也渴望其他人认识到这一点。1899年之后，他继续在《家庭来客》系列报刊上发表文章，但都是有关波罗的海研究的话题。总体来说，施密特在《家庭来客》系列报刊上发表的有关中国的文章具有重要价值。在知识有限、信息传播缓慢的年代，施密特的文章为拉脱维亚公众打开了了解东亚世界的窗口，而且很重要的一点是，这些文章是用正在萌芽发展的拉脱维亚民族语言写成的。他的文章在填补公众对一个即将在新世纪经历巨大变化的地区的知识空白方面做出了勇敢的尝试，即使今天在许多西方人的思想中东亚依旧是一个谜一样的空白点，施密特在帮助人们理解东亚和去神秘化方面的贡献值得肯定。当然，他的有些观点欠妥，偶尔使用一些有异议的命名法，还时不时流露出欧洲人的优越感，这些都使他打上了19世纪末西方社会产物的烙印。但施密特很清楚地表明，他不支持种族主义理论，而且非常尊重东亚国情。施密特来自北京的文章是他从东方学家向亚洲学者转变的标志，在他的语言和态度中他是一个东方学家，但在他对客观真理的不懈追求中他是一个亚洲学者。他是一个才华横溢的讲故事高手，但是他很少表现出典型的东方学家的夸张或歪曲，

① Šmits, P. Ķīnas liktenis, *Mājas Viesis*, 1899, Nr.15 (14 Apr), pp.1–2; Nr.16 (21 Apr), pp.1–2; Nr.17 (28 Apr), pp.1–2; Nr.118 (5 May), pp.1–2. 转引自 Georgijs Dunajevs（2021）。

不愿意为了虚构故事而牺牲事实。事后判断一百年前的观点很容易，但是不应忘记，像施密特这样的人曾经站在学术发现的前沿。(Dunajevs Georgijs，2021)可以说，这些文章确立了施密特著名亚洲问题专家的声誉。

除此之外，施密特也有幸成为1898年创立的第一所中国近代官办综合性大学京师大学堂的第一批教师之一，担任俄语课教学工作。“那个年代，北京建立了中国的第一座大学，即北京大学的前身京师大学堂，施密特也参与了学校的建设，并成为该大学的俄语教授。”[①] 当时的中国处于新旧变革的时代，两次鸦片战争打开了中国的大门，清政府应对当时国际形势的措施除了兴船政，就是办学校。1862年，清政府建立京师同文馆，相当于当时的国立外国语学院，“同文”即通识各国语文，“馆”就是今天的“学院”。京师同文馆共开设三类课程：外语、科学、法律。京师同文馆建馆之后，相继开设了英文馆、法文馆、俄文馆、德文馆、东文(日文)馆以及天文、算学、格致(即物理)、医学、万国公法等馆。京师同文馆的大部分外语教师是外国人，这开创了中国大学聘请外语专家的历史。1898年，作为戊戌变法的“新政”之一，京师大学堂正式成立。这是中国近代第一所由中央政府直接创办的综合性大学，标志着中国近代国立高等教育的开端。京师大学堂除开设经史课程外，还开设算学、格致、化学课程及英文、德文、法文、俄文、日文5个语种的外语课程，另立史学、地理、政治专门讲堂。

史莲娜认为，施密特能有幸成为京师大学堂第一位俄语老师，是因为虽然这位年轻的汉学家刚刚开启他的研究之路，但是他具有渊博的知识、出色的工作能力以及流利的中文，这些因素成为他被选中的原因。由于他的出色表现，1899年他在中国进修实习期满时，京师大学堂挽留

---

① *Latvijas Universitāte 1919–1929*, Rīga, Latvijas Universitātes izdevums,1929, p.187.

他继续在中国执教。京师大学堂管理层期待与他进一步合作，给他提供优厚的物质待遇，但俄国政府已经任命他赴海参崴（符拉迪沃斯托克）新成立的东方学院担任教授。（阎国栋，2006：376—377）除了东方学院汉语和满语教师职位正在等待着他这一更具吸引力的因素之外，当时外国人住在中国已经相当危险，义和团运动方兴未艾，矛头对准殖民主义者，包括所有欧洲人。正是预见到了这一点，施密特未留在北京。（Staburova Jeļena，1990）

根据施密特在自传中所说，在北京度过的三年是他一生中的黄金时期。[①] 迄今为止，拉脱维亚学者葛思语首次对施密特1896—1899年在北京实习期间发表在拉脱维亚报刊上的相关文章进行了专门研究。而中国学界尚无系统研究施密特1896—1899年北京之行的专门成果问世。查阅挖掘京师同文馆和京师大学堂时期的相关档案资料，深入系统研究探讨施密特在北京三年实习时期从事汉语学习、俄语教学和中国研究的具体史料和史实，对研究施密特及其后来的汉学研究和中文教学具有重要意义。

三、东方学院任教

1899年7月1日，施密特结束在北京的进修实习和教学工作，与妻子玛丽亚·叶盖莱及两岁的儿子帕维尔斯（1897年夏在中国北京出生，1973年在拉脱维亚去世）一起踏上回国的旅程。1899—1920年，他在东方学院任教21年。在东方学院任教期间，施密特在中国学方面的突出贡献可以归纳为三个方面。

（一）参与东方学院建设

19世纪末和20世纪初，随着俄国在远东地区战略利益的提升，与

① Šmits, P. *Mana autobiogrāfija*, pp.33–34, 42–43. 转引自 Georgijs Dunajevs（2021）。

东亚国家建立全新关系提上了议事日程，这反映在俄国政府对高素质东方学者的快速增长的需求方面。在这种国际背景下，1898年2月沙俄政府制定东方学院章程，7月9日发布开办东方学院命令。1899年10月21日，东方学院举行隆重的开学仪式。

为了东方学院的建设，早在1896年圣彼得堡大学东方系就把两位毕业生施密特和鲁达科夫派往北京实习。(斯卡奇科夫，2011)自1899年6月1日起，俄国政府任命施密特为新成立的东方学院的汉语教授。回俄国任教前，施密特先去了韩国和日本，花费了数月时间体会韩国人民和日本人民的生活。抵达海参崴后，他旋即投入东方学院的汉满语教学工作，并积极参与东方学院的建设工作。

贝德高在《施密特教授对中文教学方法的贡献》一文中说："探讨东方学院的形成和发展是一件特别有意思的事情，因为一百多年前这个俄罗斯帝国遥远地区的东方研究机构与两位拉脱维亚东方学者的积极参与密不可分，他们不仅参与了这个新学院的建立和新教材的准备，还采用了前所未有的东方语言教学方法。我们的两个同胞汉学教授施密特和日语教授斯帕尔维纳的名字永远镌刻在了东方学院的历史上。"(Pildegovičs Pēteris，2020)

根据沙俄帝国教育部长博戈列波夫的说法，东方学院的使命是"培养精通汉语和其他远东语言的人才，使他们接受足够的教育，能够了解现代亚洲以及俄罗斯国家行政机构和贸易领域的复杂问题，成功地为俄罗斯在远东的利益服务"(Еланцева, О.，2015)。鲁达科夫也指出："为落实实际任务，东方学院要密切关注远东地区人民的精神、政治和经济生活的发展。"(Врадий С.，1999)可见，俄罗斯远东第一所大学设定的目标是实用型的东方语言教学，这是俄罗斯远东从未做过的事情。因此，对于施密特等人而言，东方学院的建设是一个巨大挑战。(Pildegovičs Pēteris，2020)

东方学院是继圣彼得堡大学之后沙皇俄国时期第二个中文教学中

心(1855年喀山大学汉满蒙语教学并入圣彼得堡大学东方系),共设置有14门公共课程和4门专业课程,专业课程包括汉日专业、汉满专业、汉朝专业、汉蒙专业,施密特成立了汉满蒙语教研室。施密特和其他东方学院的教授们除了教学工作之外,还履行学院管理成员、学术会议秘书、图书管理员的职责,编辑《东方学通报》和教材等。(斯卡奇科夫,2011)东方学院形成了自己独特的风格,具有独特的优势,为俄国汉学研究和中文教学做出了独特贡献。

东方学院的师资几乎全部来自于圣彼得堡大学东方系毕业生,属于学院派教师,绝大多数具有在中国学习和进修的经历,较之僧侣派的传教士教师,他们在汉语知识结构上更为系统化,学术研究方向更专更精。他们在教学中继承了前辈的优良传统,并根据时代发展和现实需要,努力实践,不断创新,对中文教学理论和方法的研究均做出了很大的贡献。教学之余他们也积极投身学术研究,施密特等不少人成为名垂青史的著名汉学家。(韩莉,2011)

从教学风格上看,圣彼得堡大学东方系(包括之前的喀山大学)比较传统,在教学内容上更偏重中国古代历史、传统及古典文献。而东方学院的教学则更注重实践,教学内容与现实需要紧密结合,充分体现了其"为俄国东亚地区的行政及工商机构培养人才"的建院宗旨,在其中文教学中开设了相关的中国国情及现状、东方国家国情、国际法及其他课程,如当代中国政治组织,二十世纪中国、朝鲜和日本史,东亚商业地理学,政治经济学,国际法,俄国及主要欧洲国家国家制度,会计学和商品学,等等。这些课程的开设,不仅巩固和提高了学生的汉语水平,更开阔了学生的知识面,激发了其学术研究兴趣,为毕业后从事翻译、外交、商业、教学及科研等工作打下了基础。(韩莉,2011)

在东方学院任教期间,施密特也担任行政职务。关于这一点,不同资料各有说辞。有一种说法,施密特曾两度出任院长:一次是政府任命的,一次是教授选举的。但每次在任职一年后,他都会因为某些原因离职。[①] 施密特本人曾在1917年5月16日写给美国芝加哥田野博物馆贝特霍尔德·劳费尔[②]的信中说:"我目前是东方学院院长,但不知道能干多久。"(Walravens Hartman, 1982)亚尼斯·罗森堡斯称,施密特对行政工作不感兴趣,在革命期间,西伯利亚新政府任命他做教育部长和新成立的远东大学校长,但他也请辞了。1918年东方学院改组为远东大学,施密特于1919年至1920年担任语言哲学学院院长。(Rozenbergs Jānis, 1998)不管施密特担任过什么行政职务,担任了多长时间,作为东方学院的奠基者之一,他对东方学院各个方面的建设功不可没。

(二)从事汉满语教学

施密特在东方学院主要讲授汉语和满语以及蒙古语及阿尔泰语。作为东方学院早期教授之一,他为东方学院汉满语教学开拓了道路,打下了基础。

正如史莲娜所说,从1644年到1912年,大中华处于满族统治之下,在差不多三百年间,满语和汉语共存,成为官方语言,因此汉学家除了学习汉语还必须学习满语。施密特可以列入最优秀的汉语和满语学者之列,他的汉语和满语都说得很好。满语中借用了蒙古语拼写,因此施密特也掌握了蒙古语,并将蒙古语纳入东方学院课程。他非常关注汉语、满语和蒙古语之间的关系,对其进行比较研究。他认为,阿尔泰语族(通古斯语和满语,蒙古语和突厥语)之间相互关联。(Staburova Jeļena, 1990)

这样,东方学院的"中文教学的主要重担落在了年轻有为、有进取心、身体强壮的东方学家施密特和鲁达科夫肩上。他们俩都在圣彼得堡大学东方学院接受教育,并于1896年至1899年在中国实习,在那里他

① *Latvijas Universitāte 1919–1929*, Rīga, Latvijas Universitātes izdevums,1929, p.187.

② 贝特霍尔德·劳费尔,东方学与汉学家,通晓汉语、日语、藏语,出生于德国科隆一个犹太人家庭,在柏林大学师从葛禄博攻读汉学,获得德国莱比锡大学博士学位,后移民美国,多次在中国进行长期考察,对中国的玉器、瓷器、象牙雕刻、牌楼等都有研究,自述"我深爱中国的国土和人民"。劳费尔晚年犯忧郁症,1934年9月13日,在芝加哥跳楼自杀身亡。

们加深并加强了在汉语环境中对汉语的了解。施密特在中国实习期间，作为1898年成立的北京大学的第一批外籍教师之一，教过俄语。在这里我想补充一点，施密特教授在他神奇的人生中，能够多次在正确的时间和正确的地点出现。这里所说的就是他1899年开始在东方学院工作。"（Pildegovičs Pēteris，2020）

施密特一开始就意识到，除了借鉴圣彼得堡大学东方系的教学经验之外，更重要的是必须克服自己学生时代所看到的俄罗斯中文教学的缺点。学生必须从第一堂课开始就讲中文，使用活生生的口语教学材料，而不是纯文本分析，因为在文本分析过程中，用母语进行繁琐的翻译，再加上异常详细的语法或词汇段落，会使得口语变得毫无生气。此外，他也发现"主要缺陷是学生的发音错误。在我看来，学生主要是根据我们出于实际用途的标音背单词，但是我们的标音不适合用来背单词"。因为在19世纪和20世纪之交的俄罗斯，使用西里尔字母给汉字标音，这难以甚至无法表达汉字发音的特点。因此他说"我认为，我们的标音缺陷应得到纠正。单词的正确发音应该从口语老师那里学习"[①]。

这样，从第一学年开始，东方学院就在中文教学方法中引入了新的元素。东方学院成立的第一年，《条例》便规定了两类中文教师，第一类是欧洲教授，第二类是母语为中文或远东其他语言的讲师。1900年2月23日东方学院会议决定："中文课由一位教授和一位讲师共同讲授，教授向学生讲解汉语理论方面的知识，讲师举例分析语法规则，重复几次例句，然后要求每个学生重复例句，注重正确的发音和正确的语调。"[②] 俄国著名的汉学家汉诺夫·巴拉诺夫1907—1911年在东方学院学习，他后来回忆说："我们是在施密特教授的著作《官话语法试编》问世之

---

① Шимдт, П. Опыт мандаринской грамматики с текстами для упражнений. Владивосток: Типография Т-ва Сущинский и Ко, 1902. 转引自 Pildegovičs Pēteris（2020）。

② Ж. Баженова Восточный институт –начало развития высшего образования на Дальнем Востоке *Известия Восточного Института* 28.04.2015. 转引自 Pildegovičs Pēteris（2020）。

后开始学习中文的。中文课由施密特教授本人以及一名中国口语老师带领，中国老师负责在黑板上写汉字，用母语与学生对话，纠正学生的句子以及澄清中文发音。施密特教授则向学生讲解中文语法、中文造句原理，然后教学生如何将句子从俄文翻译成中文或从中文翻译成俄文。”据巴拉诺夫说，有时候，中国老师与其中一位学生进行对话，用中文同音字游戏来调动课堂气氛。(Pildegovičs Pēteris，2020)贝德高评论说，两位老师在教室里同时出现为学生提供了一个很好的聆听机会，随着句子从俄语翻译成汉语或从汉语翻译成俄语，学生们可以听到完美的俄语句子或汉语句子。东方学院设定的目标是教学生听、说、读、写，实际上与现代中国用来向外国人教授中文的教学方法非常相似。在中国使用的中文教学指南听(听力理解练习)、说(会话语言技能)、读(阅读技能)、写(写作技能)与19世纪末和20世纪初在东方学院的实践相兼容。(Pildegovičs Pēteris，2020)

因此，从第一堂课开始，老师和学生之间就建立了生动的联系，学生也熟悉了口语表达。全班学生都参与到这样的教学环境，每个学生的注意力都集中在一个共同的话题，然后是全神贯注学习。在课堂上，教授有机会关注每位学生，了解他们对课文的掌握程度，一旦发现理解不到位的地方及时给予帮助。此外，根据施密特的说法，每个学生在上课时必须积极主动，不能被动。他强调说：“一个好学生会与口语老师建立密切关系，一天中的大部分时间都在一起，不仅在教室里，而且在其余时间里，都在不断地练习中文。”① 这样，就打下了说中文的基础，每学一堂新课，学生就会掌握新的表达。为了加深对东方学院这种中文教学方法的了解，可以把东方学院的教学方法与圣彼得堡大学东方系的教学经验进行比较，这样就可以看到东方学院侧重于课堂内和课堂外的实

① Шмидт, П. Начальные чтения по китайскому языку: пособие к изучения разговорного китайского языка Пекинского наречия. Владивосток: Паровая Типо-литогр. газ. «Дальний Восток», 1902. 转引自 Pildegovičs Pēteris(2020)。

用会话语言课程以及在这个过程中施密特与中国口语老师所扮演的关键角色。根据设定的目标，东方学院的学习在两个方向上进行，即实用会话课程，以及学习中文写作和文学语言。“因此，我们可以得出结论：施密特教授所使用的中文教学方法以及在教学工作中获得的经验标志着俄罗斯汉学的新方向。另一个重要发现是，施密特教授所使用的方法是超前的，并且至今没有失去其实用性。”(Pildegovičs Pēteris, 2020)

此外，施密特非常重视在实际语言环境中实习，特别是组织赴华夏令营，利用暑假到中国实习的机会，真正提升学生的会话能力，在讲中文的环境中训练口语。他对东方学院学习过程的组织安排提出建议：“考虑到中文和写作的困难，学生每周需要上六节中文课。此外，应在中国夏令营活动中加强学生的实践知识。每个学生都应参加中国夏令营，时间是一年级到二年级、二年级到三年级、三年级到四年级的暑假。”(Шмидт П., 1901)这样，本土教授、中国口语老师和学生的日常互动教学以及国家提供的夏令营口语实习，为汉语学习的成功提供了保证。有趣的是，施密特于1915年应邀访问哈尔滨商业学院(1906年创建，分为哈尔滨男子商业学院和哈尔滨女子商业学院)等学校，了解这些教育机构教授汉语的方法，他的几名学生在哈尔滨商业学院做中文老师。[①] 他有机会了解他的学生的工作情况，并对东方学院毕业生做出评估。他在致东方学院管理层关于他在哈尔滨商业学院的观察报告中是这样阐述的：“我认为学生在汉语考试中的答案是令人满意的。几乎所有学生都毫无困难地阅读、分析和翻译课文并用中文回答问题。在我看来，最新一期比我在东方学院工作的前三期准备得更好。”(Pildegovičs Pēteris, 2020)

奥丽加·伊瓦诺娃在硕士学位论文《俄罗斯帝国中文教学历史及其当代启示》中描述了东方学院中文教学安排情况。一年级学生学习中文

---

① 贝德高说，当时哈尔滨有许多俄罗斯人，哈尔滨商业学院等学校基本上是当地俄罗斯人的学校，施密特的学生给俄罗斯学生做中文老师。2022年4月20日贝德高访谈录。

口语，每个星期，施密特讲授六次汉语理论课、上六次汉语实用课，汉语为母语的教师讲授四次口语课。二、三、四年级学生学习正式语言和口语，每个星期，鲁达科夫讲授六次理论课，汉语为母语的教师讲授四次汉语实用课。三年级，施密特讲授文言文和口语理论课，一个星期授课两次，鲁达科夫讲授正式文件使用，一星期授课一次，汉语为母语的教师讲授三次口语课。四年级，每个星期，施密特讲授两次理论课和四次实用课，鲁达科夫讲授三次正式文件使用课，汉语为母语的教师讲授三次口语课。每年五月学生参加考试。一年级学生有汉语、英语、东方地理学、政治经济学、神学等考试。一年级汉语考试要求是要掌握汉语的基本知识。二年级学生有汉语、英语、第二门东方语言（由学生选择）、中国历史等考试。二年级汉语考试要求是认识2000个汉字、懂简单的文本、会读杂志的简单部分、学会草书、懂草书文本。三年级学生有汉语、英语、第二门东方语言、民法、商法、会计学等考试。三年级汉语考试要求是认识2700个汉字、会翻译社论和军政文章、掌握公文和私人通信的基本规则、会读用草书写的文本、听教师朗读文章后复述。四年级学生写毕业论文。学期开始之前，学生也有小考试，根据考试成绩确定奖学金的数额，如果成绩很低，学生甚至可能被学校开除。夏天，学生在中国实习，实习的时候学生需要收集材料，如文件、文学著作等。（奥丽加·伊瓦诺娃，2019）

施密特在汉满语教学方面的另一个重要贡献是编写出版了大量的汉语和满语教材。他编写的教材理论与实践相结合，尤为强调实践应用性，旨在提升学生的语言实践能力，为俄国汉学实践学派的创立做出了贡献。施密特编写出版的汉语教材主要有《汉语学习语言学导论》《初级汉语文选》《汉语入门阅读》《官话语法试编》《中国古籍》《中国政治结构讲义》；满语教材主要有《满语入门讲义》《满语课本》《施密特1907—1908学年度汉满语语法讲座概述》等。（阎国栋，2006：378—379）其中，《中国古籍》列出了一些中国古代书籍的赝品，其中部分也被当时的中国批评家发现，然而在欧洲文坛，这些书籍被认为是正品。[1]此外，还有满语课本《阿尔巴津征服记》等。

特别值得一提的是施密特的学位论文《官话语法试编》，这是他影响最大的一部汉语语言学著作。1902 年，他通过硕士考试和论文答辩获得圣彼得堡大学汉语和满语文学硕士学位，成为东方学院教师中成功完成论文答辩并被教育部授予正教授的第一人。(Šmits Pāvils，1962)他在“前言”中认为，前人虽然编写过很多汉语教材，但都不太能满足俄国的需要。因此，他决定自己重新编写汉语语法，对前人总结的语法规则进行整理、反思、补正，强调理论与实践相结合。《官话语法试编》一出版，即成为东方学院的教材。1915 年，他又出版了增订本。作为东方学院汉语专业一年级的语法教材，此书对培养汉语翻译实践人才贡献良多。东方学家汉诺夫·巴拉诺夫认为这本书是学习中文(官话)口语和书面语最好的教材之一，配有语法讲解和汉语文本示例。对于俄国中文教学史而言，《官话语法试编》标志着俄国的汉语语法研究和教学告别了比丘林语法时代，进入了一个新的时代，对推动中文教育事业的发展起到了重要的作用。(阎国栋，2006：377—378)

史莲娜 1990 年对这本中文教材做了比较详细的评介，她认为正是由于这本中文教材，施密特跻身世界著名汉学家之列。关于 Mandarin (汉语)一词，许多学者认为起源于葡萄牙语 Mandar(意思是掌握、统帅)，但施密特认为起源于梵语 Mantir(意思是顾问，提供建议者)，通常指官话即官方语言，大体上与北京方言一致。这本教材出版差不多 90 年了，但它依旧很现代，作者论述了填补学术理论和学习过程两者之间鸿沟的必要性。施密特认为，教材和教学本身必须与学术理论相结合，在大学里将理论与实践分割开来是不合理的。他在教材中用大量篇幅做了详尽的学术理论介绍，然后配以实际练习。这是一本不寻常的教材，

① *Latvijas Universitāte 1919–1929*, Rīga, Latvijas Universitātes izdevums,1929, p.188.

施密特考证了许多西方同行的著作，使用了一些中国古书的木版印画，也使用了他自己收集的有关汉语语音、方言和历史方面的资料。此外，本着比较语言学的精神，对每个汉语词语，他都提供了其他东方语言的译文。科特维奇[①]对此高度赞赏，他对施密特说“我对您的汉语语法著作更加了解，并坚信这本著作所赢得的美好声誉实至名归。我本人受益良多，在汉语、蒙语和满语应用方面，许多问题都获得了答案。”[②]

史莲娜认为，随着这本汉语语法教材的出版，施密特开创了一个中文分析的新方法和新流派。值得注意的是，数百年的中国语言学传统发展非常独特，与欧洲语言学问题和研究方法没有共同之处。施密特开始根据欧洲所采用的标准来研究汉语规律，但他所面临的难题是，大多数欧洲研究者否认汉语中存在语法形式，例如他们不承认汉语中存在词性分类。他们认为，具有特定意思的汉语词汇表达的是一般概念，语法内容取决于句子的位置。施密特却持有不同的观点，他认为他的研究表明，虽然汉语有其独特性，但是具有一般规律，汉语词汇的习惯和书写没有变化，语音有变化。施密特的研究方法和结果不同寻常，许多同行不予接受。因此，1902 年在圣彼得堡大学学位论文答辩时，他受到了责难。评审委员会成员佩休罗夫（中文名孟第）和波波夫（中文名柏百福，笔名茂林）不同意他提出的汉语中有语法概念的结论，认为他过于强调汉语和世界其他语言的相似关系。（斯卡奇科夫，2011：366）但是，反对者中有一位著名语言学家库尔德内[③]非常欣赏该论文的科学探索精神。

---

① 科特维奇，波兰语言学家和东方学家，主攻阿尔泰语系蒙古语族，就读于圣彼得堡大学，学习蒙古语、汉语和满语，1900 年开始在圣彼得堡大学东方系任教，1924 年前往波兰一所大学出任远东系主任并任波兰东方学会会长。

② V. Kotvičs P. Smitain. Pēterpils.10./23.februārī 1918. g. Smita fonds Valsts b-kā,Rjjļ", mape 2, apvāks 18, 1.Ipp. 转引自 Jeļena Staburova（1990）。

③ 库尔德内，波兰籍俄国人，毕业于华沙高等学校，获德国莱比锡大学哲学博士学位、俄国圣彼得堡大学比较语言学博士学位，任圣彼得堡科学院通讯院士，曾在喀山大学、圣彼得堡大学、华沙大学等校任教，并于喀山执教期间创立了喀山学派，后来的布拉格学派的基本观点是在库尔德内和索绪尔的影响下形成的。

当代历史学家斯卡奇科夫重新审阅了施密特的书，认为“《汉语语法》在俄罗斯汉学领域具有划时代的意义”[1]。史莲娜说，她有机会读到孙中山的一篇文章，孙中山承认：“中国自古以来，无文法、文理之学……所望吾国好学深思之士，广搜各国最近文法之书，择取精义，为一中国文法……”(《孙中山选集》俄文版1964年第197和199页)。以她之见，孙中山的文章写于施密特汉语语法出版15年之后，可能与施密特的研究有直接关系，这足以证明这位拉脱维亚学者的道路和方向是正确的。(Staburova Jeļena，1990)

“东方学院教师施密特、鲁达科夫、屈纳、格列比翁希科夫在短时期内编写了一些教材和资料，这些教材和资料也为彼得堡大学东方系的教师和学生所使用。”(斯卡奇科夫，2011：408)

(三)从事实地考察和学术研究

施密特热衷于实地考察和资料收集研究工作，为东方学院汉满语研究和教学奠定了坚实的基础。在教学和研究工作中，他在中国东北、蒙古以及俄罗斯远东和西伯利亚进行了广泛的实地调查，大量收集涅吉达尔人、奥尔查人(乌尔奇人)、奥罗奇人、萨马吉尔人(那乃人的一支)的语言资料，为他个人以及学院图书馆收藏了宝贵的文物资料。其中，1901年5月，他与鲁达科夫等人一起到沈阳调查满汉文藏书，他是最早发现中国东北满族民间藏有《尼山萨满》满文抄本的学者。(施密特，2016)

施密特在实地考察和资料收集研究方面取得的卓越成就，在他写给贝特霍尔德·劳费尔的信中可见一斑。他在1917年12月23日的信中说，他被派往通古斯语部落做科学研究，指导学生在西伯利亚东部地区从事民族志学考察。他研究了所有关于通古斯语的书籍，对所有满语-通古斯语民族做了新的分类。他手头有关于通古斯语、果尔特语、奥尔

---

① Скачков П. Очеркиистории русского китаеведения. М.,1977. p.255. 转引自 Jeļena Staburova(1990)。参看斯卡奇科夫(2011：366)。

查语、涅吉达尔语、萨马吉尔语的手稿。他在1918年2月25日的信中说，他考察收集并撰写了满语中的汉语成分、奥尔查语词典、涅吉达尔语和萨马吉尔语词汇。他准备整理果尔特语资料，阿摩尔通古斯语和奥罗奇语词汇。他也研究女真语。（Walravens Hartman，1982）

史莲娜写到，拉脱维亚国家图书馆施密特藏书中保存着他在蒙古地区实地考察的研究报告手稿，包括1907年、1908年、1909年、1910年、1911年、1912年的报告。这些研究报告是学术分析文献，展现了作者对蒙古地区语言和人民日常生活的深入了解。其中一份研究报告的"前言"写到：在他去年的蒙古之旅中，他研究了蒙古地区人民的生活方式，考察了当地改革运动和军事管理设施，访问了12个王公，了解了王公的经济状况和精神面貌，会见了日本游客和本地居民以厘清日本在蒙古地区活动的性质，蒙古地区问题的紧迫性和严重性促使他迅速整理总结了他的观察资料，对相关问题进行了思考。他指出，毫无疑问，当时俄国对蒙古地区的兴趣相当"特殊"。（Staburova Jeļena，1990）

彼耶扎伊斯教授写到，施密特在海参崴（符拉迪沃斯托克）工作期间，致力于汉语和远东其他鲜为人知的民族语言及部分消失的部落语言的学习研究，这个时期的实地考察研究具有重大的意义，即使在他返回拉脱维亚后也结出了硕果，其他专家学者也经常引用他的研究成果，作为对他这个时期研究远东语言的卓越成就的认可，瑞典乌普萨拉大学和拉脱维亚大学先后授予他荣誉博士学位。（Biezais Von Haralds，1982）

因此，施密特不仅是拉脱维亚最早和最著名的汉学家，而且是20世纪上半叶唯一一位几乎访遍西伯利亚和远东所有部落并对这些部落语言进行广泛研究与分类的欧洲学者。[①] 施密特也是唯一一位不仅走访几乎所有通古斯-满族聚居地并学习其语言的欧洲知识分子。他认为通古斯-满族人、蒙古人以及土耳其鞑靼人的语言共同构成一个独立的语

① http://www.lingvistiskakarte.lv/tag/peteris_smits，2021年6月20日上网查阅。

族，与芬兰-乌戈尔语族没有联系。施密特也探访了古亚洲民族，他们的影响直至今日也可以在满族人甚至其他中国北方原住民的语言中观察到。[①]

在东方学院任教的21年间，他发表了一系列汉语和满语教学相关成果，主要有《1899—1900学年中文教学概述》《1900—1901学年一年级学生中文口语课概述》《课程概述》《拉脱维亚语中的东方词汇》《论中国科学知识在西欧的确立》《国外的中国研究》《乌苏里地区的中国公议会》《〈今古奇观〉中房德的命运》《汉学家欧文·冯·查赫[②]学术著作报告》《汉学课概述》《远东民族志》《论汉语口语史》。(Walravens Hartman, 1982)

虽然施密特远离故乡拉脱维亚，但他从未忘记故乡，他几乎每年夏天都长途跋涉回故乡探望。此外，他总是利用空余时间积极参与远东拉脱维亚人的公共生活。在第一次世界大战及后来的内战期间，有不少拉脱维亚人以及难民居住在西伯利亚和远东，他们创建了拉脱维亚人组织，包括行政、军事、外交和文化团体，施密特曾参与了几个团体的创建并担任荣誉主席等职。在海参崴(符拉迪沃斯托克)，施密特参与组建拉脱维亚步兵团“伊曼达团”[③]。同时，他也受到沙皇俄罗斯帝国衰落导致的卡夫卡式的官僚机构、派系纷争、混乱状态的困扰。还有，他妻子玛丽亚·叶盖莱崇尚喝酒和高消费生活，也使他负债累累。他1910年与玛丽亚·叶盖莱离婚，1912年与伊达·紫葛薇结婚。由于种种原因，他1920年回到祖国拉脱维亚。[④]

---

① *Latvijas Universitāte 1919–1929*, Rīga, Latvijas Universitātes izdevums,1929, p.188.

② 查赫，奥地利汉学家，以翻译《杜甫全集》而闻名。

③ 拉脱维亚伊曼达团，1918年11月4日在符拉迪沃斯托克创建，1920年分三批回到拉脱维亚并于8月1日解散。参看 http://vesture.eu/index.php/Imantas_pulks，2021年6月26日上网查阅。

④ http://www.lingvistiskakarte.lv/tag/peteris_smits;https://www.3mirkli.lu.lv/peteris-smits/，2021年6月26日上网查阅。

四、拉脱维亚大学任教

1920 年 6 月 21 日，施密特回到刚独立不久的拉脱维亚，成为新建的拉脱维亚大学(即拉脱维亚高等学校)教授，直至 1938 年 6 月 5 日去世。

施密特的儿子曾在纪念文章中谈到施密特回到拉脱维亚大学任教的缘由。第一次世界大战结束时，施密特收到了两份邀约：一份来自哥伦比亚大学，时任校长尼古拉斯·默里·巴特勒教授和施密特在北京结识的贝特霍尔德·劳费尔教授，他们共同邀请施密特到纽约哥伦比亚大学汉语教研室工作(教授汉语的教师，唯一的满语专家)；另一份来自新建的拉脱维亚大学。尽管当时美国的形势条件更具有吸引力，但施密特还是于 1920 年夏天和拉脱维亚战时难民一起乘坐丹尼亚号轮船返回了祖国。回国的理由之一是施密特想完成自己在拉脱维亚民俗领域中的几部巨作。(Šmits Pāvils，1962)拉脱维亚大学十周年纪念专刊中也有记载："劳费尔教授在战争中见证了俄国的颠覆，他邀请施密特教授去往美国发展，承诺给他提供纽约高校的职位，但是《布列斯特和约》中断了他们的交流。"①

关于施密特返回拉脱维亚大学的真实的前因后果和心路历程，在他写给贝特霍尔德·劳费尔的书信中有披露。正是第一次世界大战后期海参崴(符拉迪沃斯托克)的政局变幻，促使施密特决定离开他任教 20 年的东方学院。1917 年 11 月 7 日十月革命后，俄共(布尔什维克)推翻了克伦斯基的临时政府，夺取了彼得格勒的政权。随后，革命形势以雪崩速度蔓延到俄国全境，远东的海参崴(符拉迪沃斯托克)等大中小城市到 1918 年 2 月前都成立了布尔什维克控制的苏维埃政权。1918 年 3 月，苏维埃俄国与德国单独媾和，签订了《布列斯特-立托夫斯克和约》，苏

① *Latvijas Universitāte 1919–1929*, Rīga, Latvijas Universitātes izdevums,1929, p.187.

俄退出第一次世界大战。为此，英法拉拢、推动美国、日本等协约国成员派遣军队干涉俄国革命。1918 年 8 月，协约国军队开始在海参崴(符拉迪沃斯托克)登陆。1918 年 11 月，第一次世界大战结束，协约国有了精力与大量战争剩余物资支援俄国白军的反布尔什维克的内战。海参崴(符拉迪沃斯托克)的苏维埃政府被推翻，东方学院的权力落入美国保护下的占领当局手中。后来，由于苏俄红军进攻和协约国内部矛盾加剧等因素，1920 年 6 月，美国、英国与其他盟友从海参崴(符拉迪沃斯托克)撤出干涉军。1920 年 7 月 5 日，日本与远东共和国签署协议，日军撤出外贝加尔。1922 年 10 月，日军全部撤出俄罗斯远东，苏俄红军收复海参崴(符拉迪沃斯托克)。

在此期间，施密特的处境很艰难，他给贝特霍尔德·劳费尔教授写了数封信，从中可以看出他的心路历程。他在 1917 年 10 月 15 日的信中说："没有人说得出第一次世界大战和俄国革命结局会如何，但是有一个事实似乎不容置疑，那就是我们的无产阶级不需要任何汉学家。因此很可能随着俄国社会主义的进一步发展，我在这里呆不下去了，因此不得不寻求您的建议和保护。期待您的回复，我将不胜感激。"在 1917 年 12 月 23 日的信中说："随同这封信，我也向巴特勒校长[①] 发出呼吁，但是我不知道我的意愿是否能得到满足，因为哥伦比亚大学的中文教席好像已被别人占了。俄国革命结束后，我可以完成我的任务，如果协会或大学不再需要我效劳，我将回到我的故乡。但是，如果我被迫留在这里，我担心我可能不仅会失去我的藏书和我的手稿，而且会失去我的生命。因此，我请求您好心为俄国学者团体提供保护，并将衷心感谢您的帮助。"在 1918 年 2 月 25 日的信中说："哥伦比亚大学中文教席似乎是一个荣耀职位，这样一个职位的获得者想必是英语大师、演讲家、上流社会人士或者名人。我是一位俄国穷教授，没有这些资质，不奢望得到

① 尼古拉斯·默里·巴特勒，1902—1945 年任哥伦比亚大学校长。

如愿回复。”在1918年3月2日的信中说:“非常抱歉,我无法印刷我的语言学研究成果:(1)纸张和排字非常昂贵,(2)我们目前没有办法,(3)我们的排字人员既不会正字法也不会纠正。也许您可以在您博物馆安排一个民族志学部,并推荐我出任这个职位?我确信,我不可能在这里再待一年。”“在东方学院,我每月工资只有5—50美元,而工人可以赚到50—100美元。俄国政府宁愿把钱花在富有的工人身上,却不给忍饥挨饿的学者花一分钱。俄国人似乎更喜欢布尔什维克主义,而不是科学。我作为一个穷人返回我的故乡,但是我很高兴我能够离开‘自由的’俄国。”(Walravens Hartman, 1982)就这样,在艰难困苦的境遇中,在寻求前往美国任职无果的情况下,他回到了故乡拉脱维亚。正如魏汉茂所说:“施密特在符拉迪沃斯托克的情形很不妙,缺少基本必需品,工资很低,出版很难,所有这些与他后来在独立的拉脱维亚所面临的宽松情形形成了鲜明对照。”(Walravens Hartman, 1982)倘若他当时去了美国,拉脱维亚汉学研究和中文教学史无疑将会延迟半个世纪多。

关于施密特回到拉脱维亚的时间,有学者说是1919年,(何杰,2000)其实应为1920年。1920年3月23日拉脱维亚步兵团“伊曼达团”465名官兵(52名军官和413名士兵)和435名平民共900人乘坐法国轮船丹尼亚号离开海参崴(符拉迪沃斯托克),途经中国香港、新加坡、斯里兰卡,穿印度洋,过苏伊士运河进入红海,再经直布罗陀、比斯开湾、英吉利海峡、北海至波罗的海,6月21号抵达拉脱维亚,施密特随“伊曼达团”一道回到拉脱维亚。[①] 施密特细心观察了所经之处人民多样化的物质和精神文化、生活方式以及传统。(Rozenbergs Jānis, 1998)施密特1920年3月28日在丹尼亚号轮船上给贝特霍尔德·劳费尔写的信中说,“眼下我正前往里加,将在新成立的拉脱维亚大学任教”

---

① http://www.lingvistiskakarte.lv/tag/peteris_smits; Imantas pulks - V ē sture (vesture.eu),2021年6月26日上网查阅。

(Rozenbergs Jānis, 1998)。

拉脱维亚大学十周年专刊中这样记载:"从1920年下半叶开始,施密特任职于拉脱维亚大学,主要教授拉脱维亚民俗、神话、语言学、波罗的海语言学等领域的课程,同时也参与汉语和中国文化历史相关的教研工作。从符拉迪沃斯托克到里加的沿海之旅给施密特提供了新的民族志研究材料。途中他不得不在新加坡、锡兰和埃及滞留10天。尽管根据所学专业他应被视为东方学专家,但是施密特也想要跻身波罗的海语言学领域。"① 正如史莲娜所写,施密特仿佛生活在两个维度里:既是一位著名的东方学教授,同时又是一位受人尊敬的波罗的海语文学家。这是一个不同寻常的结合,但自有其道理。东方的施密特与欧洲的物质精神文化不可分割,而他对欧洲的研究以拉脱维亚为基础,对他来说北欧和西欧始于拉脱维亚。当他穿越俄罗斯等地区来到中国时,养育他的拉脱维亚便与中国联系在了一起。广阔的欧亚大陆像一本打开的书展现在他的面前,他将欧亚大陆的民族、文化和土地奇妙地结合起来。(Staburova Jeļena, 1990)

在拉脱维亚大学工作期间,他开辟了新的研究领域,学术重心转向了波罗的海语言学研究以及拉脱维亚神话、传说、寓言的收集和研究,在各种册子、杂志及报纸上发表文章,他一生发表出版将近400项成果,其中绝大多数都是这个领域的成果。他加工编撰的作品被认为是迄今为止这个领域最著名的学术成果,他还从根本上促进了拉脱维亚语言学和民族志学研究的发展,他的作品现在是进一步研究拉脱维亚叙事民俗学的坚实基础。此外,他给学生讲授《语言学导论》(1920—1938年连续18个学年)、《波罗的海语文导论》(1920—1938年共18个学年)、《民俗学》(1920—1921学年、1922—1923学年、1928—1929学年、

① *Latvijas Universitāte 1919–1929*, Rīga, Latvijas Universitātes izdevums,1929, pp.188–189.

1932—1933学年）、《拉脱维亚神话》（1921—1922学年、1926—1927学年、1930—1931学年、1934—1935学年、1937—1938学年）、《古代印欧》（1923—1924学年、1927—1928学年、1931—1932学年、1936—1937学年）、《拉脱维亚民间传统导论》（1924—1925学年）、《民间传说研讨》（1925—1926学年、1929—1930学年）、《民族传统研讨》（1933—1934学年）等课程。（Walravens Hartman，1982）

虽然他的学术重心转移了，但是仍然没有放弃汉学研究和中文教学。正如他1920年返回拉脱维亚途中给贝特霍尔德·劳费尔的信中所说："虽然我必须离开远东和汉学，但是我会继续我的汉语和满语研究。"（Rozenbergs Jānis，1998）他给学生开设了《中国语文导论》（1921—1922学年）、《中国文化史》（1926—1927学年、1930—1931学年）、《汉语》（1927—1938年共11个学年）、《亚洲文化》（1934—1935学年、1937—1938学年）等课程。（Rozenbergs Jānis，1998）他还开设相关讲座，其中一些讲座内容被整理发表，如《孔子和佛陀学说中爱的概念》《孔子及其学说》《施密特教授论汉语》。（Walravens Hartman，1982）施密特吸收了中国文化的"精神"要素，他在公共讲座中经常讲到这些。一位听过他讲座的学生在《我们能从东方文化中学到什么》里是这样写的："从前，我们从中国人那里借用实用性的成就如指南针，而现在我们仅能学习中国人的教养和故事中体现出来的巨大的满足感和精神悟性。"①

除了给拉脱维亚大学学生授课，施密特也指导慕名而来的外国学生、学者以及其他仰慕者。据施密特儿子写的回忆文章，当时有波兰的汉学专业学生来拉脱维亚大学找施密特主持他的学位论文答辩。（Šmits Pāvils，1962）施密特的侄女史麦雅也讲述过一个插曲，"有一年夏天，莱比锡大学的杰卢利斯教授到我爸爸乌特尔河的房子里度假，他是施密

① K.B.Ko mēs varam mācīties no austrumu kultūras, *Skolu Dzīve*, 1936, Nr.2, p.16. 转引自 Dunajevs Georgijs（2021）。

特教授的熟人和崇拜者。他在我们家住了几个月，谈话中他跟我姐姐说：'你们不知道你们的叔叔是一个多了不起的科学家！'杰卢利斯教授对施密特教授的尊敬和崇拜溢于言表。"[①] 据史莲娜所写，20 世纪 20 年代和 30 年代，许多中国人都记得施密特，凡是来拉脱维亚的中国人都找机会拜访他位于致尔纳维街 31 号的 6 号公寓住所。当时知名的上海商务印书馆的主编曾给这位拉脱维亚教授寄赠有关汉语的书并请他审阅，这本书于 1926 年在上海商务印书馆出版。（Staburova Jeļena, 1990）史莲娜这里所说的是王云五和他的《四角号码检字法》。拉脱维亚大学图书馆施密特藏书中珍藏着这本书以及王云五写给施密特的英文信："亲爱的施密特教授：在另函中，我给您送去一本《四角号码检字法》，请您予以审阅和批评。如您所知，中国拥有丰富的古代和现代文献宝藏，但是特别对外国学生或自学者而言，要查阅这些文献面临着在各类工具书中查找汉字的巨大困难。为了克服这些缺陷，我花费数年时间研发新的汉字检索系统。最近，我成功地发现了一个检字系统，在上面提到的册子中做了详细的描述。由于这个系统是一次革命，而不是对现有方法的改革，因此肯定存在有待改进之处。欢迎您提出建议或批评，我不胜感激。王云五"。该信函和书封照片刊登在施密特诞辰 150 周年纪念文集《彼得·施密特教授：从劳纳斯到北京》附录中。（Saviča Mārīte，2020）

施密特也撰写发表了一系列相关文章和译作，涉及中国艺术史（Haijima Agnese，2015）、在拉脱维亚发现的中国物品、中文写作等；在《道加瓦》上发表译作《周敦颐：莲花》；在《拉脱维亚大学学报》上发表《涅吉达尔人的语言》《奥尔查人的语言》《奥罗奇人的语言》《萨马吉尔人的语言》四篇英语文章，这些资料是他在途经黑龙江和西伯利亚北部等地区期间搜集到的，均为相关语言及其词汇的概要以及与通古斯语和满

---

① P.Smita fonds X Valsts bibliotēkā. R, niape 3, apvāks 1, 5. lpp. 转引自 Jeļena Staburova（1990）。

语的比较，这些文章在各自的语言研究领域都是第一次以书面形式正式发表出来的研究成果，这些文章基本是由导言和比较词典两部分构成，因调查时间较早且材料丰富，一直受到学术界重视。（施密特，2016）其中，《涅吉达尔人的语言》和《奥尔查人的语言》两篇文章收入皇家学会亚洲分会《华北期刊》“通古斯语研究”专刊。1932 年，德国莱比锡科学杂志 *Asian Major* 出版了施密特的德语著作《满语里的汉语元素》，该著作篇幅达 200 页，其中插入了解释性的汉语和满语字符，当时在全世界范围内，这本书可谓该领域唯一以这种形式呈现的研究成果。满语和其他通古斯语言的知识储备使得施密特能够解释黑龙江沿河区域一些古老的地理名称。据施密特的理论，满人自中亚地区抵达黑龙江沿岸，并继续朝东部迁移，所以沿途地方会出现满语名称，比如 Kuenga，Hingan 等。（Šmits Pāvils，1962）

此外，他也一如既往地关注中国时事和历史文化命运，发表了不少相关文章，如《中国的动荡》《论中国的动乱》《中国的布尔什维克》《满洲里：中国、日本和俄国利益的碰撞》《远东的动乱》《与远东事件相关的中国文化》。1924 年，他在哈尔滨一家杂志上发表文章表示，虽然他远离政治但感觉拉脱维亚社会对中国事态的了解太少。他说：“我不能哀叹我的命运，但我仍然希望我与中国人‘站得更近’。”[①] 上海的一份英文报纸《上海时报》（*The Shanghai Times*）也在 1928 年 10 月 1 日刊登一段讯息：“里加大学中文负责人施密特说，虽然该大学建校只有十年（前身是一个纯理工大学），但现有学生 7000 名，比牛津大学多一倍。他说中国艺术曾经是世界上最伟大的艺术，但在现政权下实际上已经死亡。”这里的里加大学应为拉脱维亚大学。

1936 年，他出版了著作《中国童话故事》，《卫报》《道路》《妇女世

---

① Šmits, P. Vesti ot professorov-orientalistov, *Vestnik Azii*, 1924, Nr.52, p.369. 转引自 Georgijs Dunajevs（2021）。

界》《播种机》《自由之地》《库尔泽梅》《马迪纳新闻》《家园与校园》等报刊都发表了书评。全书共27章，分别为：两个敌人，快乐，狐狸，真理，地狱，来生，蛇，正义，乌龟，财富，两个媳妇，父亲的忠告，牡丹，排屋，妇道，三个厄运，圣人，洞庭湖，中国的所罗门，饭桶，欧阳，道士，皇帝的婚礼，商人，慈善，天鹅，政客。(Walravens Hartman, 1982)

最值得称道的是，施密特将他珍藏的宝贵资料悉数捐给拉脱维亚大学。有关东方研究的资料，如汉学、满学、阿尔泰学、蒙古学和日本学资料最具价值和意义。他的藏书中包括中文、满文、日文、蒙古文、通古斯文、乌德盖文、那乃文、阿拉伯文等东方语言版本。其中，称得上是瑰宝的莫过于中文和满文的书籍和手稿，尤其是刻本。史莲娜写到，施密特将藏书从东方带回了里加，他的藏书数量在拉脱维亚继续增加。去世前，他着手将所有藏书捐赠给拉脱维亚大学图书馆。这些书籍反映了收藏者的广博兴趣，除了东方语言版本的书籍之外，还有拉文、俄文、德文、英文、立陶宛文、芬兰文、爱沙尼亚文、瑞典文、法文、意大利文、意第绪文、波兰文等西方语言版本的书籍。除了这些语言，他也会讲拉丁语和古希腊语，也学习过藏语和突厥语。他的图书馆中心位置被汉语和满语木刻本书籍占据。这些藏书是提升拉脱维亚东方学研究水平和推动拉脱维亚汉学发展的重要基础。(Staburova Jeļena, 1990)

拉脱维亚大学官方网站关于施密特的专栏中，介绍了他给拉脱维亚大学赠书的情况：拉脱维亚大学图书馆引以为傲的是施密特的藏书，这是拉脱维亚大学语言与哲学学院图书馆收到的最大的捐赠之一，总共有2162本书(据1939年的统计)。他在1920年6月29日的拉脱维亚大学语言与哲学学院会议上宣布给学院捐赠一箱书，这箱书于秋季到达学院图书馆。10月20日，“施密特教授赠书”第一次出现在图书馆登记册上，第一批75本书被登记在册。他此后经常给学院捐赠珍贵图书，并将他的私人图书馆其余书籍全部遗赠给学院图书馆，包括珍贵的中文和满文印刷品及手稿。并不是所有的版本都已经登记在册，据2016年

"电子联合目录"登记的数目是1380版本。赠书主题包括拉脱维亚民俗、民间传说、民族学、波罗的海研究、语言学、东方研究、汉学、满学、欧亚小民族语言资料、神话和历史。在捐赠给拉脱维亚大学图书馆的藏书中，有一些珍版书，可能是保存下来的孤本。赠书中包括许多很有价值的东方语言的书，例如汉文和满文等，反映了这些民族的历史文化。施密特藏书中的另一部分包括波罗的海、斯拉夫和芬兰-乌戈尔语言学著作，以及他对拉脱维亚民俗学和民族学的研究，波罗的海语言著作等。其中一个重要的部分是词典和语言学研究，包括拉脱维亚语、立陶宛语、德语、普鲁士语、斯拉夫语、芬兰-乌戈尔语著作，大量的民族学材料。迄今为止，藏书中使用率最高的部分是波罗的海语言学和民俗学。藏书总体上反映了施密特教授多面的专业兴趣，以及与著名语言学家、民俗学家和东方学家的广泛接触，借助于此他的藏书经常更新，反映学界最新成果。这些藏书可以用于许多领域的专门研究，扩展有关神秘的东方和同样神秘的神话世界的视野与知识，以及对世界语言和民族学进行更深入的研究。①

这些文献现在分别收藏于拉脱维亚大学科学图书馆历史文献部和拉脱维亚大学学术图书馆珍本写本部，也有一些收藏于拉脱维亚国家图书馆珍本写本部、拉脱维亚文学音乐博物馆、拉脱维亚美术学院图书馆等。(王敌非，2016) 2019年，联合国教科文组织和拉脱维亚大学联合举办了施密特诞辰150周年国际学术研讨会，拉脱维亚大学孔子学院两位代表贝德高和尚劝余参加了研讨会，提交并宣读了论文。为了准备研讨会论文，尚劝余与贝德高两次前往拉脱维亚大学科学图书馆、一次前往拉脱维亚大学学术图书馆查阅资料，图书馆管理人员带领我们参观并介绍了施密特的所有藏品，我们除了查阅施密特收藏的珍贵文献外，还查阅了施密特本人的手稿以及其他人关于施密特的手稿，犹如与施密特

① https://www.3mirkli.lu.lv/peteris-smits/，2021年7月20日上网查阅。

进行了一次跨越时空的对话，贝德高形象地说他仿佛去了一趟西伯利亚东方学院，与施密特见了面。我们有幸查阅到了许多不为人知的宝贵资料和信息，例如资料里有一处说施密特会28种语言，一处说他会30种语言，一处说他的中文比拉文还好。

施密特在拉脱维亚大学工作期间曾担任语言与哲学学院院长和主管学生工作的副校长。此外，也担任拉脱维亚语言学会会长和科学委员会主席，赫尔辛基科学学会会员。他还荣获瑞典乌普萨拉大学荣誉博士和拉脱维亚大学荣誉博士，法国科学院荣誉勋章，拉脱维亚"三星勋章"和"祖国奖"等，他是第一位因学术贡献而获得拉脱维亚"祖国奖"的学者。(Šmits Pāvils, 1962)

1937年下半年，施密特感觉身体状况不佳，夏天情况有所好转，8月份去了一趟巴黎，然而到了秋季情况再次恶化。1938年2月，他再次站上讲台，但讲课不再像往常那样流利，他在家里给学生考了试。5月中旬获得"祖国奖"之后他感觉好了一些，但心脏仍然很弱。6月5日凌晨，他终因心脏病发作永久合上了双眼。(Rozenbergs Jānis, 1998)施密特在去世前不久，创作了一首诗，可惜仅前三行被保留了下来：画眉的口哨声已经响起 / 榛子 / 也已经花满枝头……施密特的儿子在24年后的纪念文章中这样怀念父亲："施密特对待自己的学生十分宽容，他从不给学生规定最后期限，允许他们在任意时间地点考试。'那是我的责任，我的良心不允许我阻碍学生们的学习：他们必须为其他考试做准备。'施密特如是说。他的学生也会广泛利用这一点，在各个地方考试，比如尤尔马拉的沙丘上、乡下、森林里等。施密特很少参与社会工作，他大部分时间都在自己的办公室里研读、编写书籍。……他一直坚守着自己的生命准则：从不亏欠任何人。他也这么要求自己的儿子。他的儿子现在已经65岁了，从未违背此准则。"(Šmits Pāvils, 1962)

1938年6月8日，施密特的遗体由拉脱维亚大学主楼大堂送往森林公墓，举行了国葬，拉脱维亚政府、拉脱维亚大学、科学协会及文化协会的代表出席了他的葬礼。学生组织给他献花圈，亲朋好友纷纷来追悼他。施密特在俄罗斯远东东方学院教过的学生也来参加葬礼，给老师献上花圈。施密特的墓址位于森林公墓的学者区，这里安葬着拉脱维亚的政治精英、艺术家和学者。2003 年拉脱维亚雕刻家尹杜里斯·兰卡为施密特墓址雕刻了一个纪念石碑，施密特的肖像栩栩如生，石碑下方分别刻有汉字“道”和拉脱维亚装饰“井”，代表施密特学术生涯的两面，一面是研究中国的学者，一面是拉脱维亚学者。(Dunajevs Georgijs，2021)

作为著名汉满学家，施密特并未在拉脱维亚大学继续专攻汉满学研究和教学，没有建立汉学研究中心之类的机构，没有培养汉学研究和中文教学的接班人，实在令人遗憾。其中的缘由，不一而足。据拉脱维亚大学科学图书馆负责施密特文献的馆员说，施密特本人好像想开设汉语专业，但是没有人感兴趣；据哈艾葛妮赛所写，1920 年施密特回到拉脱维亚，虽然具有超凡的知识和经历，但未被允许在拉脱维亚大学开办亚洲学系，于是将精力主要投入拉脱维亚语言与民俗研究；(Haijima Agnese，2015)据彼耶扎伊斯所写，施密特回到拉脱维亚后，不得不寻找新的研究领域，因为远东语言在拉脱维亚大学只是选修课。(Biezais Von Haralds，1982)据葛思语所写，施密特汉语和满语方面的专长在 20 世纪 20 年代的拉脱维亚现实面前没有用武之地，因此在不时开设有关中国文化和语言选修课的同时，他的教学和研究主要专注于普通语言学和波罗的海语文。[①] 据施密特本人 1920 年 11 月 8 日和 1928 年 5 月 15 日写给贝特霍尔德·劳费尔的信件，他对当时的汉学研究现状和前景感到悲观：

“我首先想告诉您我在里加的工作情况。我在大学讲授民俗学和语言学导论，关于中国我考虑只开设讲座。我与远东唯一的直接联系是

① Ranka, Indulis. “Mans Dao, mans ceļš”, *Latvijas vēstnesis*, 2004, Nr.7 (15 Jan) p. B8.

《新中国评论》[①],好像能按时收到。我在这里的工资不是很高,但是能过得很好,不会像在俄罗斯那样挨饿或受冻。但是,我该如何处理我的俄语手稿?我在研究满语中的汉语借词(约10页),果尔特语、奥尔查语和涅吉达尔语词汇及一些文本和材料,准备出版我的《汉语语法》第三版,至少语言学导论部分我要完全修改一下。在俄罗斯,未来几年内不可能出版汉学著作。在里加,我们无法刻印汉语字和满语字。将所有稿子译成德语太繁琐,而且可能也没有什么用,因为德国对中国也不太感兴趣。翻译成英语出版,非我一己之力能完成,我可以找几个英国的朋友帮忙。我甚至想重新编写满语-俄语词典!难道汉学研究要进入中世纪?您可以给我一些切实可行的建议吗?我曾经思考了我的嗜好,我可以一边研究汉学,同时一边研究民俗学和语言学。现在,我更加确信,这个方向再好不过。在里加我们有非常优秀的语言学家,他们比我们符拉迪沃斯托克的东方学家更能理解我。我发现,眼下汉学家的'实用'方向很不'实用'。我们可能拥有丰富的词汇,但这些既不是实用词典也不是科学词典。威妥玛、帛黎和马泰尔收集了丰富的语义材料,但是它们不是实用课本,更不是科学语法。难道只要汉学不包含科学音标、没有语音、没有语言史,就只能是语言学的一个部门?即使汉语词典也不是在语音意义上或语义意义上使用的。我担心汉学会长期成为传教士和外交官意志的辅助物。也许您从我的老朋友欧文·冯·查赫那里听到了什么消息?他可能也变成了一个悲观主义者。"(Walravens Hartman,1982)

"我现在非常满足,我既没有留在俄罗斯,也没有去美国。我很难想象,美国学生会对我的东方研究感兴趣。一个外来者和无聊教授的位

① 《新中国评论》(*The New China Review*),英国汉学家库寿龄(Samuel Couling,1859—1922)1919年创办于上海,由别发印书馆刊行,前后共出版4卷(1919—1922),旨在继承1901年停刊的汉学刊物《中国评论》(*The China Review*,1872—1901,创办于香港,共出25卷150期,为英美在华传教士兼汉学家的汉学评论刊物)。https://xueshu.baidu.com/usercenter/paper/show?paperid=593f01155de69b78ece8cf2e844695d9&site=xueshu_se. 2021年7月26日上网查阅。

置可能不那么令人艳羡。另一方面，在我的祖国，我可以更好地应用我的知识。汉语在这里几乎只是辅修课，而我不得不讲授普通语言学和拉脱维亚民俗。这些也是我非常喜爱的课程。我也在里加和乌普萨拉获得了荣誉博士学位。”（Walravens Hartman，1982）

虽然如此，施密特早期在中文教学方面取得的巨大成就和他编写的侧重实践应用的汉语教材、他捐赠给拉脱维亚大学的丰富藏书以及他在拉脱维亚大学任教时期的汉学研究和中文教学成果，成为拉脱维亚大学乃至拉脱维亚全国中文教学的宝贵遗产，为拉脱维亚汉学研究和中文教学开创了优良的传统，奠定了长远的基础。

五、施密特的地位

上面几节我们勾勒了施密特的人生经历和学术生涯，本节我们综述一下葛思语对施密特生涯的独特评价，同时简述一下 19 世纪末 20 世纪初与东亚相关的另外几位来自拉脱维亚的人士的经历，从中可以彰显施密特在拉脱维亚汉学研究和中文教学方面的突出地位。

葛思语认为，施密特的学术道路在某种程度上可以和英国生物化学家、汉学家李约瑟相提并论：两者在前段生涯中取得的成就已经足以使他们赢得学界认可，随之两者又投身于和他们前段工作无关的大规模学术研究，而他们现在最为人所铭记的则是他们后段学术生涯所取得的成就。必须承认，这种比较并不完全准确。施密特在从事东亚文化和语言研究的同时，一直对波罗的海研究保持着积极的兴趣。因此当施密特回到拉脱维亚，不得不改变他的学术研究领域时，他并非白手起家。然而，从远东到拉脱维亚的转变不管是在学术层面还是个人层面均非易事。就学术层面而言，在此之前，施密特在拉脱维亚学术圈已经声名鹊起，他是一位涉足波罗的海研究的学者，是一位在不为拉脱维亚人所熟知的领域取得斐然成就的受人尊敬的专家，但是现在他永久地回到了拉脱维亚，每天都在挑战已经确立的当地学术权威。虽然他仍然有许多同道者，但是他的学术努力也受到一些思想保守的同事的冷遇或嫉妒。就个人层面而言，施密特似乎也时常被误解。他持有一些奇异的观点，这些观点在两次世界大战间歇期的拉脱维亚被认为是陈旧老朽。他与中国文化打了 30 年交道，这可能给他的思维方式留下了印记，即男权家长式的“儒家”思维方式。他似乎也经常不经意间赞扬中国人和中国传统价值，这引起了猛烈批评：“这样一位‘中国’教授在我们新精神文化发展中能够起到什么作用?”这一“‘中国’教授”标签表明了当时的拉脱维亚社会对施密特的看法，他经常出现在漫画中，穿着满族长袍，留着满族长辫子。施密特被永久夹在东方文化和西方文化之间，不管他去哪里都是一个外人。在拉脱维亚，不是因为他的国籍而是因为他的思维方式，使他成为一个“外人”。（Dunajevs Georgijs，2021）

施密特作为学者的多重角色反映在人们对他所使用的不同标签中。联合国教科文组织在纪念施密特诞辰 150 周年的官方表述中称他为“语言学家、民族志学家和民俗学家”，但没有提到他的亚洲研究。葛思语认为，称施密特为“汉学家”也需要细究。严格来说，从古典意义上讲，施密特并非一个汉学家，因为这意指一种狭隘的语文方法，强调原始文献评述。与此不同，施密特作为语言学家和民族志学家所接受的教育以及他在不同文化、社会、宗教现象之间进行比较并寻找相似之处的自然亲近感，意味着他对他的研究对象采取了一种更为“整体的”方法。这并不是说施密特没有做可以称之为“汉学”的工作，而是说与他在研究汉语方面取得的成就相比，这种汉学工作显然平淡无奇。因此，施密特被称为“多面手”，列舍托夫称他为“汉学家、满学家、语言学家、民族志学家、民俗学家、宗教学家、教师、知识的传播者和普及者”①。葛思语认为，至少可以再加上“翻译家”和“外交家”，因为施密特一生发表了

① Reshetov, A.M. Petr Petrovich Shmidt (1869–1938), p.103. 转引自 Georgijs Dunajevs（2021）。

大量译作，并担任“西伯利亚和乌拉尔拉脱维亚人全国委员会”荣誉主席，监管该地区拉脱维亚人事务并帮助第一次世界大战期间流落到此的拉脱维亚人返回家乡。亚尼斯·罗森堡斯在《纪念民俗学家、民族志学家和语言学家彼得·施密特》一文中，将施密特称为“百科全书式的学者”。(Rozenbergs Jānis，1998)施密特在跨领域展现出的多才和多产品格使他成为历史上的独特人物，但却给研究他的生平和作品的学者留下了难题，因为没有哪一个研究者能够单独对他的整个学术遗产做出全面评价。这个任务至少需要汉学、满学和拉脱维亚学领域的学者共同努力来完成。需要对施密特进行综合研究，才能使“拉脱维亚民间文学博学之士”Pēteris Šmits 与“东亚和中亚研究顶流学者”Peter Schmidt 及“俄国汉学新流派即科学和实用学派关键奠基人”Petr Petrovich Schmidt 合而为一。(Dunajevs Georgijs，2021)

哈艾葛妮赛写到，欧洲的亚洲研究始于地理大发现时期，拉脱维亚的亚洲研究可以追溯到 18 世纪至 19 世纪。最初，亚洲文化在拉脱维亚社会的贵族阶层中深受欢迎。18 世纪，拉脱维亚贵族在庄园和城堡的内部装修中使用来自远东的物品。其中的一个例子是，在隆达莱城堡中发现了 18 世纪的东方瓷器收藏品。另一个例子是画家和陶瓷家乔治·威廉·蒂姆 1869 年给里加市博物馆赠送了日本木刻画。在图库区，保存完好的建于 1890 年的 20 公顷的瓦格纳花园，有 103 种来自远东地区的异域植物。由此可以推断，远东文化的某些方面在拉脱维亚得到了研究，并被付诸实施。

在 19 世纪，拉脱维亚没有学习东方语言的门路。因此，来自拉脱维亚的这一领域的最初专家是在沙俄帝国和其他邻近国家接受教育的，或者是后来转行从事汉学研究的。最早知道的东方学家是罗森堡，出生于拉脱维亚弗里德里希城(即现在的新叶尔加瓦市)，就读于圣彼得堡大学，学习东方语言，包括中文、日文、梵文、巴利文、藏文、蒙文。他在日本学了四年佛教哲学和日本宗教，成为从事佛教禅宗研究的最早的西方学者之一。1918 年他通过了博士学位论文《源于中文和日文的佛教研究导论》答辩，同年出版了俄文版《佛教哲学问题》，1924 年出版了德文版《佛教哲学问题》，使他得到世界的认可。他在日本出版了一本日语词典，使用图标系统组织汉字，这个系统是王西里创建的，后来得到罗森堡的改良，他是第一位用词典格式把这个系统公之于众的人，该系统仍然是俄罗斯出版的所有《汉语-俄语词典》的基础，他创造了用词典格式组织汉字的系统，最终催生了四角号码检字法。1919 年，他搬家到爱沙尼亚塔林，意外去世，时年 31 岁。(Haijima Agnese，2015)

贝勒早年入学爱沙尼亚塔尔图大学攻读医学，后出任俄罗斯公使馆驻德黑兰医生，1866—1883 年出任俄罗斯公使馆驻清朝北京医生。1866 年正逢苏格兰汉学家亨利・裕尔的《东域纪程录丛》出版，这引起贝勒对汉学的浓厚兴趣。但他发现西方汉学家包括亨利・裕尔因不识汉语，很少直接引用中文典籍。当时东正教北京传教团拥有一个经多年收集因而中西文藏书丰富的图书馆。贝勒利用东正教北京传道团图书馆提供的优越条件，潜心研究中世纪中国古典中外交通史文献和中国古代药草和植物学文献。贝勒还结识当时东正教北京传教团驻京修士大司祭巴拉第・卡法罗夫、伦敦传教会传教士伟烈亚力和英国驻华外交官梅辉立等汉学家。贝勒 1870 年在上海发表第一篇汉学论文《扶桑——谁发现美洲?》，1871 年在伦敦出版《古代中国对阿拉伯、阿拉伯属地和其他西方国家的知识》一书，1875 年在上海发表论文《中世纪中国的西域旅行家纪行》，1881 年在上海出版《早期欧洲对中国植物群的研究》，他还将几种重要的中外交通史中文文献翻译成英文，包括耶律楚材《西游录》《长春真人西游记》，常德《西使记》《耶律希亮之中亚行程》；1888 年在伦敦编集成书名为《中世纪研究》出版，这部著作集是他的代表作。

思巴文是日本学家，也是施密特在东方学院的同事，后来成为国立远东大学校长。沙瓦布 1916 年在哈尔滨海关工作，1916—1919 年是哈尔滨—海参崴(符拉迪沃斯托克)铁路上最年轻的邮递员，在满洲里邮局工作时对日本和中国的诗歌很感兴趣，1919年回到拉脱维亚，1921—1926年就读于拉脱维亚大学经济学与法学学院，1929年开始任教于拉脱维亚大学，1932年获博士学位。第二次世界大战期间，纳粹占领当局于1943年停止了他在拉脱维亚大学的工作，并关闭了拉脱维亚大学历史系，1944年他去了德国，曾被捕关押于集中营，获释后先后生活在慕尼黑和代特莫尔德。1949年搬家到瑞典，任职于斯德哥尔摩大学，直到1959年去世。

在上述几位中，沙瓦布虽在拉脱维亚大学任教过，但并不是汉学家，后来去了其他国家。对于其他三位，葛思语评论，贝勒是波罗的海德国人，供职于沙俄帝国，他的学术遗产主要保存在圣彼得堡东方学手稿研究所；罗森堡也是波罗的海德国人，也在圣彼得堡长大、学习和工作；思巴文虽是拉脱维亚人，也在远东访问过，但是“非常遗憾，他已经忘记了他的摇篮还在拉脱维亚的家中摇荡着”[①]，而且他从未回过拉脱维亚。他们三位除了出生在拉脱维亚之外，与拉脱维亚没有任何实质性的联系。与此形成鲜明对照的是，施密特是拉脱维亚人，用拉脱维亚语写作，在差不多30年在外生活期间经常回访家乡，生命最后18年在家乡度过，更重要的是，他一个人发表的学术成果可能比上述几个人的总和还要多。总之，施密特作为拉脱维亚汉学研究和中文教学领域的先驱和鼻祖的权威地位无人能够挑战。(Dunajevs Georgijs，2021)

① Zeltmatis, No Pēterburgas līdz Vladivostokai, DzimtenesVēstnesis, 1908, Nr.231(4 Oct), p.3. 转引自 Georgijs Dunajevs(2021)。

第二章　苏联时期(1940—1990)

1940 年 6 月，苏军根据苏拉双方友好协议进驻拉脱维亚，建立苏维埃政权，同年 7 月 21 日成立拉脱维亚苏维埃社会主义共和国，8 月 5 日并入苏联(期间 1941 年 7 月—1944 年 10 月被纳粹德国占领)，成为苏联加盟共和国之一，直到 1990 年苏联解体之际。随着施密特于 1938 年去世，苏联时期的拉脱维亚中文教学在很长一段时间后继乏人。这一时期，是拉脱维亚的苏维埃化时期，既是拉脱维亚中文教学中断期，也是拉脱维亚中文教学储备和重新萌芽期，同时也是拉脱维亚中文教育传承和复兴期。

第一节　苏联时期的中文教育

苏联时期，拉脱维亚的中文教育几近中断，但有限的学术文化交流活动仍在进行。此外俄罗斯的中文教育生机勃勃，为苏联各加盟共和国提供了接受中文教育的重要场所，也为拉脱维亚中文教育储备了师资力量，为拉脱维亚中文教育重新萌芽创造了条件，贝德高成为拉脱维亚中文教育的传承者和复兴者。

一、拉脱维亚中文教育中断

在苏联时期，拉脱维亚在第一次独立时期开始的欧洲教育体制进程被打断，高等教育进程的方向被改变。换言之，拉脱维亚教育体制发生了巨大变化，之前的波罗的海教育体制终止，苏维埃教育体制取而代之，汉学研究和中文教学活动也基本中断。

这个时期，拉脱维亚除了二战期间被德国占领之外，大部分时间处于苏联体制之下。[①] 苏联时期，在大力推行政治经济体制苏联化，修改宪法，撤销内阁，建立工农苏维埃政府，强力推行公有制、集体化、民族迁移、俄罗斯化等政策。一方面，成千上万的拉脱维亚人因不满苏联制度、支持反苏言论、参加反抗运动、阶级成分划分等被流放到西伯利亚。例如，1941 年 6 月 13—15 日夜，包括拉脱维亚总统乌尔马尼斯在内的 3.4 万多拉脱维亚人被流放到西伯利亚等地；1949 年 3 月 25 日，4.2 万多拉脱维亚人被流放到西伯利亚。[②] 另一方面，大批俄罗斯族人被迁入拉脱维亚，从事一些关键职业。同时，在学校和社会强制推行俄语，推崇俄罗斯民族的主体地位和历史贡献，抹杀少数民族的历史文化。例如，1958 年苏共中央和苏联政府规定，各加盟共和国中等学校要认真学习俄语，开设俄语课程。苏共二十二大通过的苏共纲领宣布，俄语是居于几种民族语言之上的语言。之后，开始称俄语为各族人民的“第二国语”。(安会敏，2017)

这个时期，拉脱维亚高等教育的特点是高度集中化，波罗的海高等教育机构按照苏维埃社会主义共和国联盟(苏联)高等教育机构统一模式进行改造，取缔了私立学校，废除了拉脱维亚大学章程及其自治地位。高等教育机构长期归苏联教育部主管，后来归苏联高等教育部主管，再后来归拉脱维亚苏维埃社会主义共和国高等和中等专业教育部主管。拉脱维亚苏维埃社会主义共和国人民教育法规定，高等教育机构的任务是培养具备专门领域知识同时掌握马克思主义和列宁主义理论并参与推

① 德军占领期间，最初纳粹德国被视为拉脱维亚的解放者，受到拉脱维亚民众的夹道欢迎，但后来德军大肆搜捕与苏联合作和不服从德国统治的拉脱维亚人，并招募大批拉脱维亚青年加入德国纳粹党卫军。1944 年，苏联对德军发起反击，重新占领拉脱维亚，于 1956 年扑灭由拉脱维亚党卫军成员组建的“森林兄弟”游击队。参阅谢清松(2019)。

② 笔者在拉脱维亚的九年多时间里，每年 3 月 25 日和 6 月 14 日都看到大批拉脱维亚人来到自由纪念碑广场献花。

动社会经济进步的专门人才。因此,高等教育机构的学科设置由苏联政府集中制定,所有科目都纳入马克思主义和列宁主义的意识形态。高等教育机构学科建设中的首要原则是实行苏维埃化和意识形态化,包括将科学无神论确立为科学研究和整个社会唯一可能的世界观,在高等教育机构中引入辩证唯物主义必修学科,将神学从课程设置中排除,特别强调神学对无神论社会的危害,视之为蛊惑广大人民群众的工具。苏联采用弗里德里希·恩格斯提出的科学分类方法,将科学划分为自然科学、技术科学和社会科学。例如,哲学被解释为由社会经济关系所决定的意识形态之一,社会科学成为宣传苏维埃意识形态的手段之一,辩证唯物主义成为唯一可能的科学世界观。当然,人文科学领域的其他分支学科并未停止,只有神学完全停止了,取而代之的是科学无神论,目的是证实唯物主义作为唯一可能的世界观的合法性。(Dedze Indra & Rubene Zanda, 2016)

苏联的办学理念以列宁思想为基础,即理论与实践相结合,高等教育面向工农大众。学习过程侧重于理论和实践课程以及在工厂和农庄劳动实习,高等教育不仅提供专业知识,而且学生还必须学习体现苏维埃意识形态重要性的科目,在体育活动中获得必修成绩以及在秋季去帮助集体农场收割。苏联高等教育的专业化和职业化设想是有目的地消除体力劳动和脑力劳动之间的矛盾,这一原则意味着高等教育以培养专业人才和从业人员为导向,轻视学术知识的价值。在拉脱维亚第一次独立时期接受人文科学教育的毕业生被轻蔑地称为"受过教育的失业者",因为他们接受过广泛的普通教育,但没有学过实际生活知识,因此无法参与建设社会主义社会。高等教育体制的重点主要放在自然科学和意识形态上,对社会科学和语言学的重视不够,俄语除外。在高等教育机构,教学语言为拉脱维亚语和俄语。教学科目按照教学语言分为两类,即俄语教学类科目和拉语教学类科目。这两类科目通常从不混合,并且在学生申请学科专业时已经指明了用哪种教学语言。俄语教学是二战后开始实施的，但是它在大学日常生活中所占比例日益上升。自 1952 年以来，拉脱维亚大学的内部通信一直使用俄语。(Strods H.，1999)

高等教育机构教学人员起初来自俄罗斯，因为大部分前教学人员被认为不适合在苏维埃大学中任职。从俄罗斯引进实施苏维埃高等教育模式的教学人员，以便他们逐渐培养与新的意识形态相对应的建设社会主义的当地“专门人才”。高等教育机构教学人员必须忠于苏维埃意识形态，工人阶级的敌人不得在高等教育机构任教和学习，需要对大学进行“全面变革”和“资产阶级专家政治清洗”。[①] 拉脱维亚第一次独立时期在人文科学领域任教过的教授被认为是苏维埃社会最反动的部分，官方宣布他们提倡伪科学理论和唯心主义观点，反对阶级斗争思想。大批教师被解雇，学生被开除，不是因为他们教学质量差或违纪，而是因为他们的政治观点或宗教观点反动，或者他们的社会背景有问题，如出身于资产阶级或富农家庭。家庭成员因政治原因受到苏维埃政权惩罚或者亲戚移民外国的教授和学生，也都是政治清洗的对象。(Dedze Indra & Rubene Zanda，2016)

高等教育苏维埃化的最重要的任务就是要培养苏维埃新人，具有唯物主义世界观、参与公共生产劳动、成为一个积极的社会工作者、受过良好教育和具有人道精神的人，能够为“加强新的、更公平的社会制度”而奋斗。学生通过四次入学考试方可被高等教育机构录取，如果入学考试没有通过，或者成绩低于入学门槛，不能被录取，应该等一年再重新参加入学考试。苏联的目标是让尽可能多的学生参与高等教育，以便以制度化的方式体现苏维埃意识形态在社会中的贯彻执行。在拉脱维亚大学，学生大多在社会科学、自然科学和人文科学领域的院系学习。苏联时期拉脱维亚大学的学生人数从 1950 年的 4456 人增加到 1990 年的

① *Pētera Stučkas Latvijas Valsts universitāte 40 gados* (*1919—1959*), Rīga: Latvijas Valsts izdevniecība,1959. 转引自 Dedze Indra & Rubene Zanda(2016)。

12,077 人，这表明拉脱维亚苏维埃社会主义共和国接受高等教育的人数显著增加。(Dedze Indra & Rubene Zanda，2016)

苏维埃大学的重要行动原则之一是国际化，但与此同时大学在孤立中运行，只允许与苏联加盟共和国和华沙条约国家接触。拉脱维亚大学与莫斯科大学、维尔纽斯大学、塔尔图大学、布拉格大学(捷克斯洛伐克)、罗斯托克大学(东德)签署了协议。最优秀的学生允许在华沙条约国家的一所大学里交换实习两个星期，其他学生只能在本校实习。1974 年约有 130 名拉脱维亚大学的学生出国交换实习，130 名来自布拉格大学和罗斯托克大学的学生在拉脱维亚大学交换实习。1989 年之前，拉脱维亚大学与西方国家高等教育机构没有建立合作关系。(Strods H.，1999)总之，苏联时期，拉脱维亚高等教育机构最初引入苏维埃意识形态基础上的外部模式，而且是以革命性的方式而不是渐进的方式实施的，换言之是以剧烈的和非自愿的方式实施的。然而，在苏联时期，拉脱维亚也存在根据当地教育体制需要对某些高等教育组成部分进行调整的情况。20 世纪 60 年代初，当地年轻一代工作人员登上舞台落实苏维埃高等教育原则，从而为发展满足当地需求的苏维埃大学行动模式提供了可能性。但不可能确立拉脱维亚各大学的自治行动模式，因为高等教育方向由将整个苏联绑定在一起的苏维埃意识形态来决定。①

这个时期，拉脱维亚高等教育机构有 10 所。第一次独立时期建立的一些高校纷纷改名，强调其国立性质。例如，1921 年成立的道加瓦皮尔斯国立教师培训学院，1952 年改名为道加瓦皮尔斯教育学院。1936 年在拉脱维亚大学农业系基础上建立的叶尔加瓦农业学院，1944 年改名为拉脱维亚农业学院。1945 年成立了新的高等教育机构——拉脱维亚苏维埃社会主义共和国语言和文学教育学院(1958 年关闭)。1946 年

① Ozola, I. Pedagoģijas zinātnes ģenēze Latvijā no 20. gadsimta 20. gadiem līdz 60. gadu sākumam, Promocijas darbs. Rīga: Latvijas Universitāte, 2014. 转引自 Dedze Indra & Rubene Zanda(2016)。

拉脱维亚体育学院成立。1948年拉脱维亚戏剧学院成立，1951年改制为拉脱维亚音乐学院戏剧系。1950年在拉脱维亚国立大学医学院的基础上成立了里加医学院，归属卫生部。1954年利耶帕亚教育学院成立，1961年改名为利耶帕亚国立教育学院。1958年在拉脱维亚大学化学系、工程系和机械系的基础上重新组建里加理工学院。1960年里加民航学院成立，与苏联友好的国家的学生在这里学习。拉脱维亚大学也数易其名，1940年改为国立拉脱维亚大学，1942年改为里加大学，1944年改为国立拉脱维亚大学，1958年改为彼得里斯·司徒奇卡国立拉脱维亚大学，1990年改名为拉脱维亚大学。虽然这个时期拉脱维亚高校数量多达10个，但拉脱维亚大学依旧是拉脱维亚唯一的大学。（Dedze Indra & Rubene Zanda，2016）

在上述大背景下，不仅拉脱维亚大学中文教学难以为继，就连拉脱维亚汉学研究和中文教学拓荒者施密特也被抛诸脑后，他的政治立场受到批判。史莲娜在1990年曾写到，非常奇怪，著名汉学家施密特曾在拉脱维亚生活和工作，曾是俄国和德国研究者笔下的人物，然而在当今拉脱维亚却鲜为人知。在20世纪20年代和30年代，有30多篇有关施密特的文章，作者为雅尼斯·恩泽林斯、安德烈斯·乌皮茨[①]、欧内斯茨·布莱赛[②]等，施密特被誉为民俗学家、民间传说收集家、东方探索家。1940年，古斯塔夫斯·沙乌鲁姆斯在《彼得里斯·施密特教授：基于自传资料》手稿中，以传记体笔法叙述了施密特的家庭、童年、小学、中学以及在莫斯科大学和圣彼得堡大学求学的经历，提到了许多拉脱维亚和外国的作家、哲学家、公众人物、文化工作者、教师等对施密特的影响，也叙述了他在中国、海参崴（符拉迪沃斯托克）和拉脱维亚大学的岁月。

① 安德烈斯·乌皮茨，拉脱维亚诗人和作家，作品多次获得国家政府奖。

② 欧内斯茨·布莱赛，拉脱维亚语言学家，毕业于圣彼得堡大学，任教于拉脱维亚大学和美因茨大学。

即使在1961年，拉脱维亚语言学家亚尼斯·洛亚教授[①]在《语言学史》中也写到，施密特是著名东方学家，尤其是中文专家。但是后来，随着政治指针的转向，对施密特的这类评价没有了。只是偶尔有一位拉脱维亚知识分子会对另一位知识分子好奇地说："你知道吗，语言学家和民俗学家彼得·施密特会说中文?"(Staburova Jeļena, 1990)

在苏联时期的拉脱维亚，施密特的政治忠诚被拿出来说事，成为衡量和评价他的标准。他被指责在十月革命后离开苏联，没有同情布尔什维克，参与组织远东拉脱维亚步兵团"伊曼达团"，不遗余力眷恋小小的故乡，去世前不久获得"祖国科学奖"。《拉脱维亚苏维埃社会主义共和国小百科全书》是这样写的："施密特的公共观点和政治观点是反动的。"(Staburova Jeļena, 1990)史莲娜记述了1985年发生的一件事情，一位学生刚刚答辩完学位论文，她写的是有关施密特东方研究的主题，一个熟知的历史学家劝这个学生删除所有对施密特的正面评价。

德国汉学家魏汉茂写到，在著名东亚研究学者中，同时又是另一领域的杰出专家，这种例子凤毛麟角，而施密特就是这样一位佼佼者。他既是著名的汉学家和满学家，同时又是杰出的语言学家、拉脱维亚民俗学家和民族志学家。他去世时的讣告和悼念文章都集中在他的个性和在拉脱维亚大学任教时期在民族志和语言学方面的成就。另一方面，他在圣彼得堡的学习和在海参崴(符拉迪沃斯托克)的活动则鲜为人知，并非他没有什么成就，而是因为俄罗斯历史学家把他视为拉脱维亚人扔到了一边，而在过去拉脱维亚人中没有哪个学者能够从事他的研究工作。此外，因为当时只有少部分作品是平版印刷的，所以施密特的一些作品极其罕见，从而失去了公正评价的基础。(Walravens Hartman, 1982)

葛思语写到，施密特受到许多学者的认可，但通常具有不同的背景。

---

① 亚尼斯·洛亚，拉脱维亚著名语言学家，毕业于列宁格勒大学，任教于赫尔岑列宁格勒国立师范大学、莫斯科大学、莫斯科国立师范大学、拉脱维亚大学、利耶帕亚教育学院，编撰了《俄语-拉脱维亚语词典》。

在拉脱维亚，施密特被视为杰出的语言学家、民族志学家和波罗的海研究领域的民俗学家；在俄国，施密特被视为俄国汉学传统史上的一个重要人物；在国际上，施密特被视为著名的满语专家。此外，如施密特墓碑上镌刻的汉字和拉脱维亚装饰图案所显示的，一方面他是一个研究中国的学者，另一方面他是一个拉脱维亚学者。在拉脱维亚，施密特的这两重角色是分离的，没有被合二为一。由于施密特民俗研究代表作《拉脱维亚童话故事和民间故事》(15卷本)曾经是拉脱维亚每家每户的必备读物，因此他的"拉脱维亚角色"广为人知。但很少有人听说他是亚洲学者，即使在国际上也是如此，东亚文化学习者通常不相信民俗学家施密特和汉满语专家施密特是同一个人。(Dunajevs Georgijs，2021)

特别是在中苏关系破裂时期，拉脱维亚有关中国的任何信息都不受待见。例如，卡戴翻译的《骆驼祥子》等在拉脱维亚被迫下架。(安吉塔·鲍葛薇，2016)中国和日本等亚洲国家的出版物根本到不了拉脱维亚，唯一的通道就是莫斯科或者列宁格勒和海参崴(符拉迪沃斯托克)。海参崴(符拉迪沃斯托克)与中国、日本和朝鲜接壤，在这里如果得到特别许可可以阅读到有关亚洲出版的文献。要教授和学习亚洲语言，只能去莫斯科、列宁格勒和海参崴，在拉脱维亚这方面的任何活动都受到控制。到了戈尔巴乔夫"开放"政策氛围下，才开始东方语言的教学。(Taivāns Leons，2019)

二、俄罗斯中文教育生机勃勃

在苏联时期，有三个重要的中文教学机构，都位于俄罗斯苏维埃联邦社会主义共和国，即列宁格勒大学(圣彼得堡大学)、莫斯科大学、远东国立大学，集中了苏联顶尖的汉语专家和教授，为全苏联的加盟共和国包括拉脱维亚在内培养了大批优秀的汉学家和汉语专家，他们后来成为汉学研究和中文教学的中坚力量。拉脱维亚大学后来的著名东方专家都是这个时期在莫斯科大学或列宁格勒大学(圣彼得堡大学)学习，或在远东大学任教。

圣彼得堡大学创办于1724年，1854年俄国沙皇尼古拉一世下令对国内所有院校（包括大学和中学）的东方语教学实施合并，成立圣彼得堡大学东方系，成为俄罗斯汉学研究和中文教学的重要中心。1855年8月27日，圣彼得堡大学东方系举行成立大会。喀山大学东方系关闭，所有教授、教师、一部分学生、图书等迁至圣彼得堡大学东方系。俄国汉学研究中心从喀山大学和俄国东正教驻北京传教士团迁移到圣彼得堡大学，此后这里一直是俄国东方研究中心和东方人才培养基地。圣彼得堡大学东方系设立汉语和满语教研室，由王西里任教研室主任，后来他又出任东方系主任。王西里在俄国汉学史上，是继比丘林之后的又一位大师，也是一位里程碑式的人物，是俄罗斯汉学从僧侣转入世俗的关头崛起的学院派汉学第一批汉学家之一，创立了俄国汉学史上第一个汉学学派——圣彼得堡学派（圣彼得堡大学）。（柳若梅，2003）在最初12年里他是汉语和满语专业四个年级唯一的汉语和满语教师，后来也聘请一些助手上课。1868年，他把满语文学课交给了扎哈罗夫（中国史籍中称为杂哈劳）。口语课基本上由中国教师承担，有时候由本土教师承担。伊斯梅尔·阿布-卡里莫夫、斯卡奇科夫（中国史籍中称为孔气，也称孔琪庭、孔琪）、佩休罗夫、桂荣、苏忠、高音齐、邵恒浚、桂芳、孟喜寿、程鸿基、权什恩、张音等相继教口语课。（斯卡奇科夫，2011：291—348）王西里在圣彼得堡大学东方系任教38年，不仅著作等身，而且桃李芬芳，毕业的弟子有60人（东方系每年毕业生10—20人）。其中，他在圣彼得堡大学东方系的直接继承者是格奥尔吉耶夫斯基和伊万诺夫斯基以及编外副教授波波夫和阿·波兹涅耶夫，在海参崴（符拉迪沃斯托克）东方学院任教的弟子施密特、鲁达科夫、屈纳、齐比科夫。王西里和他圣彼得堡大学东方系同事及弟子开创的圣彼得堡流派，对俄罗斯汉学研究和汉满蒙语教学发展做出了巨大贡献，产生了深远影响，及至苏联时期和当代时期。（斯卡奇科夫，2011：291—348）阿列克谢耶夫（中文名阿翰林或阿理克）是苏联汉学奠基人，他是王西里和佩休罗夫的学生，长期任教于圣彼得堡大学（列宁格勒大学）。作为20世纪上半叶苏联汉学界执牛耳的人物，阿列克谢耶夫继比丘林和王西里之后把俄苏汉学推向新的阶段，形成了一系列新的教学和研究方法，并且成为几代汉学家的导师，培养了一大批汉学家，包括费德林和艾德林等，诞生了现代汉学领域最为显要的"阿列克谢耶夫学派"。关于苏联时期的汉学成就，阿列克谢耶夫1945年曾指出，笼统综合的汉学分化为历史、语文、语言、艺术、地理等专门学科，这是苏联汉学的主要成就。用马克思主义方法论武装起来的苏联汉学家继承俄罗斯汉学传统，直接使用中文原始文献，在中国研究的所有领域卓有成效地开展工作。（斯卡奇科夫，2011：291—348）柳若梅（2003）指出，到20世纪70年代，苏联汉学已真正进入了学科独立、材料齐备、研究具有一定深度的阶段，近二三十年，汉学研究所涉及的问题更加多样化。

远东国立大学的前身东方学院创建于1899年，受命于俄国沙皇尼古拉二世，成为继圣彼得堡大学东方系之后俄国在亚洲部分的汉学研究中心。一批从圣彼得堡东方系毕业的学生在这里任教，继往开来，推陈出新，将俄罗斯汉学研究推向了一个新的高度，并以其鲜明特色开创了远东实用汉学流派。（钱娅莉，2020）学生的主要任务就是学习实用的汉语、满语、日语、朝语、蒙古语，弥补圣彼得堡大学东方系重在培养学术研究人才而对于学生实际工作能力培养较弱的短板，以满足远东地区汉语翻译人才需求，为东方行政机构和工商活动培养人才。圣彼得堡大学东方系满语教授阿·波兹涅耶夫于1899—1903年出任院长，他弟弟圣彼得堡大学东方系汉满蒙语专业毕业的德·波兹涅耶夫于1904—1906年任院长，鲁达科夫于1907—1917年任院长，施密特于1917—1918年任院长。施密特和鲁达科夫既教授汉语也教授满语，阿·波兹涅耶夫和格列比翁希科夫也先后教授满语。屈纳教授中国、日本、朝鲜的历史和地理，以及俄中、俄日、俄朝关系史。中国母语教师（两位）经常变换，从1899年到1909年，相继有13位中国教师教授口语。东方学院学制四年，一年级所有学生都学汉语(教授每周6次课，中国老师每周4次课)，二年级以后学习专业(汉满、汉日、汉蒙、汉朝四选一，教授每周3次中文课,中国老师每周3次课,其余时间学习第二种语言和其他课程)。作为口语课的补充，学院每年派相当数量的学生到中国、日本、朝鲜实习，回来提交研究成果，在《东方学院通报》发表论文。学生毕业后很容易找到与汉语相关的工作，很多人在哈尔滨、吉林、齐齐哈尔、天津、武汉的俄语学校担任中文教师，哈尔滨半官方的中文俄国报纸《远东报》也是由东方学院毕业生创办的。东方学院创建了印刷厂，是俄国唯一一所拥有多种东方语言字模的印刷厂，东方学院大部分教师都出版了自己的著作。(斯卡奇科夫，2011：363—372) 1917年苏联发生了十月社会主义革命，此后的苏联汉学研究以马列主义为理论基础，完成了从俄国旧汉学到苏联新汉学的历史性过渡。1920年，国立远东大学在东方学院基础上建立。1939年，国立远东大学被关闭，教员被遣散。东方学院的教授施密特、鲁达科夫、屈纳、格列比翁希科夫等都在世界学界享有盛誉，他们在中文教学中不断探求、修正和实施新的理论和方法，为俄罗斯实用汉学流派的创立和发展打下了坚实的基础，为俄罗斯汉学界输送了一大批人才，成就了东方学院一段辉煌的历史，他们的教学方法也成为后来苏联中文教学的典范。虽然国立远东大学关闭了一段时间，但东方研究的历史并未中断，1956年恢复为远东国立大学，毕业生中不少人成为著名汉学家。(钱娅莉，2020)

莫斯科大学创建于1755年，在苏联时期是继圣彼得堡大学和远东大学之后又一个重要的中国研究和中文教学中心。莫斯科大学于1804年成立东方语言系，1956年改制为东方语言学院，组建中国语言文学教研室，1972年东方语言学院改制为亚非学院(即亚非国家研究所)①。

① http://www.cssn.cn/hqxx/yw/201605/t20160519_3015724.shtml，2021年8月1日上网查阅。

(柳阿萨, 2019)中国语言文学教研室首任主任是柳鲍芙·德米特里耶夫娜·波兹涅耶娃，她出身于汉学世家，伯父和父亲相继担任东方学院院长，父亲获中国颁授双龙勋章。她 1932 年毕业于圣彼得堡大学东方系，受业于阿列克谢耶夫和曹靖华等；1932—1943 年在远东大学等校任教，与张锡俦[①]先生结婚；远东大学撤销后她来到莫斯科，1944 年开始在莫斯科大学任教。(李明滨, 2008)波兹涅耶娃在莫斯科大学从教 30 年，培养出一批批汉语人才，可谓桃李满天下，当代俄罗斯汉学家很多都曾是她的学生。鲁缅采夫的夫人波美兰曾回忆，她之所以选择汉语研究这条路应归功于波兹涅耶娃，当时大家都叫她刘巴。(曹慧, 1995) 1959—1963 年，老罗高寿(原名阿列克谢·彼得罗维奇·罗加乔夫)继任中国语言文学教研室主任。老罗高寿 1928 年毕业于莫斯科大学，前后居留中国 13 年，先在外交部门工作，后在莫斯科大学等任教。老罗高寿教学生涯长达 41 年，为苏联培养了大批中文人才。1963—1993 年，鲁缅采夫继任中国语言文学教研室主任。也有资料显示，鲁缅采夫 1970—1992 年任中国语言文学教研室主任。特别值得一提的是，鲁缅采夫用计算机研究东方语言的语音结构、汉语语音单元的计算机建模，这标志着东方语音学研究新方法的开始。[②]

米亚斯尼科夫和安慈莎对苏联时期的汉学研究和中文教学做了系统梳理。米亚斯尼科夫把苏联汉学分为四个时期：(1) 十月革命至 20 世纪 20 年代中期，是苏联汉学初始时期，成立了一些专业研究机构和学术团体，创办了一批专业刊物，发表了一些著作；(2) 20 世纪 20 年代

① 张锡俦 1927 年被派往苏联莫斯科东方大学学习，毕业后被派到海参崴(符拉迪沃斯托克)工作，任师范大学副校长、高级列宁学校校长等职，1931 年加入苏联国籍。1939 年 9 月调任共产国际直属外文出版局，任编辑、翻译。1948 年 8 月回到中国，历任哈尔滨外国语专门学校第一副校长、中共中央俄文编译局副局长、北京外语学院院长兼党委书记、学院顾问等职。1989 年 5 月 5 日在北京逝世，终年 84 岁。

② http://letopis.msu.ru/peoples/6961，2022 年 5 月 7 日上网查阅。

中期至卫国战争时期,是苏联汉学发展和革命时期,研究重点是中国民族解放运动、中国文学和中国革命运动、民族等问题,卫国战争前后是苏联汉学艰难时期,由于大清洗运动,许多无辜的人包括汉学家或惨遭杀戮、死于非命,或遭逮捕、镇压、流放;(3)卫国战争结束至1965年,是苏联汉学蓬勃发展时期,中苏两国建立了友好同盟,建立了几个汉学研究基地和人员培训中心,推出了大量有学术价值的论文和译著,一些大作家如鲁迅、茅盾、巴金、老舍、叶圣陶、丁玲的作品都有了俄译本,据统计1946—1964年间苏联有近800名从事汉学研究的学者出版了近千种图书;(4) 1966—1991年,由于中苏两国意识形态上的分歧,苏联汉学研究进入停滞时期。总之,在整个苏联时期,有130多位汉学家,有的汉学家在国际汉学界享有盛名;许多中国文学名著被译成俄文,1917—1949年出版100部著作,1950—1957年出版447部并有部分著作从俄文译成了乌克兰文、白俄罗斯文及格鲁吉亚文,1958—1959年共出版242部,1971—1982年出版550部并发表文章数千篇;苏联时期的汉学研究远远超过了十月革命前的汉学研究,其丰富、卓越的成果为日后汉学的繁荣奠定了牢固的基础。(雷丽萍、李渤,2011)安慈莎将苏联时期的汉语研究与教学历史分为四个时期:(1) 1917年至40年代,汉语研究涉及文字和拼音、语音和语法结构,中文教学的任务是培养学生使用汉语语音、文字、语法和词汇的基本技巧,出版了教科书、参考书和辞书。苏联高等院校的中文教学的首创方法正是在这一时期形成的。(2) 20世纪40年代至50年代,强化中文教学,出版科罗特科夫和林晒波的汉语教科书、格列洛夫的《汉语实践语法》和索思采夫的《现代汉语论文集》;在相关大学进行研究中文教学法试点工作,制定汉语、中国历史、中国文化课程教学大纲,汉语教育目标是培养能够理解中国历史、社会、政治、地理、经济、文化,可以使用汉语口语和书面语的学生;在大学五年学习时间里,汉语实践教学占2004学时(一年级508学时,二年级408学时,三年级408学时,四年级340学时,五年级 340 学时），规定学生在教室每上一学时实践课，至少在家（包括语音室）预习一学时。（3）60 年代，汉语教育注重实践方向，理论课程也有一定分量，高等院校开设理论语法、汉语词汇学、汉语史、中国文学史等课程；莫斯科、列宁格勒（圣彼得堡）、海参崴（符拉迪沃斯托克）等地积极开展中文教学。（4）70—80 年代，创立中文教学法，针对高等院校、中学和中等技术学校，对派往中国的学生及专家进行短期培训，举办高水平口语翻译培训。（安慈莎，2020）整个苏联时期的主要教材和专题著作有：波波夫和波利瓦诺夫的《汉语音标手册》，伊万诺夫的《现代汉语语法》，阿列克谢耶夫的《中国文字和汉字拉丁化》，科洛科洛夫的《汉语语音学》，鄂山荫的《汉语口语"白话"课本》《一年级学生中文课本》《关于中国动词概念范畴》《关于汉语词类》《中文课本》《俄汉词典》，德拉古诺夫的《研究性现代汉语语法著作（词类）》《现代汉语语法体系》，索尔恩采夫的《中文词和词根问题》，伊萨延科和科罗特科夫的《中文课本》，林晒波的《中文课本》，谢尔久琴科的《中国文字改革》，雅洪托夫的《古汉语系统理论分析》《历史语音学》，科罗特科夫、罗日杰斯特文斯基、谢尔久琴科、索尔恩采夫的《汉语》，索尔恩采夫的《中文被动语态》，加利采夫的《汉语概论》，德拉古诺瓦和扎多延克的《中文课本》，扎多延克的《高等教育机构的中文课本》，戈列洛夫的《中文翻译俄文手册》《汉语修辞学》《理论语法》，鲁缅采夫的《现代汉语的声调和语调》，刘克甫的《古代汉语：课文、语法、词汇成分》，刘克甫和黄淑英的《古中文课本与手册》，妮基季娜的《古汉语语法：句法结构》，高辟天的《汉语文艺语言手册》，伊萨延科和费多罗娃的《专业系第二学期汉语手册》，谭傲霜的《现代汉语口语课本》，舒托娃的《现代汉语句法》。（安慈莎，2020）

总之，圣彼得堡大学、东方学院（远东大学）、莫斯科大学汉学学派的出现，"不仅对俄国东方学研究而且对世界东方学研究做出了重大贡献，不仅为俄罗斯的中国研究新概念和新方法奠定了基础，而且为欧美的中国研究新概念和新方法奠定了基础”[①]。它们也为拉脱维亚中文教育的重新萌芽提供了重要条件。

三、拉脱维亚中文教育重新萌发

拉脱维亚中文教育的重新萌发,与如下三个因素密切相关。

(一)中国文献典藏的介绍与梳理

拉脱维亚中国文献典藏包括汉语、满语、蒙语、藏语等,多为拉脱维亚汉学家施密特于19世纪末20世纪初收藏。据德国著名汉学史及汉学文献目录学家魏汉茂的研究,1965年,俄罗斯著名汉学家李福清[②]首次向学界介绍了拉脱维亚的中国文献典藏。1979年,德国汉学家嵇穆[③]为拉脱维亚大学图书馆藏满文文献制作了著录卡片。1989年,拉脱维亚汉学家史莲娜与俄罗斯汉学家杨托夫[④]合作整理出版了施密特藏书目录。1990年,史莲娜在施密特的传记中增列了部分中国文献。后来,杨托夫将拉脱维亚大学图书馆施密特藏书目录中的满文文献单独出版,题为《里加收藏的满文写本与刻本》。

拉脱维亚中国文献的典藏情况如下:(1)拉脱维亚大学学术图书馆藏有档案文件和东方语言书籍。档案文件包括施密特关于汉语、满语、阿尔泰语、通古斯语、那乃语、俄语、拉脱维亚语、德语等方面的论文,施密特个人信件;东方语言书籍包括汉文写本古籍5种(《游历满蒙地理本草第四部》《古迹考证·壹》《张家口挖坟贴》《番族事》《皇太后六旬万寿恭赋》)、蒙古文古籍4种、藏文古籍1种等。(2)拉脱维亚大

① http://russian.people.com.cn/31857/33234/39566/2929355.html, последнее обновленние 14:06.19/10/2004, 2021年8月10日上网查阅。

② 李福清,原名鲍里斯·利沃维奇·里弗京,毕业于列宁格勒大学东方系中国语文科,在北京大学进修,俄罗斯科学院院士,毕生致力于中国文化研究和中俄文化交流,2003年获中国教育部“中国语言文化友谊奖”。

③ 嵇穆,著名的满文和古典文学专家,科隆大学教授,曾任汉学系主任。

④ 杨托夫,原名谢尔盖·叶甫根尼耶维奇·雅洪托夫,就读和任教于列宁格勒大学(圣彼得堡大学),在汉语语音史方面的研究具有开创性,被视为汉语古音研究的里程碑。

学科学图书馆东方文献典藏主要分为三类，一是汉文、满文及日文的刻本、写本和影印本，二是以西方语言或俄语编写的东方语言研究著述等，三是苏联时期出版的古西伯利亚诸语言研究著述。(3)拉脱维亚国家图书馆藏汉文写本古籍《图像本草蒙荃》《长远两友相论》《新约全书》3种、满汉合璧写本《雍正十年五月十六日壬申望月食图》及日本画卷4种等。

这些文献藏书有历史类、教学类和工具书类等，其中有不少珍善本，有部分珍本不为学界所知，因此对这些文献进行梳理、介绍与研究不仅可以了解拉脱维亚中国文献的收藏历史，而且对于研究拉脱维亚汉学史发展历程具有重要的参考价值，(王敌非，2016)此外也为拉脱维亚中文教育的重新萌芽提供了学术支撑和基础。

(二)有关中国的学术及交流活动的开展

如哈艾葛妮赛教授所言，自从1940年苏联占领拉脱维亚后，不允许拉脱维亚与东方国家保持直接联系，但是也不乏一些有限的学术与交流活动。(Haijima Agnese，2015)

这一时期，拉脱维亚著名的日语和汉语专家卡戴[①]在拉脱维亚大学开设过汉学讲座，并翻译了中文小说，[②]使拉脱维亚民众通过文学作品了解中国。从卡戴2000年出版的回忆录《在十面国旗下》和2003年80岁生日时接受拉脱维亚《日报》采访以及2019年去世后其他人写的纪念文章中，我们可以了解到他的生平。卡戴1923年2月3日出生于中国内蒙古一个叫博克图的铁路小村庄，[③]他父亲当时在铁路工作，这里有351名拉脱维亚人。(Taivāns Leons，2019)他们一家生活在哈尔滨的拉脱维亚人、波兰人、俄罗斯人、德国人、犹太人及其他移民中间，这些人

① 卡戴教授2019年4月5日清明节去世，享年96岁。

② 于丛杨《关于拉脱维亚中文教学概况的研究报告》，2000年4月10日，第3页。

③ 博克图1901年设为中俄共同修筑的东清铁路(中东铁路)火车站；1969年划归黑龙江省，1979年复归内蒙古自治区。

都说俄语，因为俄罗斯铁路建设和俄罗斯白军的瓦解使得满洲里地区深受俄罗斯的影响。移民环境中存在的民族和政治的差异既让生活丰富多彩，也带来了一些苦涩。这里有卡戴喜爱的德国胡斯克瓦纳自行车、犹太人的幽默、各国美食、印度丝绸，也有殴打俄国小男孩的售票员、对爵士乐歇斯底里的日本人，与俄国白军对抗的俄国红军。[①] 他自小在十面国旗下生活，耳闻目睹了世事变迁，见证了满洲里地区俄罗斯影响的消长和日本的入侵。(Katajs Edgars，2010)他小时候在十年制的美国青年基督教会学校读书，中学毕业后进入“北满大学”经济学院，学院用日语授课。他上学期间曾在国家银行工作，后被日籍经理辞退。[②] 大学毕业后，他进入“满洲国”教育部编写教材，得以详细了解为当地中国人、朝鲜人和俄国人编写日语教材的传统，并编写了第一部教材。因此，他的早期职业与东方语言和语言教学密切相关。1945 年第二次世界大战之后，他担任苏联驻哈尔滨总领事馆翻译，也担任哈尔滨工业大学讲师。1955 年，斯大林去世后苏联政府允许拉脱维亚人回乡，于是他和养母安娜一起回到拉脱维亚。他一度待业在家，萌生了去乡村生活的想法，但是国家图书馆馆长劝他不要去，因为怕他会找个挤奶工结婚，失落和遗忘在乡村。后来，他在位于瓦格涅拉街的国家图书馆找到了工作。[③] 他对拉脱维亚语的了解非常有限，他妻子伊娜拉不遗余力地帮助他完全融入拉脱维亚语言文化之中。他在国家图书馆工作了 30 年，同时翻译中国和日本两国的文学作品。

卡戴总共翻译出版了 12 本日文图书和 3 本中文图书，并撰写了介绍当代日本、日本和中国文化的图书及历史回忆录。鲍葛薇在《拉脱维

① https://www.diena.lv/raksts/pasaule/krievija/latvietis-no-krievvalodigas-kinas-11578814，2021 年 8 月 13 日上网查阅。

② https://www.diena.lv/raksts/pasaule/krievija/latvietis-no-krievvalodigas-kinas-11578814，2021 年 8 月 14 日上网查阅。

③ https://www.diena.lv/raksts/pasaule/krievija/latvietis-no-krievvalodigas-kinas-11578814，2021 年 8 月 14 日上网查阅。

亚汉学研究述评》一文中对卡戴的几本中文译著做了简要评介。卡戴青年时期出版了《鲁迅短篇小说选》《中国现代短篇小说》《骆驼祥子》三部中文译作，涉及20世纪著名的中国作家鲁迅、老舍、巴金、茅盾等。他曾经在哈尔滨生活过，因此编辑并翻译中国现代作品并不奇怪，他的目光落在了鲁迅与现代短篇小说作家身上，当时这些作家的作品在中国和苏联很受欢迎。他与老舍交往甚笃，老舍为他翻译的《骆驼祥子》撰写了前言。他的译作中的有些表达和句子与中文原著不完全对应，体现了他对目标语读者的精心关照。他的译文显示出一种苏联式的写作色调，使用了典型的社会主义词汇和表达，特别是《中国现代短篇小说》中所选的最后三篇（柔石《为奴隶的母亲》、方志敏《可爱的中国》和《清贫》）。《骆驼祥子》译本采用的是删节本，最后几章没有收入。在译后记中，卡戴引用了老舍的话："我热爱新社会秩序，因为自由与幸福的人民生活在其中。他们永远与万恶的过去算清了账。我知道这个新社会秩序比旧社会好得多，但是如果人们发自内心地感到快乐，就不会保持沉默，自然要把他的快乐告诉给其他人。"（Katajs Edgars，1963）在上海长期生活工作的拉脱维亚著名概念派艺术家美查娜曾在拉脱维亚大学跟卡戴学习中文和日文，之后去山东师范大学和上海师范大学深造，翻译出版了《中国成语故事》《中国神话传说》《禅宗公案故事》，她的翻译方法深受卡戴教授的影响。（安吉塔·鲍葛薇，2016）

这一时期，也有中国文艺团体等抵达拉脱维亚进行交流活动。《拉脱维亚科学院简报》2019年第73卷第2期刊登一篇《拉脱维亚科学院荣誉博士埃德加斯·卡戴》的文章，其中写道："在整个苏联时期，只要来自中国和日本的代表团抵达拉脱维亚，卡戴就是'专职翻译'。他的这一行为产生了巨大的鼓舞力量。当今拉脱维亚语-汉语领军人物、《汉语拉脱维亚语大词典》编撰者贝德高还记得，他年轻时参加过一个中国代表团的活动，他颇为吃惊地看到戴着眼镜的卡戴在做口译，轻而易举并非常流利地将汉语译成拉语，又将拉语译成汉语，这一幕对他产生了很大的触动，于是下定决心也要学好汉语这门很难学的语言。”(Taivāns Leons, 2019) 2021年9月10日，笔者就这篇文章里的内容对贝教授进行了面对面的访谈。贝德高说，当时他20岁出头，上海的一个地方戏剧团(好像是昆剧团)来里加，在拉脱维亚国家戏剧院演出，他在报纸上看到了这个消息，便买票去观看，吃惊地看到戏台上有一位戴着眼镜的欧洲人讲着流利的中文，后来得知此人就是卡戴。这一幕着实对他产生了很大震撼和影响，但他下定决心学习中文是他11岁上小学的时候。卡戴的魅力在于他对中国东北的口述历史和汉字历史的了解，既全面又有学术性。

关于卡戴的影响力，曾在拉脱维亚大学中文专业任教过的小卡回忆说，他在中学时代就听过卡戴的公开讲座，并且向卡戴借阅佛教方面的书。卡戴答应了他，但在递上书的时候，若有所思甚至略带讽刺地建议他：但愿你别进入外太空！卡戴反对不具备中国现代语言知识的深厚功底就对中国文化进行哲理空谈。他们两个经常在咖啡店喝咖啡，聊汉学的实用性和非实用性等方面的问题。卡戴的睿智、幽默和反讽给小卡留下了深刻印象。与卡戴有过交往的人都会承认，他的人生故事和智慧可以集成一本书，就像孔子的《论语》一样。(Eihmanis Kaspars, 2019)米伊尔泽称卡戴是中国通，是行走的百科全书。李丽说卡戴睿智幽默，人性真诚。

(三)一批东方学者从俄罗斯回到拉脱维亚

如前所述，俄罗斯是这一时期中文教育和东方学教育的中心。一批有志于东方学研究和教学的拉脱维亚有识之士从俄罗斯学习和任教归来，成为拉脱维亚东方学研究和教学的中坚力量。

这一时期，从俄罗斯回归拉脱维亚的东方学者有：学习中国语言文化的贝德高，学习印度语言文化的西格玛·安克拉瓦和维克多·伊夫布里斯，学习印度尼西亚语言文化的塔伊万斯，学习阿拉伯语言文化的亚尼斯·斯克思突利斯等。(Haijima Agnese, 2015)西格玛·安克拉瓦

1951年3月26日出生于里加，1969年毕业于里加第45中学，1974年毕业于拉脱维亚大学外国语言学院英国语言文学系，1974—1977年在苏联科学院东方研究所攻读硕士学位，1978年通过有关印度英语诗人萨罗吉尼·奈杜作品的论文答辩，1977年开始在拉脱维亚大学外国文学系任教，曾在伦敦大学、剑桥大学、威斯康辛大学、美因茨约翰内斯古滕贝格大学学习，1999年获博士学位，2000年晋升为教授，曾任拉脱维亚大学外国文学系主任和印度文化研究中心主任等职。维克多·伊夫布里斯1933年5月31日出生在拉脱维亚卡卢佩教区，在卡卢佩小学和道加瓦皮尔斯第一中学学习，1966年毕业于拉脱维亚大学外国语言学院并获英国语言文学学士学位，1968—1972年在拉脱维亚大学攻读硕士学位，1972年在莫斯科东方学研究所通过硕士论文答辩，1978—1979年在泰戈尔创建的印度国际大学学习，1983年通过博士学位论文《泰戈尔的文学艺术：方法问题》答辩，1974—1989年任拉脱维亚大学外国语言学院外国文学系主任。塔伊万斯1944年5月25日出生于里加，曾就读于拉脱维亚大学神学学院和莫斯科大学东方语言学院历史与语文系，并在以色列、黎巴嫩、叙利亚、新加坡、约旦、菲律宾和俄罗斯工作生活，其中在俄罗斯生活长达21年（7年任东方研究所学术秘书），后在拉脱维亚大学外国语言学院东方学系和人文学院亚洲学系任教，并担任系主任。[①] 亚尼斯·斯克思突利斯（1944年4月6日—2012年7月13日）是拉脱维亚大学神学学院创办人之一，曾任副院长，精通阿拉伯和犹太语言与文化。

在上述这些学者的努力下，1986年，拉脱维亚大学外国语言学院开设了三门东方语言课，即汉语、日语和阿拉伯语。汉语课由贝德高讲

① 塔伊万斯的父亲做过拉脱维亚第一次独立时期的路德教牧师，因此塔伊万斯当年去莫斯科大学学习的申请被拒绝，于是他到俄罗斯一个工厂工作了三年并掌握了俄语，然后以俄罗斯工人家庭出生的俄国人的身份申请进入莫斯科大学学习，几年后当俄罗斯当局发现他的真实身份后禁止他去印度尼西亚学习。虽历经磨难和艰辛，但他最终于1991年从莫斯科大学获得博士学位。参阅Haijima Agnese（2015）。

授,日语课由卡戴讲授,阿拉伯语课由亚尼斯·斯克思突利斯讲授,均为选修课和夜校课。(Ivbulis Viktors, 2011)到80年代末,上述学人开始筹划在拉脱维亚大学建立东方学系(即后来的亚洲学系),(Haijima Agnese, 2015)开设东方学相关专业,其中贝德高扛起了中文专业教学的大旗,承担起拉脱维亚中文教育传承和复兴的使命。

第二节 贝德高与拉脱维亚中文教育的传承和复兴

贝德高从少年时期起就在心灵深处播撒下了学习中文的种子,青年时期在莫斯科大学学习中文,毕业后踏着施密特的足迹在远东大学教授中文,后来带着在莫斯科大学打下的坚实基础和在远东大学积累的丰富经验回到拉脱维亚,肩负起传承和复兴拉脱维亚中文教育的重任。

一、早年生活

贝德高1938年7月15日出生于道加瓦皮尔斯市伊卢克斯泰县皮尔斯高尔那乡威尔扎纽村。贝德高的爷爷贝亚当斯和奶奶贝玛格达丽娜生了13个孩子,存活下来7个,其中3个儿子(大儿子贝阿道夫、二儿子贝卡尔利斯、三儿子贝彼得里斯)、4个女儿(大女儿贝尤利娅、二女儿贝艾米莉亚、三女儿贝安娜、四女儿贝伊达)。贝阿道夫因宣传拉脱维亚爱国主义,被苏联政府关在道加瓦皮尔斯监狱一年半,后来在克拉斯拉瓦中学任教并担任克拉斯拉瓦博物馆首任馆长(1949—1952);贝卡尔利斯在道加瓦皮尔斯做生意;贝艾米莉亚是教师,苏联时期被流放到哈萨克斯坦。贝彼得里斯(贝德高的父亲)毕业于维尔纽斯军事学院,第一次世界大战爆发后,率全家人搬到了乌克兰的别尔江斯克。贝彼得里斯参加了第一次世界大战和后来的俄国内战(属白军)。战后全家人回到位于道加瓦皮尔斯市伊卢克斯泰县皮尔斯高尔那乡威尔扎纽村的故乡，发现家园已被烧毁，于是贝彼得里斯重新修复家园，辛勤劳作，安然度过了两次世界大战间歇期，因农业方面的成就获得了政府颁发的“勤奋奖章”。（贝德高，2021：286）贝德高的大伯父没有子女，二伯父有一个女儿，父亲有两个儿子，即贝德高和弟弟贝艾瓦尔斯。

1944 年夏末，苏联军队占领道加瓦皮尔斯。由于贝彼得里斯内战时当过白军且后来成为富有的农民（相当于富农），邻居提醒说等到红军一来可能会把他们送到西伯利亚。于是，在红军抵达道加瓦皮尔斯之前，贝德高父母带着贝德高兄弟俩和他俩的奶奶、妈妈的姑姑开始逃难。[①]（贝德高，2021：286）历经两个多月，他们抵达里加，定居于里加第九图书馆旁边一栋废弃的房子里，当时贝德高六岁。[②] 贝德高在里加第九小学（7a 班，1945—1953）、森林中等技术学校（1953—1957，位于沃格莱市）和里加第八夜校（1957—1958，现里加第一中学）度过了青少年时光。贝德高妈妈喜欢读书看报写诗，他们家有一个传统，不管是谁读到一篇好文章，都会读给全家人听。这个时期的一件事对他产生了终生影响。用他自己的话说：“1949 年 10 月 1 日，我当时 11 岁。我父亲拿着一张报纸告诉我，世界地图上诞生了一个新的国家，叫作中华人民共和国。我怎么也不会想到，此后我与中国结下了不解之缘，中国成了我的‘第二故乡’。”[③] 在中小学时期，他常去里加第九图书馆看书。当时有一本俄文杂志《中国》，第一次看到这本印有中国人照片和中国文字的杂志时，他再也无法遏制被激起的兴趣，“从杂志中，我第一次看到中国共产党领导人毛泽东、朱德、刘少奇、周恩来等；一看到那些样子

---

① 中文版中的“爸爸的妹妹”有误，应该是“妈妈的姑姑”，特此更正。参 Pēteris Pildegovičs（2019：262）以及 2021 年 9 月 11 日贝德高谈话录。

② 贝德高在这栋房子里一直住到 1961 年，这里承载着他小学和中学时期的生活记忆（一到暑假他便去道加瓦皮尔斯郊区的三姑家或克拉斯拉瓦的大伯父家玩），这栋房子 1988 年被政府拆掉了。

③ 《中国是我的第二故乡——拉脱维亚中文教学第一人贝德高教授》，《孔子学院》2017 年第 2 期。

十分漂亮的汉字，我便想能不能认识这些文字，了解它们的读音和意思”(欧阳静平、卢渠，2017)。他幼小的心灵里播撒下了解中国和学习中文的种子。1961 年他参军入伍，离开家乡，在苏联北部服役三年。1964 年他如愿考入莫斯科大学东方语言学院学习中文，[①] 实现了少时的梦想。

二、莫斯科大学求学

莫斯科大学东方语言学院学习中文的经历是贝德高人生中的一个重要里程碑，给他一生打下了深深的烙印。1964 年他一身戎装赴莫斯科大学参加入学考试，包括笔试和面试。笔试考语言和历史两门课，语言由考生在英、法、德三种语言中选择，他选择了德语，此外加考了俄语。面试的时候有几位教授在场，包括中文教研室主任老罗高寿，他鼓励一身戎装的贝德高选择学习中文专业。贝德高回忆说，他之所以能通过几门考试，可能是因为他的德语和俄语成绩比较好，因为他在拉脱维亚大学学习过德语，服兵役期间经常和俄罗斯族士兵呆在一起。他那一届中文专业共招生五人，四男一女。[②] 他在《我的中国故事》一书中，曾 53 次提到莫斯科大学。莫斯科大学中文教研室的老师既有本地人也有中国人，本地老师都有在中国学习和考察的经历，中文知识渊博，侧重教授基础中文以及中国历史、文学、传统文化等课程，中国老师侧重教授口语。他对这些老师印象深刻、推崇备至。他说：“莫大的中文师资很强，我的老师中有参加过中苏领导人会谈的高级翻译，有翻译过《西游记》《水浒传》等名著的资深汉学家，还有来自中国北方的口语老师。”(谭武军，2020)他在《我的中国日记》中，对中文系的老师和同学多有记载。他提到的中文系老师有华克生(原名沃斯克列先斯基)、尤里耶夫、蒙恰诺娃、科托娃、扎多延克，以及来自中国的老师黄淑英、刘芬兰、林琳、

---

① 莫斯科大学 1956 年成立东方语言学院，1972 年改为亚非学院。

② 考完试，贝德高回了一趟拉脱维亚故乡，告诉母亲他要脱下这身戎装，去莫斯科大学读书了。2022 年 12 月 20 日访谈录。

谭傲霜等。“这些中国老师都来自中国北方，说着标准的中国普通话，我们也是——每个学生从第一天起就得到了专业的发音指导。”（贝德高，2021：199）

华克生是俄罗斯著名汉学家、中国文学研究家和翻译家，他在苏联科学院东方学研究所获得硕士学位后，于1957年受苏联教育部公派到中国留学，是苏联首批留华学生，也是苏联在北京大学攻读中国语言文学硕士学位第一人。他在莫斯科大学任教长达60多年，开设了多门有关中国语言和中国文学的课程，培养了不少优秀的学生。在繁忙的教学之余，他著书立说，硕果累累，汉学译著和著作多达200余部，研究翻译了许多中国文学作品，从古代冯梦龙、吴敬梓、刘鹗到现当代老舍、沈从文、张爱玲、王蒙、冯骥才、贾平凹、王安忆、余华等作家，比如《儒林外史》《金瓶梅》《西游记》《三言两拍》《十二楼》等。华克生荣获中华人民共和国纪念勋章，并在首届“品读中国”文学翻译奖颁奖仪式上荣获终身成就奖。[①] 尤里耶夫是著名的中国历史专家，扎多延克是著名的汉语语音专家。蒙恰诺娃在苏联领导人和毛泽东主席会见时做过翻译，她上课时给学生播放毛泽东的录音，毛泽东浓郁的湖南口音对学生们来说是一个很大的挑战。

黄淑英20世纪60年代来到莫斯科大学执教30余年，进行中文教学改革，编写全新的教科书，开始教授汉语四声系统。她丈夫刘克甫（原名克留科夫），是俄罗斯著名的甲骨文与殷商史学者。他们的儿子刘华夏是著名学者，莫斯科大学亚非学院中文教研室设立刘华夏奖学金，每年数名优秀学生获得25,000卢布奖学金和证书。（子川，2010）据柳若梅（2022年5月）说，黄淑英和刘克甫夫妇目前生活在北京。黄淑英与扎多延克曾一起编写了《汉语教科书》《基础中文》《汉语入门》等多本

① http://world.people.com.cn/n1/2017/0727/c1002-29432800.html，2021年8月18日上网查阅；http://www.xinhuanet.com//book/2017-08/01/c_129669688.htm. 2021年8月18日上网查阅；https://www.hse.ru/news/207815949.html，2021年8月18日上网查阅。

中文教学课本，这些课本沿用至今，并多次再版。(柳阿萨，2019)

林琳，又名林秉琪，林伯渠的四女儿，早年与其他中国共产党领导人子女以及革命烈士子女一起留学苏联，在伊万诺沃国际儿童院学习。(刘东亮，2021)当时部分孩子修完十年制课程后又考入苏联高等学校继续深造，还有一部分孩子未完成全部课程便回国参加工作了。据柳若梅说，林琳就读于莫斯科大学，她2000年还与林琳接触过。[①] 从林伯渠1949年7月30日写给林琳的信件看，林琳当时在苏联广播电台做翻译工作。[②] 1957年11月，林琳和她丈夫(莫斯科大学教授)来列宁格勒饭店看望随团访苏的妹妹林秉元。2009年7月，黑河旅俄华侨纪念馆馆长曹明龙在北京参加第八次全国归侨侨眷代表大会期间，从“莫斯科伊万诺沃儿童院”通讯录名单中看到林琳住在北京友谊宾馆的公寓，于是前去采访，结果被告知林琳已于半年前去世。[③]

谭傲霜生于1931年，祖籍上海，父亲是中国人，母亲是德国人，她1954年毕业于北京大学，1957年随丈夫高辟天(原名卡拉佩季扬茨)赴苏，在莫斯科大学任教，获得莫斯科大学语言学博士学位，晋升教授。她的研究范围涉及实验语音学、音韵学、方言学、现代汉语语法和中文教学理论，主要专注于现代汉语语法特别是教学语法。20世纪60年代，她用实验语音学方法研究广州话声调系统，这种研究范式不仅在中国甚至在苏联也是新的领域。她的一个重要发现是，除了调高和音调轮廓外，声调上升下降速度也是一个重要指数，形成两个轮廓相等音高不同的声调的区别性特征，这一观点后来得到跨语言的证实。(王红厂、钟晓雯，2015)她丈夫高辟天小时候随父亲到过四川，大学时期的专业

---

① 2022年5月5日柳若梅微信谈话录。

② 林伯渠家书五：“中国人民解放的全国胜利即将到来，届时须有全面的经济文化建设”，给林秉琪的信(一九四九年七月三十日)，中共中央文献研究室(1990)。

③ http://politics.people.com.cn/n/2015/0529/c1001-27078482-3.html，2021年8月20日上网查阅。

是实验语音学，1964年开始使用第一代电脑，副博士论文题目为《汉语语流在时间上的组织结构》，陆续编写文言文和语音学教材，选译《公孙龙子》，撰写《从〈国语〉中的介词看其书中方言差异之存否》《中国古代语言与哲学》《李斯统一文字之前的中国文字》《五经系统的形成》《八卦分类格式示意》《“三五”的原意》等论文，（曹慧，1995）1993—2009年担任莫斯科大学亚非学院中国语言文学教研室主任。谭傲霜和高辟天一起编写教材《实用汉语新编》（两册）和《文言》（简明语法概要）。（柳阿萨，2019）

贝德高在他的书中也提到一个趣事，刘芬兰老师第一次听他用汉语发言之后曾惊奇地问：“你是不是有中国亲戚？”（贝德高，2021：329）贝德高在访谈中告诉笔者，给他上过课的这四位中国老师中，林琳的俄语最好，非常标准，就像地道的俄罗斯人。林琳的丈夫名叫乌斯汀·彼得·马特维耶维奇，是莫斯科大学教授，任莫斯科大学亚非学院专家系系主任，著有《汉语手册》《蒲松龄及其短篇小说》等。黄淑英的丈夫刘克甫也给贝德高上过课，刘克甫的中文非常棒。贝德高2016年回母校参加莫斯科大学亚非学院（东方语言学院）成立60周年纪念活动时，重游了莫斯科大学，也见到了当年的老师。他说当年的莫斯科大学东方语言学院地位很高，院长可以随时与苏联领导人通话，莫斯科大学东方语言学院学制6年，当时是全苏联中文口语教学最好的，因为有中国母语老师教口语。[①]

后来，笔者与贝德高聊起海参崴（符拉迪沃斯托克）东方学院前两任兄弟院长。贝德高说，其中一个兄弟的女儿是他在莫斯科大学时期的老师，名叫柳鲍芙·德米特里耶夫娜·波兹涅耶娃，他说院长是沙俄帝国时期的著名汉学家，女儿是苏联时期的著名汉学家。波兹涅耶娃给学生们讲鲁迅，[②]非常推崇周恩来。贝德高说，当时他和同学们听到波兹涅

① 2022年5月1日贝德高访谈录。

② 2022年5月6日柳若梅微信谈话录。

耶娃对周恩来的评价，都很新奇，很想了解周恩来到底是个什么样的人。笔者和贝德高也聊起莫斯科大学中文教研室第二任主任老罗高寿，老罗高寿给他们讲授文言文课。老罗高寿既是著名汉学家也是外交家，他儿子小罗高寿[①]继承了他的事业，长期担任苏联驻中国大使。贝德高说，北京外交圈子都非常尊敬小罗高寿，他在拉脱维亚驻中国大使馆工作期间，与小罗高寿经常见面，一起去昆明和石林旅游，他曾向小罗高寿提起老罗高寿鼓励他学习中文的故事，小罗高寿非常感慨。贝德高也师从莫斯科大学中文教研室第三任主任鲁缅采夫。[②]

贝德高在《我的中国日记》中多次谈到莫斯科大学的中文教学情景。"我在古老的莫斯科大学大楼里，仰望克里姆林宫的星空，开始书写第一个象形文字汉字。"（贝德高，2021：前言）"谈到有关孔子这位伟大思想家的话题，怎么能不提到1964年至1970年我在莫斯科大学东方语言学院学习中文的这段经历呢？……"（Pildegovičs Pēteris，2019：31—32）"'五四运动'发生于1919年5月和6月，其目的是反对日本侵华和帝国主义国家干涉中国内政。它是对巴黎和会的回应：巴黎和会决定将德国在山东的权益转让给日本，而非归还给中国。'五四运动'还标志着中国知识界思想的转变。接下来发生的重要事件有：推广'白话'，对儒家伦理规范和传统史学进行批判性评价，施行新式教育，讨论共和政体以及民族主义、社会主义、社会达尔文主义等新兴政治理论的发展。如果不深入研究'五四运动'的动因和进程，莫斯科大学的中国研究就无从谈起。"（贝德高，2021：39）"有一篇课文主要谈到加拿大医生诺曼·白求恩，他在中国很受尊敬。他1938年来到中国，成为一个无私

① 小罗高寿本名伊戈尔·阿列克谢耶维奇·罗加乔夫，俄罗斯政治家、汉学家，前俄罗斯驻华大使、俄罗斯联邦上院议员。小罗高寿曾三次驻华，前后在中国生活和工作了20多年，见证了不同时期的中国，也见证了中苏和中俄关系的不同发展阶段，被称为中国人民的老朋友，为中俄友好和平事业做出了卓越的贡献。

② 2022年5月2日贝德高访谈录。

的专业的医生和共产主义者及国际主义者，他作为一名医生参加了八路军。1939年，他在给伤病员做手术的过程中因感染而不幸去世。毛泽东在《纪念白求恩》一文中高度赞扬了他的事迹。正是石家庄这座城市，为白求恩建了一座纪念碑，中国人民今天仍然尊敬和纪念着他。”(贝德高，2021：141)

在莫斯科大学东方语言学院求学时期，贝德高结识了日语专业同学嘉琳娜。他这样写道：“当我们都在莫斯科大学东方语言学院学习的时候，我们的命运就交织在了一起。我学的是中文，她学的是日语。我们在莫斯科大学古老宽敞的楼梯上迸出了爱情的火花，这将我们今后的生活紧紧地联系在一起。”(贝德高，2021：2)他们于1967年结婚，分别在莫斯科和里加举办了婚礼。莫斯科大学东方语言学院中文系同学达维多夫、穆拉夫斯基、比留科夫和密友莫斯科大学同学亚尼斯·什特拉乌赫曼、德列耶伊曼、什温克参加了他们的婚礼。这几位中文系的同学后来都成了汉学家，这几位密友都是拉脱维亚人，他们经常聚在一起用乡音交流。他与嘉琳娜在婚姻登记处登记，并分别戴上了刻有嘉琳娜和彼得里斯名字的结婚戒指。(贝德高，2021：259—260)他们夫妇相濡以沫半个多世纪，嘉琳娜在日语专业基础上也开始学习中文，他们在后来创建拉脱维亚驻中国大使馆和编撰《汉语拉脱维亚语大词典》的过程中相互配合，同舟共济。

三、远东大学任教

1970年，贝德高从莫斯科大学东方语言学院毕业，获得中文学士学位，来到海参崴(符拉迪沃斯托克)的远东大学从事中文教学长达10年之久，最后两年出任中文系主任。[①] 远东大学从教是他人生中的又一个

① 苏联时期非常重视东方学专业研究和教学，贝德高刚参加工作时每月工资190卢布，其他非东方学专业每月工资120卢布，后来他的工资涨到每月300卢布。2023年1月20日贝德高采访录。

重要里程碑，他在《我的中国日记》中19次提到远东大学，70次提到海参崴（符拉迪沃斯托克）。他给学生开设翻译课，涵盖口译和笔译，用的教学材料是《人民日报》。每次上课，确定需要翻译的新闻内容，先让学生们轮流朗读，他当场纠音纠错。然后，让学生们依次逐句翻译成俄语，再从俄语翻译成中文，他当场纠正错误。每周一次测试，发给学生翻译材料，随堂笔译。以《人民日报》作为教材，使学生既练习了口译和笔译，同时也了解了中国的时事。翻译课的这种教学方法是莫斯科大学老师们所使用的方法。

在此期间，由于中苏关系破裂，无法到中国进修学习，于是苏联政府选派他于1974—1975年在新加坡南洋大学进修中文。南洋大学具有浓厚的中文氛围和环境，有许多东南亚华人华侨留学生和日本留学生在这里学习中文，中文老师都来自中国台湾。虽然他在莫斯科大学学习了六年中文，但没有南洋大学这样好的中文语言环境。正是在南洋大学学习期间，他养成了开口讲中文的好习惯，一直坚持下来。他在20多年后的日记中写道："1974至1975学年，我在新加坡南洋大学学习。一晃二十多年过去了，然而，圣淘沙岛、裕廊、樟宜海滩、三巴旺以及这个城邦岛国的许多其他地方却成为一辈子的回忆。"（贝德高，2021：49）

在远东大学任教期间，他秉承了施密特在远东大学20余年形成的侧重实践应用的中文教学理念和方法，除了课堂教学之外，还带领学生前往中国考察实习。当时，中苏关系破裂，圣彼得堡大学和莫斯科大学都很少与中国有联系，没有中国口语老师，唯有占据地理优势的远东大学与中国保持着交往。远东大学当时有一位华裔女教师，俄文名叫娜杰日塔·亚历山大罗夫娜·扎伊泽娃[①]，嫁给了一位本地老师，她教口语课，贝德高教翻译课。每个学期，他们两人都带领12—14名学生到中

① 这位华裔女教师虽然在俄罗斯生活工作了几十年，但故土情结难移，晚年落叶归根，在北京去世。机缘巧合，笔者加了远东联邦大学孔子学院前外方院长、华裔俄罗斯人康克尔基娅·库里洛娃女士的微信，她和娜杰日塔·亚历山大罗夫娜·扎伊泽娃的女儿是同班同学。

苏边境与中国铁路工人交流，进行语言实习，学生练习汉语口语，工人练习俄语口语，两位带队老师也现场指导学生的口语交流。远东大学师生与中国铁路工人轮流在中国国境一侧和苏联国境一侧交流，一起包饺子一起唱歌一起聊天。每次实习都乘坐巴士，三个小时左右车程，两位老师一路用中文交流，顺便给学生灌耳音。实习结束后，扎伊泽娃都会请贝德高去家里吃中式饭菜，边吃边总结语言实习情况。贝德高回忆说，有一次实习交流活动适逢毛泽东主席逝世，他们请示上级部门后，用中文写了一段悼念词，他当场念给工人们听，大家都感动得哭成了一团。[1] 这里顺便提一下，2019 年 12 月尚劝余和贝德高去长沙参加国际中文教育大会时，见到了远东大学时期的一个前同事的女儿娜塔丽娅·阿米洛夫娜·斯图普尼茨卡娅，目前是远东联邦大学孔子学院俄方院长。

后来，贝德高也谈到他的一位同事莫洛迪赫·瓦列里·约西福维奇，东方语言学家，语言学博士，副教授。莫洛迪赫就读于远东国立大学，五年级的时候就开始给一年级学生上课，1972 年毕业后留校，长期在远东国立大学任教，目前在符拉迪沃斯托克国立经济与服务大学跨文化交流与翻译学系任教。贝德高《我的中国故事》俄文版 2022 年出版后给莫洛迪赫邮寄了一本，莫洛迪赫得知该书有中文译本后非常高兴，希望将中文版 WORD 文本发给他，他给学生讲翻译课的时候对照使用。受贝德高之托，笔者给莫洛迪赫发送了《我的中国日记》WORD 文本。

贝德高对施密特在远东大学采用的教学方法备加推崇，后来在纪念施密特诞辰 150 周年国际学术研讨会上专门就此做了题为“施密特教授对中文教学方法的贡献”的论文报告，对施密特的教学方法做了凝练概括。东方学院(即后来的远东大学)引入了前所未有的全新中文教学方法，编写理论与实践相结合的新教科书，在课堂上配备欧籍中文老师和

---

① 2021 年 4 月 20 日贝德高访谈录。

中国口语老师同时授课，注重师生互动和听说读写译能力的全面训练；中国老师在黑板上书写汉字，与学生对话，纠正学生的句子错误，并澄清汉语发音和语调；欧籍老师依次向学生讲解汉语语法和造句原理以及句子翻译，每个学生都轮流与老师互动，现场纠错；学生与中国口语老师不仅在课堂上进行口语会话练习而且在课余时间也进行口语交流；此外，学生在就读的四年里每年暑期都参加夏令营活动，前往中国考察交流，在中文语言环境中练习和提高中文水平。他得出的结论是，施密特所使用的中文教学方法以及在教学工作中获得的经验标志着俄罗斯汉学的新方向，为应用汉学或科学实践汉学奠定了基础；施密特所使用的中文教学方法是超前的，直到今天仍没有失去其实用性。(Pildegovičs Pēteris，2020)

四、回到拉脱维亚

1979 年，贝德高的父亲在里加去世，[①] 他携夫人嘉琳娜及三个儿子贝尤里斯、贝安德烈斯和贝彼得里斯离开海参崴(符拉迪沃斯托克)，举家迁回阔别了 19 年的家乡拉脱维亚，定居于尤格拉湖畔的贝尔吉。[②]

他先在拉脱维亚科学院哲学研究所任研究员，1986 年开始在拉脱维亚大学外国语言学院兼职开设中文课。他是当时拉脱维亚大学唯一的中文老师，也是新时期拉脱维亚中文教学的泰斗，肩负起了复兴拉脱维亚大学中文教学的历史重任。中文课是全校选修课，也面向全社会，在晚上上课，相当于夜校，每周上两次课，周一和周三或者周二和周四，学生中有大学生也有社会人士。他讲授的主要是初级汉语综合课，包括拼音、四声、词句、会话等。当时拉脱维亚大学给他的工资报酬很低，每学年只有 800 卢布。但从学生渴望学习中文的眼神中，他体会到做中文教

① 1981 年，贝德高母亲去世，他萌生了写日记的想法，这个习惯一直保持至今。于是，有了《我的中国故事》(中文版名为《我的中国日记》)以及后续其他图书的问世。

② 这是他父母于 1972—1974 年建的房子。

师的无上光荣，这是对他的最大奖赏和报酬。他的学生中有几位后来到中国台湾留学，对汉语和中国文化无比热爱。[①]

从1985年开始，中苏关系开始松动，两国逐渐恢复学术交流。1988—1989年他前往复旦大学留学，除了上听说读写译等综合中文课之外，还从事胡适研究，但后来没有继续。[②]他在《我的中国日记》中写道："1988—1989年，我在复旦大学学习。与那时的上海相比，现在的上海更加紧凑，更加高耸。与北京相比，上海更加快节奏，更有活力。"（贝德高，2021：107）"在大使结束演讲之后，我们与中国国家主席江泽民交谈了一会儿，我有机会讲了几句中文。江泽民主席问我在哪里学的中文。我回答说，在莫斯科大学、南洋大学（新加坡）和复旦大学学习的中文。江泽民主席说，大使英语说得很好，而参赞汉语说得好，能够说好汉语将有助于履行你们在中国的工作职责。"（贝德高，2021：121）据贝德高回忆，上海的冬天没有暖气，他在复旦大学图书馆看书感觉像在冰箱里一样，幸亏朋友送了他一件绿色棉大衣。[③]这件大衣他至今保存着，冬天放暖气之前偶尔也在孔子学院办公室上班的时候穿。

这一时期，他在拉脱维亚报刊上发表了一系列文章，介绍中国。例如，《香港：魅力之都》《中国：发展的十字路口》《台湾岛》《中华人民共和国青年组织》《雪域西藏》《对话，来自里加的告别》《创造合作前景》《跨越西伯利亚》《相互了解之路》《与中国相会》《海外华人华侨》《北京》《上海之路》《苏州—里加》《中文词汇的拉语翻译》《我们，拉脱维亚的中国人》《霜冻北京之春》《中国人看拉脱维亚》等。其中，有些文章是他前往复旦大学途中（里加—莫斯科—西伯利亚—满洲里—北

① 2021年9月10日贝德高访谈录。

② 2021年，贝德高将自己收藏的有关胡适的书籍资料以及他撰写的相关文章手稿等捐赠给了拉脱维亚大学人文学院亚洲系中文教研室。此外，也将一部分在北京拉脱维亚大使馆和新华社工作时期的资料捐赠给了拉脱维亚国家图书馆。2021年6月7日贝德高访谈录。

③ 2022年10月7日贝德高访谈录。

京一上海)在火车上写的,有些是抵达北京和上海后写的,寄给拉脱维亚的报社和杂志社发表。史莲娜曾说,贝德高1988—1989年从中国邮寄信件文章,是施密特1897—1899年从中国邮寄信件文章的传统的延续。(Staburova Jeļena, 1990)

贝德高不仅追随施密特的足迹,在海参崴(符拉迪沃斯托克)远东大学和拉脱维亚大学教授汉语,更有趣的是他们两人同名,都叫彼得里斯,而且贝德高出生与施密特逝世是同年,即1938年,仿佛是转世和化身。正如后来的一篇新闻报道所言:"在拉脱维亚大学图书馆书库,尚劝余院长看着贝德高教授在施密特教授丰富的藏书堆里认真查阅资料,并讲述施密特的非凡经历和巨大贡献,仿佛穿越了时空,看到了拉脱维亚两位伟大汉学家和中文教学泰斗并肩站在了一起。贝德高和施密特虽然生活在不同时代,然而他们有着神奇的相同经历:他们都在莫斯科大学学习,都在远东大学任教,都回到拉脱维亚并在拉脱维亚大学任教,都获得拉脱维亚最高荣誉'三星勋章'。最奇妙的是,两位教授名字都叫彼得里斯,而彼得里斯·施密特1938年去世,彼得里斯·贝德高1938年出生,后者仿佛是前者的转世和化身,前者是拉脱维亚第一次独立时期的伟大汉学家和中文教学拓荒者,而后者是拉脱维亚恢复独立时期的伟大汉学家和中文教学泰斗,他们是拉脱维亚汉学研究和中文教学的奠基者和传承者,他们象征、凝聚和承载着拉脱维亚独立百年来汉学研究和中文教学的光荣传统。"①

如前所述,到了20世纪80年代末,从苏联学习东方学归来的几位教师,与几位从事东方语言教学的同道人一起开始筹划在拉脱维亚大学建立东方学系(即后来的亚洲学系),这标志着包括中文在内的亚洲语言文化教学即将进入一个新的时期,即成熟和发展期。

① http://cilu.lv.chinesecio.com/zh-hans/node/1377, 2021年8月25日上网查阅。

中篇

中文教育的成熟和发展（1991—2010）

1991 年，随着东欧剧变和苏联解体，拉脱维亚恢复独立。同年 9 月 7 日中国承认拉脱维亚独立，9 月 12 日中国和拉脱维亚建立外交关系。中拉关系在荆棘中前行，逐步发展和深化。拉脱维亚中文教学随之也迎来了春天，进入了成熟和发展的新时期。这一时期的中文教学，可以分为两个阶段：1991—2003 年为成熟期，重要标志是拉脱维亚大学设立汉学专业，开始了系统正规的中文教育；2004—2010 年为发展期，重要标志是中文教育多点开花，走出了拉脱维亚大学一枝独秀的局面，不仅走进首都的中学和其他大学，还走进东北部和东南部学校，获得进一步发展。

第三章　中文教育一枝独秀（1991—2003）

伴随着拉脱维亚恢复独立，中国和拉脱维亚外交关系的建立及中拉两国合作交流步伐的前行，拉脱维亚大学的中文教育绽放出鲜艳的花朵，一枝独秀，开设汉学专业，相继招收本科生和硕士研究生，中文教育迈入系统正规的轨道。

第一节　汉学本科专业诞生

1991年9月1日，拉脱维亚大学成立东方学系，[①] 隶属于外国语言学院，维克多·伊夫布利斯出任第一任系主任。同年东方学系继续开设中文夜校，每周上课两次，学员多为拉脱维亚大学学生和社会上的中文爱好者。1993年，拉脱维亚大学在原有中文教学基础上开设汉学本科专业，开始招收本科生，隔年招生，学制四年，史莲娜任汉学专业负责人。中文课程由贝德高讲授；同时也开设日语夜校，日文课程由卡戴讲授。（Karpova Ksenija & Ošiņš Edgars，1994：215，221）同年成立以研究汉语和中国文化为主要内容的拉脱维亚东方研究协会，史莲娜任会长，有组织地开展同俄罗斯和北欧国家的学术交流。[②] 拉脱维亚成为波罗的海国家中最早开设中文课程和汉学专业的国家。

---

① 维克多·伊夫布利斯在1992年8月22日的《拉脱维亚青年星期六报》上发表文章，介绍拉脱维亚大学东方学系情况。

② 于丛杨《关于拉脱维亚中文教学概况的研究报告》，2000年4月10日，第4页。

一、师资力量

汉学专业负责人史莲娜1948年10月7日出生于俄罗斯萨哈林岛，1972年毕业于列宁格勒大学(圣彼得堡大学)，获中国历史学士学位。史莲娜在接受媒体采访时，讲述了她与中国历史文化结缘的故事。她最初想学习日语，但没有进入莫斯科大学日语系，而是进入圣彼得堡大学俄语系，结果一年后她发现自己的兴趣不是语言而是历史，不是日本而是中国。她与中文的第一次接触是向圣彼得堡大学东方语言学院提交申请。中国当时处于“文化大革命”时期，苏联对中国的评价是负面的，对中国人的态度也多有贬损。但她很确定，她的选择是正确的，她认为中国是一个博大精深的世界。[①] 1974年，她与同学乌尔蒂斯·贝尔津什[②]结婚，跟随丈夫回到拉脱维亚。1977年，她获苏联中央研究院东方历史研究所历史学博士学位，同年起至1990年在拉脱维亚大学历史哲学学院从事东方国家历史教学与研究，讲授中国历史文化课程。1991年，她从历史哲学学院转入外国语言学院东方学系，从事中国历史文化教学与研究。1995年，她获拉脱维亚大学博士学位并任教授。

维克多·伊夫布里斯在其撰写的纪念拉脱维亚大学东方学系成立20周年的回忆文章里说，拉脱维亚大学汉学专业最初有三位中文教师，即贝德高教授、贝安德烈斯和茵娜。(Ivbulis Viktors, 2011) 1986—1993年，贝德高是拉脱维亚大学东方学系唯一的中文教师。

贝德高教授1991—2000年在拉脱维亚外交部工作，同时在拉脱维亚大学汉学专业兼职任教。拉脱维亚恢复独立后，可谓百废待兴，各个

---

① https://www.diena.lv/raksts/pasaule/krievija/kina-nav-zeme-ta-ir-pasaule-10011662，2021年5月21日上网查阅。

② 乌尔蒂斯·贝尔津什，拉脱维亚诗人、语言学家和翻译家，2002年开始在拉脱维亚大学外国语言学院教授土耳其语，诗歌被译成德语、瑞典语、爱沙尼亚语、立陶宛语，曾获“三星勋章”、波罗的海议会奖、斯比杜拉奖等。Uldis Bērziņš–Wikipedia，https://en.wikipedia.org/wiki/Uldis_B%C4%93rzi%C5%86%C5%A1，2021年5月11日上网查阅。

部门亟需人才，外交部从高校和科研机构等抽调相关人士任职，贝德高是其中之一。在外交部工作的10年时间里，他创建了亚洲处（后扩充为亚非处）并出任第一任处长，负责中国和亚洲事务；后出任拉脱维亚驻立陶宛政务参赞（1996—1998），出任首任拉脱维亚驻中国临时代办（大使级，1998—2000），创办了拉脱维亚驻中国大使馆。之后受新华社邀请，在新华社俄语编辑室工作（2002—2004），负责编译校对俄语新闻稿。在外交部工作期间，他“仍在拉脱维亚大学兼职教授汉语，甚至在上班时间跑到大学给学生讲授语法课、翻译课”（谭武军，2020）。外交部长有时在上班时间找不到贝德高，曾与他面谈，问他到底是外交部人员还是拉脱维亚大学人员。在担任拉脱维亚驻立陶宛参赞期间，他还打算给维尔纽斯大学兼职教中文，但大使没有同意。在拉脱维亚驻中国大使馆工作期间，他也收到拉脱维亚大学的来信，请他指导学生的毕业论文。前阿尔巴尼亚驻华大使穆内卡曾回忆说：“我与贝德高教授相识已有20多年。1998年，我任阿尔巴尼亚驻华大使时，贝德高教授受拉脱维亚政府委派来到北京创建拉脱维亚驻中国大使馆，并任该大使馆的临时代办（大使级）。当时，贝德高先生一口流利的汉语让我们对他刮目相看。凭借对中国历史和文化的了解，贝德高教授很快就在外交使团中广为人知，我们两个也成为了好朋友。”[①]

贝安德烈斯，贝德高之子，1971年8月11日出生在海参崴（符拉迪沃斯托克），1988—1994年在圣彼得堡大学东方学院学习中国语言和历史，期间（1990—1991）在北京外国语大学学习中文，1994年在拉脱维亚大学教授中文，同年进入拉脱维亚外交部工作。[②] 1995年在斯坦福大学学习外交学，1998—1999年在牛津大学学习外交事务学。1994—

① 笔者2021年5月3日对哈依达尔·穆内卡先生（2022年5月因病逝世）的邮件采访。

② 贝德高说，贝安德烈斯大学毕业前夕回里加实习了两个月，与他一起在拉脱维亚大学教中文，同时也在外交部实习。贝安德烈斯大学毕业后进入外交部工作，子承父业。2022年3月4日贝德高访谈录。

1998年任外交部国务秘书助理和新闻秘书,1999—2000年任亚非司司长,2000—2007年任总统外交事务顾问和总统办公室主任,2007—2012年任拉脱维亚驻美国大使,2013—2018年任拉脱维亚外交部国务秘书,2018年起任拉脱维亚驻联合国大使和常驻代表。鲍葛薇后来回忆:"贝安德烈斯当时还是一个年轻小伙子,他成为我们的中文老师时,仅比大部分学生年长4岁。但是,他已经掌握了中文,并能够给我们提供非常专业的指导。之后,由于外交工作繁忙,他停止了教学工作。"(Baltgalve Agita, 2024)贝安德烈斯在拉脱维亚大学任教期间,也在拉脱维亚外交部实习。[①]

茵娜在圣彼得堡大学学习了三年汉语,后来在拉脱维亚大学汉学专业任教。她1997—1998年在北京语言大学留学,结识了韩国留学生崔壹荣,两人相恋相爱并结婚,有趣的是他们两人的日常交流语言是中文,他们在里加老城开了一个韩餐馆,于是茵娜离开了拉脱维亚大学汉学专业教学岗位。1997年,她参与了学术研究项目"关于中文人名在拉脱维亚语中的翻译的若干建议"。[②]

台湾师范大学鲜轼振和南开大学何杰相继在拉脱维亚大学汉学专业任教。这里需要简述一下拉脱维亚与中国大陆和台湾关系的曲折历程。1992年1月4日,中华人民共和国在拉脱维亚设立大使馆。但是,同年1月底拉脱维亚政府与台湾当局签署所谓"建立领事关系的联合声明",并于2月上旬允许台湾在里加开设"台湾总领事馆",为此中国政府决定从拉脱维亚撤出大使馆。1994年7月,拉脱维亚政府副总理马里斯·盖利斯[③]率代表团访华,贝德高随团并协助翻译,中拉双方宣布关系正常化。同年8月中国大使馆恢复在里加的工作,"台湾总领事馆"

① 2022年12月20日贝德高访谈录。

② Forande Ina & Gailīte Dina, *Ieteikumi ķīniešu personvārdu atveidei latviešu valodā*, Rīga: Latvijas Vēstnesis, 1997. 转引自Baltgalve Agita(2024)。

③ 马里斯·盖利斯,拉脱维亚第三任总理,1994年9月19日—1995年12月21日在职。

改为“台北代表处”。同年12月拉脱维亚总统贡蒂斯·乌尔马尼斯[①]率代表团访问中国，贝德高随团并协助翻译，与江泽民主席会谈。这里需要特别说明的是，贝德高积极推动中拉建交和发展关系，是当时拉脱维亚外交部始终坚决主张与台湾断交并与中华人民共和国建交的外交家，为中拉建交做出了不可磨灭的贡献。正如他在接受新华社采访时所说：“那时，拉脱维亚对中国缺乏了解，就是否同中国建交意见不一。正是由于我的坚持，拉中两国后来顺利建立了外交关系。”[②]

拉脱维亚与中国关系正常化后，“台北代表处”仍与拉脱维亚大学保持联系，向拉脱维亚大学赠送中文书籍并免费为之订阅台湾中文报纸，派遣中文教师，还邀请拉脱维亚学者赴台湾地区进行学术交流，并每年资助两名汉学专业学生赴台湾的大学进修一年。1995年1月，台湾当局派遣台湾师范大学“国语”中心教师鲜轼振到拉脱维亚大学任教。1995年10月鲜轼振返回台湾，台湾地区教师在拉脱维亚大学的教学工作也随之停止，随后由大陆地区教师接手。之后，台湾地区仍为拉脱维亚大学寄送报纸并不定期赠送中文书籍，每年赴台湾地区进修一年的两个学生名额也还照样保持，只是有的年份减少到一名，“台北代表处”人员有时也到拉脱维亚大学参加活动。[③]

1996年9月2日，拉脱维亚政府与中国政府签订文化和教育合作协议。拉方向中方中文教师免费提供宿舍，其他费用由中方承担。中方根据拉方需要，不定期向拉方赠送中文书籍。南开大学教授何杰成为拉脱维亚第一位中国教育部公派中文教师，在拉脱维亚大学任教两年（1996年2月—1998年2月）。何杰后来出版了《我的洋插队——魅力波罗的海》（百花文艺出版社2018年版）一书，生动而有趣地记录了她

---

① 贡蒂斯·乌尔马尼斯，拉脱维亚第二任总统，1937年出生于里加，毕业于拉脱维亚大学，任期为1993年7月8日—1999年7月8日。

② http://www.xinhuanet.com/world/2016-09/15/c_1119569295.htm，2021年8月25日上网查阅。

③ 2021年5月于丛杨微信访谈录。

在拉脱维亚大学任教的故事。何杰的这本书是散文集，书中的31篇故事文学色彩较浓，演绎和虚构的成分很大，不可用史实考证和学术眼光去读。(Baltgalve Agita，2024)

卡戴教授虽然主要讲授日语、日本文学和历史，但是他对中文专业学生的影响很大。据鲍葛薇回忆，20世纪90年代，对拉脱维亚人来说，中国依旧是一个神秘的异域之邦，只有卡戴和贝德高二人对这个陌生国家的社会文化有着深刻的了解。拉脱维亚记者在报刊上发表的有关中国的文章总是错误百出，鲍葛薇清楚地记得卡戴经常指出这些错误，并进行批评和纠正。(Baltgalve Agita，2024)

阿尔尼斯·阿尔德恩斯在拉脱维亚大学做过兼职教师。他在拉脱维亚大学获得哲学硕士学位，后来在台湾大学学习中文，然后在拉脱维亚大学汉学专业教中国哲学和书法。(Baltgalve Agita，2024)

二、历届学生

1993年汉学专业本科首次招收了11名学生，其中1名学生后来退出了汉学专业，剩下10名学生，即鲍葛薇、李丽、艾维塔、李达彩、茹丹娜、哈艾葛妮赛、伊维达、拉叶娃、沃亚尼斯、乌罗兰兹，前八位是女生，后两位是男生。[①] 1995年，汉学专业本科招收了10名学生，即罗佳玫、大山、郑慧敏、朵安娜、薇炜、米玛丽娅、周文馨、张放、小卡、大卡，前七位是女生，后三位是男生。1997年，汉学专业本科招收了10名学生，即思劳拉、珀维拉、霍叶莲娜、考安达、李莉、列伊奈赛、白艺兰、林妲、梨椰娜，[②] 另有一名自费插班生伊鲁塔，全部是女生。

---

① 感谢鲍葛薇提供第一届学生相关信息。女生婚后都改姓丈夫的姓，如 Ligita Jurkāne 婚后为 Ligita Davidova，Evita Grase 婚后为 Evita Kalme，Iveta Bankova 婚后为 Iveta Cīrule，Agnese Iļjina 婚后为 Haijima Agnese。

② 关于林妲(Linda)和梨椰娜(Liene)的全名，笔者通过白冰玉请拉脱维亚大学人文学院秘书阿娜达莉亚查阅档案，她回复说当时没有保留学生信息，没有查到。2022年10月9日白冰玉微信谈话录。

1997年7月1日，第一届汉学专业六名学生顺利毕业，拉脱维亚《日报》发表了采访史莲娜的新闻报道。报道说，拉脱维亚大学首届汉学专业学生经过四年学习后顺利毕业，史莲娜陪伴了他们四年，他们学习了中国语言、文化、哲学、经济、古代历史和现代历史等。史莲娜说，迄今为止，有不少用拉脱维亚语撰写的有关中国的文章，但是很不专业，有不少错误。这些学生的学士学位毕业论文第一次对中国历史文化等做了专业研究，例如茹丹娜研究了少林寺，乌罗兰兹研究了作为历史现象的红卫兵，鲍葛薇研究了佛教及其在台湾地区的传播，哈艾葛妮赛研究了中国艺术而且从中国留学回来后举办了一次展览，伊维达研究了古典名著《西游记》，艾维塔研究了20世纪著名作家鲁迅。关于拉脱维亚大学汉学专业前景，史莲娜表示学习中文很有前途。申请攻读汉学专业的学生必须精通英语，并与进入外国语言学院的学生一起通过第一次考试，第二次考试是写一篇拉脱维亚语的作文，然后与系里的老师进行面试讨论。[①]

汉学专业学生后来成为社会各界的中流砥柱，包括外交界、教育界、旅游界、艺术界、商界、科技界等。如李丽在拉脱维亚外交部工作，任亚洲和大洋洲处处长等职；李达彩在拉脱维亚外交部工作，曾任拉脱维亚驻英国大使馆领事等职；茹丹娜在拉脱维亚外交部和总统府工作，任亚洲和大洋洲处处长、总统外交顾问等职；伊维达在拉脱维亚农业部、国防部、财政部、总理办公室任部长办公室主任和总理助理等职；张放在拉脱维亚外交部工作，曾任亚洲和大洋洲处处长、拉脱维亚驻中国大使馆和欧盟驻华代表处官员、经济与发展合作司司长等职；[②]鲍葛薇在拉脱维亚大学汉学专业任教；哈艾葛妮赛在拉脱维亚大学日语专业任教；小卡在拉脱维亚大学和台湾政治大学任教；艾维塔在里加34中学孔子课

---

① https://www.diena.lv/raksts/pasaule/krievija/kina-nav-zeme-ta-ir-pasaule-10011662，2021年5月25日上网查阅。

② 他夫人曾在拉脱维亚大学孔子学院学习，现在国王学院工作，他儿子毕业于中国华中师范大学。

堂任教；周文馨曾在里加文化中学孔子课堂和北京外国语大学任教，目前在拉脱维亚一个中学做英文老师，同时在职读博士；乌罗兰兹是拉脱维亚著名歌手和吉他手；沃亚尼斯是旅游业公司专家；罗佳玫创建了自己的旅游公司，在中国驻拉脱维亚大使馆做翻译；大卡是电脑专家；思劳拉在中国和赞比亚工作，从事中医等职业。[①]

三、赴华留学

1994 年中拉关系正常化后，在贝德高等人的协调努力下，拉脱维亚大学汉语专业与北京大学等中国高校实行师生交流项目，从 1995 年开始每年 3—5 名拉脱维亚学生获得中国政府奖学金赴中国留学，中国派遣一位中文教师赴拉脱维亚大学任教。[②]

1995 年，拉脱维亚大学第一届汉学专业 10 名本科生中，有 4 名赴中国大陆留学，2 名赴中国台湾留学，为他们打开了进一步深入接触和了解中国文化的大门。[③] 其中，李达彩、茹丹娜、哈艾葛妮赛、乌罗兰兹在山东师范大学留学，鲍葛薇和沃亚尼斯在台湾师范大学留学。同年，汉学专业负责人史莲娜应台湾汉学研究中心邀请赴台湾地区访学一年，期间，在《汉学研究》等期刊发表有关中国历史专题研究论文，如《五四时期克鲁泡特金对中国的影响》等。

1996 年，张放和伊维达赴北京语言大学留学，李丽赴山东师范大学留学，小卡赴北京第二外国语学院留学。

1997 年，罗佳玫和大山赴北京语言大学留学，郑慧敏赴山东师范大

① 思劳拉是于丛杨老师 1998 年教过的学生，曾在山东师范大学、山东中医药大学、上海中医药大学留学，学习中医，毕业后留在上海工作，2009 年前往赞比亚工作至今。

② https://www.mfa.gov.lv/en/news/latest-news/2015-relations-between-latvia-and-the-people-s-republic-of-china，2021 年 6 月 25 日上网查阅。

③ 1995 年，第一批拉脱维亚中国政府奖学金生 4 人来华留学。两国协议中对政府奖学金名额没有规定，中国逐年确定对拉脱维亚提供的中国政府单方奖学金名额。http://www.moe.gov.cn/s78/A20/s3117/moe_853/201005/t20100511_87460.html，2021 年 6 月 25 日上网查阅。

学留学，李达彩、大卡和周文馨赴台湾师范大学留学。

根据1996年9月2日拉脱维亚政府与中国政府签订的文化和教育合作协议，拉脱维亚每年向中国提供2个奖学金名额，用于本科生、硕士研究生和博士研究生以及访问学者赴拉脱维亚进修，一般期限为10个月，可申请延期。奖学金申请材料须于每年3月31日前递交拉脱维亚教育与科学部。

四、教学情况

最初，东方学系只开设了汉学本科专业，整个学习过程主要定向于亚洲语言，包括现代汉语、古代汉语、日语和韩语。但后来认识到，不可能同时掌握这么多亚洲语言，于是1995年开始招收日语专业，2005年招收近东语专业(阿拉伯语、波斯语、土耳其语)，2013年开始招收韩语专业和印地语专业。每个专业只学一种亚洲语言，并逐渐增加了更多的各语言相关的地区文化、历史、文学课程。由于缺少师资和生源，波斯语、土耳其语和印地语专业后来停招，只剩下了汉语、日语、韩语、阿拉伯语专业。(Baltgalve Agita，2024)

根据史莲娜1997年接受《日报》采访时所说，汉学专业学生一般要学习中国语言、文化、哲学、经济、古代历史和现代历史等课程。鲜轼振1996年在台湾师范大学"国语"教学中心季刊《语象》发表《拉脱维亚九月》一文，记述了他在拉脱维亚大学的教学情况：拉脱维亚大学是一所拥有70多年历史的著名学府，各个学院分散在里加市区，学生总人数超过3万。此次任教于该校外国语学院东方学系，编制成员计主任、秘书、教师4名(含本员)及学生10名(8名女生，2名男生)。第一学期，经随堂测验后，课程商定采用《国语会话(一)》，由第十二课开始教授。因为学生没有课本，须将下次讲授内容复印发下，以便要求学生课前预习。虽然由于教材、教法的改变，增加诸如正体字和简化字的困扰，严格纠正声调、随堂测验频繁等压力，但是学生在新鲜好奇的心理、融洽的气氛之中，多能认真学习。当进度告一段落时，适时介绍些中国风土民情，或是回答学生关心的话题，或是教唱几首校园歌曲等。暑假前，验收10课成绩，结果颇使人欣慰。第二学期，会话课程方面先继续未授完的3课，而后选用《新选广播剧》。起初，学生聚精会神地听生动的剧情时，由于情节紧凑，语音复杂，个个眉头深锁。而后按部就班，经过分段领读、解释、再听及试读过程，整个通盘了解后，学习兴趣更加高昂。课后做解释、造句、填空及回答等测验。同时这学期应系方安排，新开一门课《文言文入门》，由“吉凶”起至“画蛇添足”共7篇，此外选取四书中短句数十则。除探讨词义、句义及文义外，还介绍虚词在结构上的用法。作业则包括“文言文译语体文”“语体文译文言文”等练习。（鲜轼振，1996）

何杰（2000）介绍了她任教时期的中文教学情况。汉语专业专职教学人员3人（曾在大陆或台湾学习），同时聘请外交部、文化部人员兼课，从1996年起开始聘请由中国教育部选派的教师任教。汉语专业课程设置也在逐年丰富、完善，现分设语言课和文化知识课，在两种课型中都设必修课和选修课。语言课包括汉语拼音、汉语语法、汉语听力、汉语口头训练、汉语阅读、汉语会话、汉语笔头训练、交际汉语、古代汉语、汉语新闻阅读、中拉语翻译、英语、拉脱维亚语、第二外语（日语）等。文化知识课包括中国概况、中国历史、中国地理、中国书法、中国文学史、中国哲学史、中国艺术史、中国传统音乐、中国古代思想家及经典作品、中国古典散文选读、中国现代文学作品选读等。研讨专题课面向四年级开设，学生根据自己的毕业论文选题自选，包括中国经济、中国社会现状、中国外交政策、佛教在中国、鲁迅及其作品研究、《易经》研究、诸子百家思想研究、传统中国专题讲座等。低年级的基础中文教学由会汉语的拉脱维亚教师担任，授课时拉语和汉语兼用，汉语语法、语音知识用拉语讲授，其他课程用汉语讲授。听力训练开始主要是听汉语拼音，而后增加汉语理解听力。各年级的口头表达课都由中国教师担任。文化知识课大多由拉脱维亚教师担任，教学语言使用拉语，高年级讲座有时也聘请欧洲专家，一般使用英语。汉语教材以中国大陆地区教材为主，也有中国台湾地区教材，文化知识课教材使用俄语及拉语教材。一个学年只有一次正式考试，考试时间安排在一个月内(一般为5月份)。考前任课教师根据学生出勤、作业、日常学习情况给出平时成绩，不及格者不能参加学年正式考试。考试形式根据课型的不同分成口试、笔试和考查三类。汉语专业无论在培养方向上还是在教学原则上都有自己的特点:(1)在课程设置上，语言教学占重要地位。在语言课和文化课的分配上，语言课为重。低年级语言课占80%，文化课占20%；语言课8学分，文化课2学分。高年级虽然两种课的比例根据学生所选专业的不同有所调整，但语言课一般占到60%—70%，文化课占30%—40%；语言课6学分，文化课4学分。修学士学位在四年级要写一篇100页以上的论文，计6学分，另外4学分都是语言课学分。中文教学特别重视学生语言技能的培养，学士学位毕业论文答辩必须先通过口语测试，才能获得论文答辩资格。(2)文化课内容明显偏重中国政治、经济及史学方面。(3)教学原则重语言实践，在传统的自觉实践法基础上，又吸收了功能法的优点，更加重视学生的语言实践活动。学院要求教师在制订教学计划时一定要安排语言实践的教学内容。如凡有中国访问团到拉脱维亚，都要求学生参加语言实践活动以提高言语交际能力。拉脱维亚大学本科学生在校期间一定要有半年语言实习(也叫语言打工实践)，并由服务单位给出鉴定。在教材的选用上，特别注重教材的实用性，大多选用功能型教材。重视学生言语能力的培养，强调学生语言实践本领。高年级的年终考核成绩修10分，其中必须有1分是参加指导教师的研究课题分，还有1分是语言实习分。(4)教学方法灵活，课堂形式活泼。课堂有时在学校，有时在校外；有时教师讲，有时师生讨论。强调教师的主导作用及学生的主体作用。语言课要求教师的讲授只能占1/3的时间，2/3的时间让学生演练，教师指导。文化知识课，常是教师给了论题及参考书目让学生在图书馆独立完成。教学管理很有特色：学分和学费、助学金直接挂钩。主科3门不及格者便被淘汰。这一措施使学生非常重视学分，提高了培养学生的成功率。(5)注重吸收国外教学力量对拉脱维亚大学的支持和援助。拉脱维亚大学争取到波罗的海三国语言研究中心、欧洲语言研究中心设在拉脱维亚大学，这对于发展拉脱维亚大学语言教学是有力的推动。此外还争取西欧、北欧各国在拉脱维亚大学直接出资办学。中国教育部也给予大力支持(教材、教学设备、师资都无偿支援)。拉脱维亚大学的中文教学注重发挥外教的积极性，如高年级专题讲座都聘请中国教授担任，此外还邀请欧洲各国教授讲授文化专题课。

鲍葛薇说，在20世纪90年代，学院图书馆有关中国文化的图书寥寥无几，只有一些苏联时代的出版物。他们使用的第一本汉语教材是《基础中文课本》，是用俄语编写的。他们主要是通过课堂笔记和复印资料来学习中文。史莲娜讲授古汉语，他们在黑板上练习写汉字。茵娜在配有特殊设备的语音室给他们上语音课，学生戴着耳麦，跟着老师或者录音带读词语或句子。贝德高主要教翻译课，他们分析报纸或杂志上有关时事的选段，贝德高在中国亲身经历的故事非常有趣，对他们启发很大。他们的第一位中文老师是来自台湾师范大学的鲜轼振，讲授现代汉语和古汉语，使用的是台湾地区的教材，繁体字，她是读硕士时才开始学习简化字的。这是她从一开始就习惯繁体字和文言文，并在后来专注于中国典籍和传统文学研究的原因之一。鲜轼振老师最初用《国语会话》作为基础教材，后来又增加了配有录音带的教材《新选广播剧》。这样，他们得以提高听力和理解技能，并了解中国文学发展。在古汉语课上，他们读《四书》里的成语故事和选段。此外，鲜轼振也布置许多说、写、译练习作业。中国大陆老师最初使用《速成汉语初级教程》和《桥梁：实用汉语中级课程》，课堂上也采用CD和DVD音像资料、纪录片、互动知识游戏、课堂竞赛、中国民歌和流行歌。也有老师使用他们自编的教材，根据每个班级和学生的水平和需要，从其他课本中选材。

（Baltgalve Agita，2024）

第二节　汉学硕士专业诞生

1997 年 9 月 1 日，拉脱维亚大学汉学专业开始招收研究生，学制二年，隔年招生，从此汉学专业又登上了一个新台阶。

一、汉学专业师生

据何杰（2000），拉脱维亚大学东方学系最初是与政治系联合招收研究生，因此汉学专业研究生也要兼修政治系的课程。但经笔者向拉脱维亚大学汉学专业负责人鲍葛薇（拉脱维亚大学汉学专业第一届研究生）核实，东方学系没有与政治系或其他院系联合招收过研究生，一直是单独招收研究生。[①]

1997 年，招收第一届汉学硕士研究生 4 人；1999 年，招收第二届汉学硕士研究生 5 人；2001 年第三届和 2003 年第四届也各招收 4—5 名研究生。汉学专业本科生纷纷报读汉学专业研究生，有些是应届报读，有些是往届报读，也有一些非拉脱维亚大学汉学专业的学生报读。如第一届鲍葛薇、哈艾葛妮赛等；第二届李丽、小卡、朵安娜、罗佳玫、郑慧敏等；第三届和第四届米玛丽娅、艾维塔、葛查娜、叶比鲁塔、伊曼茨、瓦西里、米艾维塔、弗拉迪等。

除了研究生，这个时期的本科生招生如下：1999 年，汉学专业本科招收了 15 名学生，即白伊丽娜、衣尔泽、罗丽达、李莉、达吉雅娜、蜜达彩、白琳达、美查娜、皮安娜、莫丽雅，穆尤莉亚、阿尤莉亚、巴莉耶娜、布麦雅、加迪斯，前 14 位是女生，最后 1 位是男生。2001 年，汉学专业本科招收了 18 名学生，即列娜特、艾莲娜、布伊尔泽、戴卡佳、李艾娜、

① 2022 年 1 月 16 日鲍葛薇教授微信访谈录。

达吉亚娜、玛奥尔佳、玛伊丽娜、叶薇珍妮娅、艾维娅、帕叶莲娜、萨叶娃、史劳拉、阿拉伊玛，金捷娅、萨琳达、雅尼斯、恰亚尼斯，前16位是女生，最后2位是男生，萨琳达不久就转专业了。此外，据笔者采访2003级学生谢安娜得知，她们那一级有25名学生，分两个班，她所在的班第一学期没有中国老师上课，是小卡和李丽给她们上语音课和汉字课等，第二学期有中国老师上课(台湾地区老师)。[①] 2003年汉学专业报考及录取人数均创历史新高，竞争入学率高达10∶1，是拉脱维亚大学热门专业之一。[②]

留学情况如下：1998年，朵安娜和珀维拉在北京外国语大学留学，思劳拉、霍叶莲娜和考安达在山东师范大学留学，列伊奈赛在复旦大学留学，茵娜在北京语言大学留学，艾维塔和小卡在台湾师范大学留学。1999年，思劳拉在山东中医药大学留学，薇炜在中国人民大学留学，米玛丽娅、林妲和梨椰娜在山东师范大学留学。2000年，思劳拉在上海中医药大学留学，蜜达彩和美査娜在山东师范大学留学，巴莉耶娜、加迪斯和李莉在南京师范大学留学。2001年，思劳拉在上海中医药大学继续留学，衣尔泽、白琳达和皮安娜在南京师范大学留学，布麦雅在上海大学留学，达吉雅娜在中山大学留学，白伊丽娜在台湾师范大学留学。2002年，思劳拉在上海中医药大学继续留学，玛伊丽娜在南京师范大学留学，帕叶莲娜在华中师范大学留学，金捷娅和列娜特在中山大学留学，戴卡佳在四川大学留学，史劳拉在台湾师范大学留学。2003年，思劳拉在上海中医药大学继续留学，美査娜在上海师范大学留学，玛奥尔佳在北京师范大学留学，艾莲娜在重庆大学留学，雅尼斯在中山大学留学。

1998—2003年，史莲娜担任东方学系主任。1998年3月至2002年7月中国教育部委派的第二位中文教师于丛杨教授(北京语言大学)在拉脱维亚大学汉学专业任教，与史莲娜一起组织课堂活动和学术研讨

① 2021年9月2日谢安娜微信访谈录。

② 中国驻拉脱维亚大使馆致教育部函，2004年1月13日。

会等。继于丛杨之后，西安外国语大学副教授王珊受中国教育部委派于2002年9月至2004年8月在拉脱维亚大学任教。

这一时期，有一位年轻的本土教师艾恪，即小卡，1995—1999年在拉脱维亚大学汉学专业读本科，曾于1996—1997年在北京第二外国语学院留学一学年，1998—1999年在台湾师范大学留学一年，1999—2001年在拉脱维亚大学汉学专业读研究生，提前留校任教。于丛杨老师回忆说，艾恪读本科和研究生时的中文名叫艾荷蔓，有时也叫艾柯，大家习惯称他小卡，因为在他们本科班，还有一位和他同名的同学，比小卡个头高，年纪也比较大，所以便有“大卡”与“小卡”之分。于丛杨老师说，艾荷蔓本科学习期间曾不时去赫尔辛基大学听有关汉学方面的课程，1998年就被提前抽出来留校，给下几个年级学生开设汉语语法课和老子专题讲座（用拉语），同时也参加研究生班的学习，边工作边上学。他曾要求于丛杨老师给他一对一地辅导了大约一个学期左右，主要是研读鲁迅等几位名家的作品。他年纪虽然不大，但谈的都是深层次的问题。小卡对《老子》非常感兴趣，也专心致志地进行研究，后来在赫尔辛基大学在职读了一段时间博士。[①]

还有其他几位教师任教：艾维塔，1993—1997年在拉脱维亚大学汉学专业读本科，1997—2000年在拉脱维亚大学汉学专业读硕士（1998—1999年在台湾师范大学留学），2000—2005年在拉脱维亚大学汉学专业任教。[②] 李丽，1993—2001年在拉脱维亚大学汉学专业读本科和研究生（1996—1997年在山东师范大学留学），2001—2004年在拉脱维亚大学任教，教一年级的汉字课和拼音课等课程。茹丹娜，1993—1997年在拉脱维亚大学汉学专业读本科（1995—1996年在山东师范大学留学），后在拉脱维亚驻中国大使馆工作，2002—2003年在拉脱维亚大学汉学专业任教。拉叶娃，1993—1997年在拉脱维亚大学汉

① 2021年4—5月于丛杨老师微信访谈录。

② 2021年9月8日和2022年3月30日艾维塔手机短信访谈录。

学专业读本科，2009年在拉脱维亚大学汉学专业任教。

二、汉学专业教学

何杰亲历了汉学本科专业的发展和汉学硕士研究生专业的诞生。1997年11月5日，她撰写了报告《拉脱维亚大学中文教学现状和发展前景》。报告中关于中文教学现状的介绍如下：（一）学生。共27人，其中一年级13人，三年级7人，研究生6人，1人未毕业，隔年招生。[①]（二）课程。一年级基础中文课，教材《基础中文》；三年级会话课（口语、语法、写作），教材《高级汉语口语・话题交际》；三年级报刊课，教材《读报看中国》《报刊语言基础选篇》；研究生中国文化课，何杰自编教材；其他课程由本土教师开设（政治系、语言文化系）；一年级、三年级和研究生都开设中国历史课（拉语上课）；三年级开设文言文课（拉语–汉语）。（三）师资。汉学教研室教师共3人，包括历史系教授1人，青年教师1人，公派教师1人。（四）教材。（五）资料。（六）设备。报告中也阐述了中文教学发展前景：中文教学现只是争取了多招生，另争取教材配套，其方法一是赴拉中国教师带，二是让赴中国留学的拉国学生带。现成绩并不辉煌，但前景乐观。波罗的海三国唯一的汉学专业在拉脱维亚大学。三国对中国了解甚少。拉脱维亚的报刊、电台及中国各方团体来拉的宣传、报道、翻译，出马的只有拉脱维亚大学的那名教授和教师。深圳一次展销会，中拉师生全部去做翻译，能胜任者供不应求。随着我国与波罗的海三国政治、经济、文化交流发展，这种需求必将更为迫切，需要就是发展真正的动力。

于丛杨在2000年撰写的《关于拉脱维亚中文教学概况的研究报告》（简称《研究报告》）中，就拉脱维亚中文教学 / 汉学研究的历史沿革、知名汉学家、与中国合作情况、中文教学在拉脱维亚外语教学中的地位和

---

① 经笔者与其他教师以及当届学生确认核实，一年级应为10人，研究生应为4人。

发展前景等问题做了阐述。《研究报告》中将拉脱维亚中文教学和汉学研究分为三个阶段:(一)开拓阶段(19世纪末至1940年)。19世纪末和20世纪初,在拉脱维亚就有汉学家从事汉学研究活动,其中较著名的汉学家有艾·柏莱施内德[①]、阿·摩尔特莱施特、彼·施密特等,重点介绍了被称为拉脱维亚汉学之父的施密特。(二)苏联时期(1940—1991)。汉语和汉学爱好者大都去莫斯科和圣彼得堡学习和研究,卡戴、贝德高和史莲娜回到拉脱维亚,为拉脱维亚的中文教学和汉学研究注入了新的活力,他们在拉脱维亚大学相关院系开设有关中国的课程,并不定期开办业余中文班,进行短期临时中文教学。(三)大发展阶段(1991年至今)。(1)正规教学和研究活动。1991年开设中文夜校,1993年成立拉脱维亚东方学研究会和拉脱维亚大学汉学专业,1993年、1995年、1997年各招收10名本科生,1999年招收15名本科生;1997年招收4名研究生,1999年招收5名研究生。(2)社会上的中文教学。为了满足社会人士学习中文的需求,拉脱维亚大学中文夜校自1991年创办以来,一直坚持办学不断。有的中小学也开设了中文课,首都里加市古典中学选学汉语的学生多达40余人。少数经济条件较好的中文爱好者,聘请汉语专业毕业生为家教进行个别学习。《研究报告》中介绍了多位知名汉学家。目前,在拉脱维亚专业和业余从事汉学研究的人员有史莲娜、彼得里斯·贝德高、卡戴、茵娜、贝安德烈斯、小卡、阿尔尼斯·阿尔德恩斯,并对史莲娜做了详细介绍。《研究报告》也介绍了拉脱维亚与中国的合作情况。根据两国政府协议,1996年中国教育部派遣1名教师来拉脱维亚大学任教,1995年开始中国教育部每年为拉脱维亚提供5个左右为期1学年的全额奖学金名额,1997年中国接收1名拉脱维亚大学中文教师到中国免费进修汉语1年。1998年拉脱维亚大学1名教师

① 艾·柏莱施内德,出生于拉脱维亚,毕业于爱沙尼亚塔尔图大学医学院,被俄罗斯公使馆派往德黑兰和北京担任医生职务,是波罗的海德裔汉学家,发表了不少重要的汉学研究成果。

享受“中华文化研究奖学金”到中国进行为期3个月的学术访问。中国教育部1995年以来多次向拉脱维亚大学赠送中文图书和资料，中国大使馆也从大使基金中拨出专款，购买计算机、复印机、录像机、彩电等赠予拉脱维亚大学。《研究报告》阐述了中文教学在拉脱维亚外语教学中的地位及发展前景。因拉脱维亚地靠北欧和历史上与德国的特殊关系，其外语教学中的北欧诸语种及德语教学具有较长的历史和相当的优势。恢复独立后，英语取代俄语成为除母语之外的第一语言，在拉脱维亚外语教学中跃居首位。汉语在外语教学中属年轻学科，中文教学还处于初创阶段。在拉脱维亚的外语教学中，汉语被列为小语种。但是，随着中拉关系的不断发展，随着拉脱维亚逐渐欧盟化，中文教学充满生机，未来将会呈现稳步发展的趋势。其主要依据是：首先，中拉关系的深入发展，以及新加坡、中国香港和中国台湾等亚洲国家和地区与拉脱维亚经贸联系的逐步增加，都直接或间接地给中文教学和汉学研究带来有利的影响。其次，拉脱维亚政府重视，近年拉脱维亚政府组织的重要代表团访华都选派拉脱维亚大学汉学专业毕业的学生充当翻译，中国在拉脱维亚举办的经贸活动也都聘请拉脱维亚大学汉学专业师生参加翻译工作。拉脱维亚教育部长多次表示，在拉脱维亚发展中文教学和汉学研究是国家不可缺少的一项事业。同时从国家长远文化建设来看也具有填补外语教学和科研空白的作用，在国际上为拉脱维亚争取到了这一领域的发言权。再次，欧盟部分国家和个别国际基金组织在学术和经费上给予帮助和支持，目前拉脱维亚以加入欧盟为立国的奋斗目标，作为教育和科研的一个方面，拉脱维亚中文教学和汉学研究领域这些年来也努力开辟跟欧盟国家同行的交流渠道，发展跟他们的关系。总部设在丹麦首都哥本哈根的北欧亚洲研究院近年来多次派人派团到拉脱维亚大学考察和评估中文教学与汉学研究，协助制定教学大纲和科研规划，向拉脱维亚大学赠送有关汉学研究书籍和资料，其院刊还多次重点报道和介绍拉脱维亚大学的汉学专业。与此同时，还出资邀请拉脱维亚汉学家到该机构从事学术交流活动。索罗斯基金会设在拉脱维亚的办事机构，前些年资助拉脱维亚大学汉学专业学生赴中国留学的国际旅费，近年又资助拉脱维亚大学开展汉学研究，对中文教学中所需的专项经费也给予帮助，同时还常年定期给青年中文教师以工资补贴。此外，中国的大力支持和帮助。以上四方面因素是促使拉脱维亚中文教学和汉学研究继续稳步发展的动力和保证。而且，从拉脱维亚大学关于中文教学(包括汉学研究)的自身建设来看，也有望通过锲而不舍的努力进一步提高中文教学的地位，使其成为拉脱维亚大学外语教学中一门成熟的学科。拉脱维亚大学对中文教学和汉学研究的建设有明确的目标：在中文教学方面，突出听说，加强阅读，努力培养学生的汉语交际能力；在汉学研究方面，重视传统中国文化研究，同时关注当代中国发展，造就博古通今的汉学人才。以此为实力，扩大国际学术交流与合作，争取在北欧中文教学和汉学界占有一席地位，并力争跻身于欧盟国家中文教学和汉学界之列，最终建设成为波罗的海国家中文教学和汉学研究中心。

于丛杨在2002年《给继任者王珊老师的信》中，就中文教学任务、教材和教学进度、教学方面与其他教师配合问题、考试、同事等做了详细介绍：教学任务——东方学系辖两个专业，即汉学专业和日语专业，中国教师承担汉学专业各年级(包括研究生)的中文课。接任时教学对象为二年级和四年级两个班，各年级学生的学年论文和毕业论文虽用拉语(个别用俄语)写作，但在写作过程中有的学生可能要求中国教师予以指导。有时，青年教师也会提出辅导的要求。汉学专业各门课的上课时间一般安排在周一至周四(周五不安排)，中国教师每周平均10节课(每节45分钟，两节连上)。拉脱维亚大学硕士研究生的课都安排在晚上，每周安排一个晚上的中文课。学生每天从早到晚都有课，课程种类也很多，如搞中华文化讲座，可适当利用平时上课时间穿插安排。此外，系里重视科研活动，有举办国际学术研讨会的传统，会请中国教师协助筹备，邀请中国教师参加并提交论文。教材和教学进度——二年级使用的教材是《速成汉语初级教程·综合课本》1—4册，开学后该从第2册第24课开始学起。四年级使用的教材是《实用汉语中级教程》，开学后该从下册第24课开始学起。东方学系和宿舍存有多种汉语教材，可从中对比选择。教学方面与其他教师配合问题——三、四年级的课不存在配合问题。一年级第一学期不安排中国教师上课，中文课全部由拉脱维亚教师用拉语启蒙。一年级第二学期开始安排中国教师上中文课，但此时拉脱维亚教师的中文课继续进行，不过拉脱维亚教师不使用中国教师的教材而是另行选择教材。这两门中文课计一个考试成绩，考试时中国教师根据自己的教学单独命题，但给分时可酌情参考拉脱维亚教师提供的“中文课成绩单”。总之，一年级第二学期至二年级的中文课的考试成绩，由中国教师决定。考试——中文课作为必修课每学期末都进行考试，考试由笔试、口试组成，二者给一个统一的成绩。考试成绩采用10分制，考试当天给出成绩并填写学生记分册和成绩单，填写成绩时除写阿拉伯数字外，还要同时写上相应的拉脱维亚文。学生试卷作为教学档案，系办公室理应长期保存，但系里对此并不重视。为了对教学负责，也为了给继任教师提供必要的参考，于丛杨将历届学生的试卷都保存在宿舍。同事——院长卡拉米妮娅教授、系主任史莲娜教授、青年教师小卡、专职秘书伊莱娜。退休教师有两位，一位是印度专家维克多·伊夫布里斯教授，一位是日语专家卡戴教授，系里开会或有活动，他们两个有时会参加。此外，还有若干兼职教师。其他——学生考勤，学校没有制度规定。为了加强教学的严肃性，于丛杨的办法是自制“学生考勤簿”，上课前先让学生签到，然后再上课。春节如逢上课时间，事先可向系主任打招呼并通知学生，自行安排放假，以示重视中华文化传统。每年9月新学年开始学校都会发新校历，校历对秋季学期和春季学期的上课、假日、复习、考试时间做出具体安排，非常有用，可向秘书索要。[1]

---

① 于丛杨《给继任者王珊老师的信》，2002年7月20日，第1—7页。

此外，于丛杨（2022）也介绍了他的一些寓教于乐的教学方法。如以“宗教仪式”练声。不论哪个年级，每一堂课开始前，每人都要轮流说一句与本课无关的口号，教师逐个纠正发音和声调，然后再正式进入课程。第一个月练习说“我爱拉脱维亚”，这六个汉字，四声俱全，先练顺嘴再说；第二个月，用同样方法练习说“我爱中国”，这四个汉字，恰是四个声调；第三个月开始，每周还用同样方法练说包括四声的两首唐诗，杜甫《春望》：“国破山河在，城春草木深，感时花溅泪，恨别鸟惊心。”李白《静夜思》中的两句：“举头望明月，低头思故乡。”练习前，只简单介绍每一句的主要意思，不要求学会和记住诗中的汉字，让学生把诗用拼音写下来，按拼音念。这样做的出发点——目标不是传授中华文化，而是纯粹的语言技能训练。所以，要像教堂里诵经、庙里和尚念经一样，每天反复刻板地练说固定词句；也要像音乐学院视听练耳课和美术学院素描课那样，从基础练起。这样坚持下来，久而久之，如果能达到朗朗上口的程度，四声也就自然而然地刻进脑子里了。再如“让汉字说话”。每个年级刚入学时，都会问他们为什么选择学习中文。有的学生回答——汉字很有魅力，每一个汉字看起来都是一件艺术品，想一探究竟；还有的学生回答——原来喜欢日语，但发现日语里有很多汉字，那何不去源头看一看呢？对于学生感兴趣的汉字，一般采取随文识字的办法。当然，也找课外时间举办“汉字知识”讲座，作为辅助教学。在教学中采用“让汉字说话”的办法，尽量为学生提供有趣的汉字故事，帮助他们记忆。因为是“随文识字”，每当新课出现新的汉字时，就尽量从“六书”中找出生字的“造字理据”，用最浅显的说明和肢体语言表达出来。比如，在教“看”这个汉字时，告诉学生这个字是上下结构，上边是“手”字的变形，下边的“目”字表示眼睛，与此同时配合肢体语言——手搭凉棚向四处张望，学生也不由自主地跟着把手搭在眼睛上方——学生乐了，齐声说：“看！”偶尔也采用“流俗文字学”中的奇特“拆字联想记忆法”，只要对记忆汉字有帮助，就说给学生听。例如，“饿”就是“我想食（物）”；“灭”就是一块砖在火上一压火就灭了；“问”和“闻”，一个在门内用口说，一个在门内用耳听。（于丛杨，2002）

于丛杨也记述了史莲娜的教学趣事。史莲娜被称为“具有创造性思维的专业型学者”，中国文化和母体文化在她的心中交融无痕。2001年中国春节，她为汉语和日语两个专业的学生设计了一套带有知识性和趣味性的庆祝方案。学生来到教室门前都惊呆了：室内一派中国过年的气象。黑板正前方，贴着大红喜签和贺卡，上面书写着“恭贺新禧”“大吉大利”。黑板对面的墙上贴着三幅图画，两幅是用大红纸做底衬的中国山水画，另一幅是印着各种吉祥图案的中国传统年历。大门两旁贴着剪纸式的红春联，上联是“春满乾坤福满门”，下联是“天增岁月人增寿”，横批为“招财进宝”。两扇门各倒贴着“福”和“春”两个汉字。门两旁还挂着财神和门神。长桌上摆满了史莲娜和学生们带来的食品和饮料。史莲娜主持活动，她首先问大家：“为什么门上的‘福’字和‘春’字倒着贴？”汉语专业学生考安达用拉语通过举例说明汉语谐音的趣味。之后，史莲娜让于丛杨介绍中国人如何过年，期间她插话讲解“年”的来历并由此引出一个有趣的游戏：她发给每人一张纸，请学生在上面写汉字“年”，看谁写得漂亮。接下来，唱中文歌和日语歌。汉语专业二年级学生唱了《妈妈的吻》和《世上只有妈妈好》，四年级学生唱了《康定情歌》，日语专业学生唱了《北国之春》。一片欢声笑语中，进行“筷子夹豆”比赛。史莲娜一边用筷子夹着花生豆吃，一边在黑板上写出她认为趣味横生的汉字如“奭”字，让学生猜意思。虽然构成这个字的“百”和“大”大家都认识，但猜不出它的本义。史莲娜兴致盎然地讲起它表示“盛大”的缘由。借此由头，她让每人按她讲解汉字的思路，自己编造一个自圆其说的汉字。最后一个节目是，所有人分成两人一组，分别站在铺在地上的一张报纸上，一一回答裁判艾柯的提问，如北京以前叫什么、日本国首都和中国首都的名称有什么共同点等，答错者撕下一圈报纸，直到站不住为止。（于丛杨，2022）

王珊在《国外工作年度总结》(2004)中写到，她继续在东方学系担任讲师，教授汉学专业一年级学生汉语口语课、三年级学生中文课(读写、听力、口语、阅读)和研究生高级中文课及汉学专业所有学生的汉语答疑课，参加系教学工作会议。在教学中，根据拉脱维亚汉语实践环境，拉脱维亚大学现有中文教学条件，尤其是汉学专业学生汉语水平与需求，采用突出汉语听、说、读技能训练，强调汉字识读、解析的基础知识，以课堂讨论为主、课外练习(书面、录音)为辅、教师批改作业做辅导，综合学生平时考核与期末考试成绩为一体而计分的教学模式，除选用多种教科书、报刊、音像资料作为教材，也鼓励学生推荐话题、教学资料，并结合学习内容补充设计了多种、大量练习题。在此基础上达到帮助学生巩固、提高汉语学习水平和兴趣的目标。除了课堂教学，她利用业余时间，主动尝试开办包括汉语交流、播映中国影视的“汉语角”活动，指导当地中学开展汉语文化活动。此外，她也参与国家汉办指派的有关中文教材使用信息的调查、汇报事务，参与大使馆与拉脱维亚大学东方学系共同举办的“锦绣中华”图片展览活动的筹备、组织事务，参与大使馆为东方学系汉学专业师生举办的数次联谊活动，大使馆向东方学系赠送教学、科研设备与图书资料等活动。拉脱维亚大学东方学系汉学专业隔年招生一次，至四年级毕业时学生人数平均达10人左右，其余学生或中途转换专业或另觅出路；中国大陆每年5个留学名额、中国台湾每年2个留学名额，在第二、第三学年基本上可以保证这些学生(并有少数研究生)每人得到留学中国一年的机会。如能充分利用这一有利条件并强化师资力量，东方学系将迎来真正培养出高水平汉语乃至汉学人才的那一天。她也指出了教学中存在的一些问题。例如，在拉脱维亚大学东方学系汉学专业教学中，学生接触汉语听说条件有限，仅限于中国教师课堂，拉脱维亚教师课堂授课均用拉脱维亚语，文化讲座所用语言则为拉、俄、英等语言。拉脱维亚大学东方学系缺少对留学成绩的检查机制，并未对留学中国的学生具体规定其汉语学习应达到的基本水平，致使学生留学的实际学习效果因人而存在较大差异。在课程设置方面，拉脱维亚大学东方学系于二、三年级汉学专业课程中开设文言课，由拉脱维亚教师教授，进行由汉语文言到拉脱维亚语的翻译练习，其文言课既不讲授古代汉语语法，亦缺少相应的练习量，学生学习收获甚微。为汉学专业二年级第二学期、三年级第一学期学生开设的日语课每周一学时，既分散学生精力，又占用授课时间，并无实际效用。对此，她也给出了自己的建议：根据语言习得由易到难、循序渐进规律和拉脱维亚大学东方学系汉学专业学生的汉语总体水平，文言课在本科阶段可以不开设或改由四年级始开设选修课，并宜加大练习量，在研究生阶段正式设课，由中国教师讲授较为适宜。[①]

三、中方大力支持

中国教育部和大使馆对拉脱维亚大学中文教学非常关心，推荐拉脱维亚大学教师赴中国从事学术研究、给拉脱维亚大学赠送中文教学资源等。

1998年10月至12月，经相关机构审核通过，史莲娜获得奖学金赴中国人民大学访学三个月，参与戴逸教授主持的清史项目研究。[②]

1999年6月14—17日，中国国家汉办常务副主任赵永魁率考察团访问并考察拉脱维亚大学中文教学情况。代表团一行四人，团长赵永魁，成员姜明宝、李新元、刘成钢。访问团此次访问瑞典、拉脱维亚、波兰和捷克四个国家，拉脱维亚是第二站。中国教育部国际合作与交流司文件指出，考察团主要目的是“考察上述四国的中文教学和汉语研究情况，探讨在中文教学和汉语研究方面开展项目合作的可能性”[③]，其中考察拉脱维亚的具体任务为：“与使馆文化处座谈讨论波罗的海地区中文

① 王珊《国外工作年度总结》，2004年7月，第1—2页。

② 2021年4月于丛杨老师访谈录。

③ 中国教育部国际合作与交流司传真纸第1页，1999年6月2日。

教学的现状和发展形势，研究今后在该地区推动中文教学的策略和办法；访问拉脱维亚大学，了解该校中文教学，听取国家公派教师工作汇报和发展该校中文教学的建议；与校方探讨合作编写用于拉脱维亚大学的汉语教材和词典等事宜。”①

1999 年 8 月 2 日，为了巩固和落实此次访问成果，拉脱维亚大学校长扎齐斯致信中国大使馆并转交中国教育部《关于请中国教育部进一步跟拉脱维亚大学合作发展中文教学的意见》：一、请中方资助，由拉脱维亚大学中文专业教师和中国汉语教师共同组织编写拉汉 / 汉拉词典；二、希望中国教育部赠送彩电和录像机各一台，中文软件一套，用于拉脱维亚大学中文专业开展声像教学；三、希望中国教育部在图书资料方面继续给予支持，以完善拉脱维亚大学中文图书资料室；四、希望再增加 2 名赴华留学全额奖学金名额(原名额为每年 5 名)；五、为不影响拉脱维亚大学中文专业学生的正常学习，希望中国教师的轮换时间由每年初改为每年 8 月；六、希望延长拉脱维亚大学中国教师于丛杨的任期。鉴于拉脱维亚大学中文教学已基本形成一套完整的机制，在波罗的海地区颇有名气，且该校领导重视中文教学，中文专业的学生逐年增多，使馆建议适当满足拉方要求，促使拉脱维亚大学中文教学更趋发展与完善。②

1999 年 12 月 16 日，中国使馆代表中国教育部向拉脱维亚大学赠送电视机和录像机及中国影片录像带，姚培生大使、扎齐斯校长、拉脱维亚驻华大使塞马尼斯③、拉脱维亚大学中文专业师生和当地部分新闻记者出席了赠送仪式。姚培生大使和扎齐斯校长发表讲话，希望中文专

① 中国教育部国际合作与交流司传真纸附件第 1 页，1999 年 5 月 5 日。

② 中国驻拉脱维亚大使馆致中国教育部函，1999 年 10 月 15 日。

③ 塞马尼斯，拉脱维亚首任驻华大使，2000 年 1 月 8 日赴任，贝德高前往机场迎接大使和夫人塔特雅娜及女儿李佳。1 月 25 日，塞马尼斯在贝德高陪同下前往人民大会堂，向江泽民主席提交国书。8 月 31 日，贝德高结束了他在拉脱维亚大使馆的工作，回到里加。参阅贝德高(2021：118，121，178)。

业的学生们好好学习，努力钻研中国博大精深的文化。[①]

2000年4月26日，中国使馆代表中国教育部向拉脱维亚大学赠送10箱图书(248册)，王开文大使、拉脱维亚教育部长外事助理卡特维列、高教司副司长艾格列、拉脱维亚大学校长扎齐斯和拉脱维亚大学汉学专业师生出席了赠书仪式。王开文大使、教育部代表、扎齐斯校长发表讲话，希望拉中双方在教育领域的友好合作关系能够保持下去，并得到发展。[②]

此外，为改进政府奖学金来华留学生的招生工作，保证招生质量，充分发挥奖学金效益，从2000年起，中国教育部实行新的《政府奖学金来华留学招生工作改革实施方案》，招生工作原则上由驻外使领馆负责，对候选人进行面试，对其学习目的、学习能力及心理和申请等情况进行初步考察，严格掌握奖学金来华留学生的选拔录取标准，切实保障录取和培养质量。

四、学术交流活动

(一)学术交流

史莲娜非常重视学术交流，“教研室主任史莲娜教授对我勤恳而有效率的教学是满意的，但她从学者的角度，还要求我在科研上闯出一片天地。在她的鼓励和帮助下，四年间，我曾先后去莫斯科、圣彼得堡和德国汉诺威参加过几次国际学术研讨会并提交相关论文。这其中，尤其令我难忘的是，在里加参加由史莲娜亲自发起并组织的几次国际学术研讨会”(于丛杨，2022)。

1999年9月，史莲娜率拉脱维亚大学学术交流团赴圣彼得堡参加由俄罗斯科学院东方学研究所主办的欧洲中华文化研讨会，参加研讨

① 中国驻拉脱维亚大使馆致中国教育部函，1999年12月17日。
② 中国驻拉脱维亚大使馆致中国教育部函，2000年4月26日。

会的有俄罗斯、中国、法国、瑞典、芬兰、拉脱维亚等国的学者近百人，中国驻圣彼得堡领事馆人员也应邀参加，拉脱维亚大学学者提交了《如何在中文教学中融进中华文化内容》《晚唐诗人李商隐对汉语的独特贡献》等论文。

2000年2月23—25日，在史莲娜牵头下，拉脱维亚大学主办“彼得·施密特(1869—1938)：拉脱维亚与中国之间”国际学术研讨会，参加研讨会的有拉脱维亚、俄罗斯、中国、日本、德国、芬兰、美国等国家的学者70多人。23日研讨会在拉脱维亚大学图书馆举行，上午由史莲娜主持，拉脱维亚大学校长扎齐斯致开幕词，里加工业大学妮蒂娜宣读论文《彼得·施密特与拉脱维亚语言学家》，拉脱维亚文化学院拉语系主任帕库乐宣读论文《彼得·施密特与拉脱维亚民俗信仰》，施密特侄子阿维兹·施密特宣读论文《彼得·施密特教授回忆》，圣彼得堡人类学和民族学博物馆列舍托夫宣读论文《彼得·施密特在圣彼得堡的同仁》，采西斯博物馆鲁斯卡宣读论文《彼得·施密特的家人与先祖》；下午由帕库乐主持，柏林国家图书馆魏汉茂宣读论文《彼得·施密特与贝特霍尔德·劳费尔及欧文·冯·查赫的关系》，采西斯博物馆普穆普林斯宣读论文《拉脱维亚独立前夕和独立期间彼得·施密特在远东的活动》，日本驻拉脱维亚大使馆库洛萨瓦宣读论文《日本民间故事热门情节》，北京语言大学于丛杨宣读论文《施密特先生对中国民歌的特殊贡献——介绍拉脱维亚大学图书馆彼得·施密特藏书室四册中文民歌手抄本》，莫斯科东方学学院霍赫罗夫宣读论文《符拉迪沃斯托克东方学院教师彼得·施密特》。24日研讨会在拉脱维亚大学神学学院举行，上午由伊夫布里斯主持，里加文学、民俗学和艺术研究所亚尼斯·罗森堡斯宣读论文《彼得·施密特对拉脱维亚民俗材料出版的贡献》，赫尔辛基大学阳胡能宣读论文《彼得·施密特与芬兰学者的关系》，文茨皮尔斯中学鲍迪娜宣读论文《彼得·施密特对拉脱维亚文学语言起源的看法》，日本东海大学优何意宣读论文《彼得·施密特的学生卡他亚马》，里加文学、民俗学和艺术研究所帕卡林斯宣读论文《安斯·莱尔奇斯-普什凯提斯与彼得·施密特》，拉脱维亚语研究所阳颂娜宣读论文《彼得·施密特对人文科学和教学法的贡献》；下午由帕卡林斯主持，拉脱维亚大学史莲娜宣读论文《彼得·施密特在拉脱维亚大学图书馆的藏书与手稿》，里加莱纳文学与艺术历史博物馆瓦尔泰莱宣读论文《拉脱维亚作者对彼得·施密特著作的评价与批评》，圣彼得堡东方学研究所丹尼娅宣读论文《早期满族首府》，纽约克莱斯林什宣读论文《彼得·施密特回忆》，拉脱维亚大学小卡宣读论文《彼得·施密特的〈汉语官话语法〉》。25 日，与会者赴施密特家乡故居参观访问。[①]

2001 年 10 月 5 日，史莲娜在拉脱维亚大学发起举办了“纪念孔子诞辰 2552 周年”活动，学习中文的全体学生以及东方学系教师参加了纪念活动，中国大使馆参赞也应邀参加。

2001 年 12 月 14—15 日，拉脱维亚大学为纪念中国唐代大诗人李白诞辰 1300 周年，在里加举办“李白生平及诗歌创作国际研讨会”，史莲娜和维克多·伊夫布里斯一起组织研讨会，来自拉脱维亚、中国、俄罗斯、芬兰、爱沙尼亚五国的学者及中国驻拉脱维亚大使王开文和拉脱维亚大学汉语专业学生参加了研讨会。爱沙尼亚著名诗人扬·卡普林斯基、拉脱维亚著名诗人乌尔蒂斯·贝尔津斯、俄罗斯科学院东方学研究所圣彼得堡分所学术秘书波波娃和文学博士列·缅希科夫、芬兰赫尔辛基大学亚非语言文化研究所文学硕士聂阿怒、拉脱维亚大学中国公派教师于丛杨提交并宣读论文。在研讨会上，五国学者以极大的热情介绍了自己对李白生平和诗歌创作活动的研究成果，高度赞扬诗人的人品和不朽作品，认为李白的诗歌是中华文化的重要组成部分，充分表达了人民渴望和平、安宁与正义的心声。学者们还来到东亚长城饭店中餐馆，参加李白诗歌专题朗诵会，他们分别用汉语、拉脱维亚语、俄语等不同语

① “彼得·施密特（1869—1938）：拉脱维亚与中国之间”国际学术研讨会议程。于丛杨保存稿，2019 年 7 月 10 日供稿。

言吟诵李白的诗歌，交流研究李白诗歌的心得体会。

2003年，史莲娜赴武汉大学文学系进修。

（二）学术成果

贝德高在外交和教学工作之余，积极撰写文章，接受媒体采访，向拉脱维亚民众介绍中国相关情况，促进拉脱维亚民众对中国的了解，如《期待中国新年》《品味茉莉花茶》《春节除夕》《热点：拉脱维亚、中国和政治》《拉脱维亚与中国关系改善》《跨越喜马拉雅》《世界中心》等。[①]

卡戴对拉脱维亚汉学发展的一个重要贡献是于1996年发表了《关于汉字在拉脱维亚语中的音译问题》，开了这方面研究的先河。此外，卡戴在2000年出版回忆录《在十面国旗下》，记述了他在中国学习和生活的经历，也记述了拉脱维亚侨民在中国的历史和生活状况。

史莲娜出版著作《无政府主义在中国（1900—1921年）》《辛亥革命政治党派（1911—1913年）》《拉脱维亚、中国大陆、中国台湾》《白马非马：中国传统哲学》《邓小平逝世前后的中华人民共和国》《中国近代史》等；发表论文《社会主义思想在中国的发展（1913—1915年）》《根据〈民报〉看朱赞信的思想》《国民党宣言（1912年8月13日）是否孙中山所写？》《民国初年，中国党派以道德角度看政治》《谭嗣同乌托邦思想》《谭嗣同的〈仁学〉书》《从同盟会到国民党》《辛亥革命期间同盟会的作用》等。于丛杨曾撰文介绍史莲娜的学术成就，特别提到了这个时期史莲娜的力作《邓小平逝世前后的中华人民共和国》："史莲娜的前半生大都是在社会主义的苏联度过的，而她的学术研究对象又是社会主义中国的前尘和今世。她既在台湾生活过，也到过北京和香港。中国共产党早期主要领导人李立三的俄罗斯裔夫人李莎，是史莲娜的亲密朋友。因此，史莲娜教授对中国共产党的历史，可以说有更多深层的了解。

① 感谢贝德高教授提供材料。

她作为一个严谨的学者，从不张扬和自诩。她那么熟知中国共产党的历史，但她经过长期观察和思考，慧眼识珠，只写了一篇极具历史眼光的《邓小平逝世前后的中华人民共和国》。”（于丛杨，2022）

总之，拉脱维亚大学是拉脱维亚第一所也是唯一一所开设中文专业的大学，也是波罗的海国家最早开设中文专业的大学，成为拉脱维亚中文教学的摇篮和基地，这一阶段拉脱维亚大学中文教学在拉脱维亚可谓一枝独秀。

第四章　中文教育多点开花(2004—2010)

2004 年，拉脱维亚加入欧盟和北约，国际地位进一步提升，对外交往也进一步扩大。2005 年，拉脱维亚制定了与“第三世界国家”的外交政策准则。2006—2010 年的指导方针确定了一个更为精确的新目标，即“确保与具有重大或日益重要全球意义的国家深化双边关系”（纳迪娜，2022）。与此同时，随着经济地位的提高，中国对外文化教育合作交流也进一步扩大，开始在全球建立弘扬中国语言文化的教育机构“孔子学院”，2004 年全球第一家孔子学院诞生，之后如雨后春笋在世界遍地开花。2005 年，中国政府向拉脱维亚提供单方奖学金。

随着国际国内形势的发展变化，拉脱维亚与中国的交往日益扩大和加深，对中国语言和文化的了解也更为强烈和迫切。这个阶段，拉脱维亚大学中文教学步入欧盟轨道，进一步完善和发展，与此同时拉脱维亚大学一枝独秀的局面被打破，其他大学和中学也纷纷开设中文课程，中文教学呈现出多点开花的态势，并且向首都里加之外的东北部和东南部地区扩展，形成“三地五校”格局。

第一节　中文教育走进中学

在拉脱维亚教育部和中国驻拉脱维亚大使馆的合力支持下，里加文化中学于 2004 年 9 月 1 日开设中文课，开创了拉脱维亚中学中文教育的先河。

一、里加文化中学简介

里加文化中学（拉文名 Rīgas Kultūru vidusskola，英文名 Riga Culture Secondary School）位于首都里加，前身是 1993 年创建的萨尔坎道加瓦基督教中学和日本语言文化中学，2001 年这两所中学合并为里加文化中学，采用拉脱维亚语进行教学。里加文化中学继承了这两所学校的独特传统，接纳了这两所学校的优秀教师。正如里加文化中学校名所体现的，了解东方和西方文化价值观是里加文化中学课程的基础。里加文化中学于 2008 年重修，新校区落成，由萨尔坎道加瓦街 24 号搬到甘尼布丹比斯街 7 号。学校为师生提供宽敞的现代化实验室、图书馆、阅读室、教室、礼堂、食堂、体育馆，配备了崭新的训练装置和合适的设施。此外，也配备了现代化的教学设施，包括学习辅具、视觉教具及适当的数码工具和设备，为师生提供优良的教学环境。学校的教育方式与国际公认的先进教育方式接轨，诸如引导学生具备开阔思维、理解他人并以尊重和包容的态度对待他人的跨文化原则。学校面向一至九年级初级教育阶段提供综合基础教育课程，面向十至十二年级中等教育阶段提供四个类型的课程：语言课程、理科课程、综合课程、文化专业研究课程，涉及人文科学、自然科学和通识教育。此外，2001—2014 年学校曾向 5—6 岁儿童提供学前课程，但由于学校人数剧增，学校空间不再足以提供学前教育。根据 2010 年的数据，学校有 567 名学生，年龄在 7—19 岁，教师 59 位，多数具有硕士和博士学位。目前，学生接近千人，教师接近百人。所有学生都参加体育、音乐、舞蹈、绘画、民俗、生态、象棋等兴趣小组。① 外语教学是里加文化中学的一大特色，学生从小学一年级开始学习英语，六年级可以选修俄语或法语，在高中除了英语还需选修法语、西班牙语、汉语、日语或阿拉伯语。具体而言，英语为一至十二年级第

① 里加文化中学校长致中国驻拉脱维亚大使馆函，2011 年 3 月 21 日。

一外语必修课；法语为六至十二年级第二外语选修课；俄语为六至九年级第二外语选修课；西班牙语为十至十二年级第二外语选修课；汉语、日语、阿拉伯语为十至十二年级第三外语选修课，只供语言课程班选修。里加文化中学是拉脱维亚唯一一所将汉语、日语和阿拉伯语纳入学校正式课程的公立中学，并且所有外语教师均为来自该语言母语国家的外籍教师。（董芳，2016）

二、开设中文课

2004年2月4日，里加文化中学校长莱梅赛约见中国大使馆周宏友，商谈该校开设中文学分选修课，希望使馆给予援助。早在2003年学校向拉脱维亚教育与科学部申请并经批准，决定2004学年开始在该校十至十二年级学生中开设中文选修课，聘请拉脱维亚大学中文教师授课，每周授课4学时。学校苦于无汉教教材，恳请中方给予协助。3月2日，中国教育部同意向里加文化中学提供116册汉语教材和工具书等教学资料，其中包括所需的《基础中文课本》第一册30册、部分英汉工具书及《快乐汉语》和《跟我学汉语》各2套。[①]

2004年9月1日上午，里加文化中学举行开学典礼。拉脱维亚全国第一个在中学设立的汉语选修班正式开班，共有12名十年级学生参加，学校聘请2名拉脱维亚大学汉学专业四年级学生授课，每周4课时。中国大使馆李文信和张若岩应邀出席开班仪式，并赠送了两台电脑、两台电视机及若干汉语教科书和工具书。[②] 中文课为学分选修课，面向高中三个年级开设，课程类型主要以语言综合课和文化课为主。教师每个月根据学生在课堂上的表现给出平时成绩，平时成绩与期末考试成绩一起构成学生中文课程最终成绩（总分为10分），并自动转换成相应的

---

① 中国驻拉脱维亚大使馆档案教育交流卷，2004年5月6日。

② https://www.mfa.gov.cn/chn/pds/gjhdq/gj/oz/1206_22/1206x2/t155397.htm，2021年8月28日上网查阅。

学分。

2005年9月—2006年6月，有十年级17名学生和十一年级10名学生学习中文，由拉脱维亚大学汉学专业在读研究生衣尔泽任教。衣尔泽1999—2003年在拉脱维亚大学汉学专业读本科(2001—2002年在南京师范大学留学一学年)。2005年12月，里加文化中学与中国大使馆沟通，希望大使馆协助其与中国高中班级结对，使学生可以同中国学生通过通信方式促进语言学习，加强互相了解，同时也希望了解中国中学生交流计划相关信息，使拉脱维亚中学生可以赴华短期学习交流。[①] 2006年4月4日，大使馆致函国家汉办，希望协助里加文化中学寻找合适的国内中学建立通信联系。[②] 2006年4月29日，国家汉办致函大使馆，推荐北京潞河中学与里加文化中学建立通信联系。北京潞河中学遴选了31名年龄相当、有一定中文文字能力和英语水平的学生参加此项交流活动。2006年4月25日，里加文化中学为各个学科的优秀学生举行颁奖仪式，中文课优秀学生十年级2名、十一年级1名，应里加文化中学外语教研室主任瓦尔达·莱科之请，中国大使馆赠送三本《新英汉汉英双解词典》作为奖品，由李文信参赞向学生颁奖。[③]

2006年9月—2013年6月，拉脱维亚大学汉学专业优秀毕业生周文馨担任里加文化中学中文教师。周文馨1995—2002年在拉脱维亚大学汉学专业学习(1997—1999年赴台湾师范大学留学两学年)。根据她的回忆，十年级中文班每年有10—20名新生，三个年级中文班共有30—60名学生，每班每周4节中文课，学习内容以基础中文为主，教材以《基础中文40课》(上册)为主，此外，她也自己编写教学材料。除了基础中文教学，她也介绍中国文化，如京剧、节日、电影、歌曲等。2010—2013年，中文教室收到了11台电脑，上课时学生也用电脑学习，

① 中国驻拉脱维亚大使馆教育处，2005年12月14日。

② 中国驻拉脱维亚大使馆致教育部函，2006年4月4日。

③ 中国驻拉脱维亚大使教育处，2006年4月24日。

包括练习打汉字、使用在线翻译、使用网络词典、观看视频等，锻炼和培养学生的中文自学能力。除课堂教学之外，周文馨和学生每年参加中国大使馆举办的国庆节、春节活动以及“汉语桥”比赛，她本人也举办中文周活动，大使馆人员也经常访问中文班的师生。此外，她和学生也受邀观看访问拉脱维亚的中国乐团和舞蹈团的演出。① 2010 年 11 月 18—24 日，周文馨受孔子学院总部邀请赴华参加外国中文教师教材培训班。2013 年，她赴北京外国语大学担任拉脱维亚语教师，她的课程由拉脱维亚大学孔子学院志愿者和公派教师接任。到 2010 年末，里加文化中学有 5 名学生在拉脱维亚和中国的大学学习中文。

三、积极参加中华文化活动

2004 年 12 月 21 日，里加文化中学 10 名十年级中文班学生在两位汉语老师的带领下来到中国大使馆，布置使馆外宣橱窗，以此向中国使馆和中国人民祝贺新年。这些学生刚刚学习了半年汉语，他们把自己对中国的理解和对新年的憧憬与祝福巧妙结合，以圣诞老人、天使和公鸡图案装饰橱窗，并在老师的指导下用汉字写下了“新年快乐”“圣诞节快乐”和自己的名字。色彩靓丽的新年橱窗为使馆增添了许多节日气氛，学生们也非常高兴能有这个展示学习成果的平台。②

2005 年 2 月 4 日，里加文化中学校长、副校长以及汉语师生参加了中国大使馆举办的汉语师生春节招待会，仅学了半年汉语的学生们表演了中文小合唱《两只老虎》，并向大使赠送了她们亲手制作的贺年卡。③

2006 年 1 月 27 日，张利民大使在使馆举办“汉语桥”春节招待会，

---

① 2021 年 12 月 27 日—2022 年 1 月 13 日周文馨微信访谈录。感谢北京外国语大学拉脱维亚语教师吕妍牵线搭桥。

② https://www.mfa.gov.cn/chn/pds/gjhdq/gj/oz/1206_22/1206x2/t175912.htm，2021 年 8 月 28 日上网查阅。

③ https://www.mfa.gov.cn/chn/pds/gjhdq/gj/oz/1206_22/1206x2/t182714.htm，2021 年 8 月 28 日上网查阅。

里加文化中学校长和学生等出席。里加文化中学的中文课程受到更多学生的欢迎，并且成功举办了第二届“中文周”。[①]

2008年3月4日，使馆举办汉语师生招待会，里加文化中学的同学们为大家表演了以中国春节为主题的情景剧及合唱，幽默的表演、悦耳的歌声赢来大家的阵阵掌声。[②]

2009年7月25—30日，里加文化中学5位学生提交绘画作品，参加在天津举办的第五届世界儿童绘画大赛及展览。5位参赛选手与作品为：李安娜·加布拉奈《欢乐》、克拉夫·韦维尔斯《拉脱维亚“利果节”》、马丁斯·叶里莫夫斯《拉脱维亚旅游指南》、丹尼尔斯·盖戴茨《保护拉脱维亚的大自然》、瓦乐丽雅·朵佳达叶娃《不寻常的旅行》。[③]

2009年12月18日，里加文化中学与中国大使馆举办卡拉OK联欢活动。活动由大使馆李敏捷女士和里加文化中学周文馨老师主持，程文举大使致欢迎辞并演唱歌曲，使馆人员与里加文化中学学生轮流演唱，学生以小合唱的方式演唱了7首中文歌曲，使馆人员还合唱了《歌唱祖国》。

四、坚持举办中文周活动

从2005年开始，里加文化中学每年都举办丰富多彩的中文周活动，吸引了该校学生的积极参与，极大地激发了学生们学习中文的热情，加深了对中国文化的了解。

2006年1月23—27日，里加文化中学举办第二届中文周活动。内容包括：(一)首届中学生汉语比赛，由衣尔泽主办，十年级和十一年级

① https://www.fmprc.gov.cn/ce/celv/chn/jylx/jyxw/t248442.htm，2021年8月30日上网查阅。

② https://www.mfa.gov.cn/chn/pds/gjhdq/gj/oz/1206_22/1206x2/t444524.htm，2021年8月30日上网查阅。

③ 中国驻拉脱维亚大使馆教育处，2009年7月17日。

20余名学生参加，形式为中文简短陈述和中国知识问答，大使馆郝欣筠随员和衣尔泽老师担任评委；(二)中国书法展示，由中国留学生王犀黐为学生们展示书法，里加文化中学在校内张贴海报，吸引学生参与；(三)水彩画讲座，由大使夫人介绍中国水彩画成就，郝欣筠英语翻译，里加文化中学在校内张贴海报，吸引学生参与，使馆人员旁听；(四)播放中国电影和宣传片，使馆提供中国电影和短片若干，在中文课堂和课后向学生们播放。[①] 这些接触汉语仅三个学期乃至一个学期的中学生，自编自演，进行了情景对话、自我介绍和讲故事。[②]

2007年4月23—27日，里加文代中学举办第三届中文周活动。内容包括：(一)中学生说中文演讲会。由周文馨主办，十年级、十一年级和十二年级中文班30余名学生出席，其中5名学生演讲。张利民大使和郝欣筠三秘出席活动。(二)中国书法学习会。使馆提供毛笔40支、墨汁20盒、宣纸100张及中国书法、汉字图书和DVD若干，同学们亲身体验中国书法的魅力。(三)举办中国菜比赛、中国服装比赛、中国人在拉脱维亚的生活主题诗歌比赛。(四)播放中国电影和宣传片。[③]

2009年10月14—18日，里加文化中学举办第五届中文周活动。内容包括：(一)中文教室启用仪式。(二)中国地图揭幕仪式。(三)中文情景剧表演、中国书画比赛、中文朗诵。(四)中国电影及国庆阅兵式展播。(五)卡拉OK联欢会。里加文化中学阿帕莱副校长和程文举大使及杨建中参赞出席了10月14日举行的中文教室启用和中国地图揭幕活动，里加文化中学高中三个年级学习中文的50余名师生等参加活动。中文教师周文馨介绍了新启用的中文教室，来自不同年级的五组学生分别用汉语对中国不同地区作介绍，并用自己搜集的图片为每个地区制作

① 中国驻拉脱维亚大使馆教育处，2006年1月10日。
② 中国驻拉脱维亚大使馆致教育部函，2006年11月29日。
③ 中国驻拉脱维亚大使馆教育处，2007年4月20日。

了精美的图片集。[①]

此外，大使馆人员也经常参加里加文化中学的开学典礼等活动。如，2008 年 9 月 1 日，程文举大使和杨建中参赞等应邀出席新校区落成仪式暨开学典礼。[②] 2009 年 3 月 5 日，中国驻拉脱维亚大使馆向里加文化中学中文班赠送教学设备。程文举大使和该校领导及高中师生与家长代表共一百余人出席了赠送仪式。

2010 年 9 月 10 日，胡业顺大使、李碧建参赞和李敏捷三秘应里加文化中学校长莱梅赛女士邀请，出席该校开学典礼。学生集体演唱了中文歌曲《海边》，并就感兴趣的问题努力用中文向中国大使提问，一一获得解答。[③]

2010 年 12 月 20 日，中国驻拉脱维亚使馆与里加文化中学举办“学做中国菜”新年联谊会，里加文化中学学习中文的师生近 40 人参加本次活动，胡业顺大使发表致辞。同学们学习包春卷，做耳语传中文词语游戏，同使馆工作人员共同用中文演唱《月亮代表我的心》《铃儿响叮当》等歌曲，使馆妇女小组成员表演太极扇《中国功夫》。使馆还向同学们赠送了印有中国兔年生肖图案的小礼品等。[④]

五、积极参加“汉语桥”活动

里加文化中学中文教学在拉脱维亚的中学中独领风骚，学生除了日常课堂学习之外，也踊跃参加一年一度的“汉语桥”比赛等活动，并积极申请奖学金赴中国留学，公费或自费赴中国攻读学士学位，涌现出许多优秀汉语人才。作为唯一开设中文课程的中学，里加文化中学成为历届

---

① http://lv.chineseembassy.org/chn/xwdt/t620648.htm，2021 年 8 月 30 日上网查阅。

② 中国驻拉脱维亚大使馆教育处，2008 年 9 月 1 日。

③ https://news.ifeng.com/c/7fYwZ23rVdX，2021 年 8 月 30 日上网查阅。

④ http://www.chinanews.com.cn/hwjy/2010/12-21/2735178.shtml，2021 年 8 月 30 日上网查阅。

"汉语桥"比赛的主力军之一，并取得了优异的成绩。

2008年5月4日，第五届拉脱维亚"汉语桥"中文比赛暨第七届"汉语桥"世界大学生中文比赛/第一届"汉语桥"世界中学生中文比赛拉脱维亚赛区选拔赛在中国驻拉脱维亚大使馆举行。达伊娜参加了比赛，她在《我的梦想》演讲中深情地说："我的梦想就是到中国学习中文，让我们北京见！"[①]

2009年5月8日，奥莉娅、依兰娜、吉英蕾、什伊尔泽、伊尼卡参加了初级组比赛，达伊娜参加了中级组比赛，取得了三等奖等奖项。

在2010年"汉语桥"比赛中，什伊尔泽荣获初级组二等奖，奥莉娅、依兰娜和吉英蕾荣获三等奖。

第二节　中文教育走进孔子中心

2004年，史莲娜离开拉脱维亚大学，在里加斯特拉京什大学任政治学教授，随后在该校创建孔子中心，致力于中文教学和中拉文化交流等，孔子中心成为中文教学和中国文化传播的一个重要阵地。

一、里加斯特拉京什大学简介

里加斯特拉京什大学(英文名Riga Stradiņš University，拉文名Rīgas Stradiņa universitāte，拉丁语名Universitas Rigensis Stradina，简称RSU)，校名取自对拉脱维亚社区和学术生活产生重大影响长达一个多世纪的斯特拉京什家族。里加斯特拉京什大学是一所国立大学，是拉脱维亚唯一融入国家医疗体系的大学，提供卫生保健、社会保健、社会科学和自然科学领域广泛的学术和职业教育及研究机会。

---

① http://www.chinaqw.com/hwjy/hjxw/200805/05/115707.shtml，2021年8月30日上网查阅。

里加斯特拉京什大学的历史可以追溯到1950年在拉脱维亚大学医学院基础上建立的里加医学院。当时，由三位拉脱维亚大学医学院教授保罗·斯特拉京什、恩尼斯茨·布尔特涅克斯和罗伯特·克林伯格以及拉脱维亚卫生部长阿道夫·克洛斯发起，在拉脱维亚大学医学院的基础上建立了里加医学院，恩尼斯茨·布尔特涅克斯出任院长，最初包括医学院、牙科院、药学院以及45个系。保罗·斯特拉京什1919年毕业于海军医学院并在这里工作到1923年，1924年回到拉脱维亚大学医学院任教，1923年和1927年两度获得医学博士学位，1933年晋升为教授，1928—1944年任外科系主任，1944—1947年任医学院院长，1950年发起建立里加医学院并任外科系主任。恩尼斯茨·布尔特涅克斯1926年毕业于列宁格勒第一医学院，在列宁格勒肺结核医院任副院长，后回到拉脱维亚大学医学院任教，1949年获得医学博士学位和教授职称，1947—1950年任医学院院长、诊断学和内科系主任、诊所主任，1950年发起建立里加医学院并任院长(1950—1958)。罗伯特·克林伯格1899年毕业于莫斯科大学医学院，1904年毕业于莫斯科大学物理与数学学院，1904—1909年在莫斯科大学任教，后来转到乌克兰哈尔科夫国立大学任教，1920年回到拉脱维亚大学任教，担任首任医学院院长(1920—1923，1927—1929)，生理学和生理化学系主任，1950年发起建立里加医学院。

1990年里加医学院改名为拉脱维亚医学院，1998年4月5日宪章会议决定在拉脱维亚医学院实际活动基础上将其改名为里加斯特拉京什大学。随着时间的推移，里加斯特拉京什大学发展成为一所大学类型的高等教育机构，它不仅培养医学和药学领域的专家，而且开设社会科学和自然科学、公共卫生和法律领域的专业。2002年6月13日，里加斯特拉京什大学法案生效，拉脱维亚医学院正式改名为里加斯特拉京什大学。里加斯特拉京什大学现有9个学院，即牙科学院、医学院、药学院、公共卫生与社会福利学院、康复学院、传播学院(包括传播学系和社会学系）、欧洲研究学院（包括政治学系和经济学系）、法律学院、继续教育学院，培养学士、硕士和博士。国际留学生占全校学生总数的24%，占全拉脱维亚留学生的1/3，来自德国、瑞典、芬兰、挪威和亚洲、非洲等国家。此外，里加斯特拉京什大学培养出拉脱维亚总统、议长、卫生部长、外交部长、福利部长、里加市长等众多著名校友。

二、孔子中心创立

2005年10月26日，史莲娜在里加斯特拉京什大学创建孔子中心（拉文名RSU Konfūcijas centrs，英文名RSU Confucius Center）。新华社做了相关报道：为了加深拉脱维亚与中国之间的合作，拉脱维亚第一家孔子中心在里加斯特拉京什大学挂牌成立。孔子中心主任、拉脱维亚著名汉学家史莲娜在中心成立开幕式上说，孔子中心将在全拉脱维亚举行和中国有关的学术活动，为双边合作提供“新的动力”。孔子中心将传播中国语言和文化，为拉脱维亚人举办中文培训班，促进传统中医在拉脱维亚的研究和应用、为政府机关和私营业主提供与中国有关的咨询活动。此外，孔子中心还打算邀请中国专家前来讲学、参与中拉两国共同进行的科研项目、组织会议等。中国驻拉脱维亚大使馆临时代办李文信出席孔子中心开幕式，他说孔子中心的成立为活跃拉脱维亚汉学研究、促进中拉文化交流搭建了一个良好的平台。他强调，中国驻拉脱维亚大使馆愿与里加斯特拉京什大学和孔子中心保持合作，共同为加强中拉两国人民的相互了解、增进友谊贡献自己的力量。[①] 李文信向校长亚尼斯·维特拉赠送孔子画像，里加斯特拉京什大学为孔子中心成立制作了特殊的生日蛋糕。[②]

① http://news.sohu.com/20051027/n227312191.shtml，2021年9月1日上网查阅。

② https://www.qingdaonews.com/content/2005-10/27/content_5544169.htm，2021年9月1日上网查阅。

孔子中心开设了中文班，有10名学生业余学习中文，并进行有关的汉学研究。① 孔子中心由史莲娜、白妩娜和谢安娜等授课。白妩娜是史莲娜的女儿，2003—2006年就读于拉脱维亚大学汉学专业(2004—2005年在北京语言大学留学)，2006—2008年在里加斯特拉京什大学攻读硕士学位，2009—2014年在里加斯特拉京什大学攻读博士学位，在北京师范大学留学，在复旦大学做高级访问学者，2005年至今在孔子中心任教。谢安娜于2003—2006年在拉脱维亚大学汉学专业就读(2004—2005年在台湾师范大学留学)，2006—2008年在里加斯特拉京什大学攻读硕士学位，2009—2014年在里加斯特拉京什大学攻读博士学位，2006—2016年在孔子中心任教，2016—2017年赴北京第二外国语学院教授拉脱维亚语。

三、学术交流活动

2005年7月20—22日，史莲娜受邀参加首届世界汉语大会。2006年7月29日—8月4日，史莲娜受邀参加由湖北省人民政府主办、武汉大学哲学学院承办的海峡两岸炎帝神农文化论坛。此外，史莲娜撰写《汉语专有名词在拉脱维亚语中的译法》(*Ķīniešu valodas īpašvārdi un to atveide latviešu valodā*)、翻译《论语》(*Konfūcijs:Apkopotas runas*)和《道德经》(*Laodzi: Dao un De kanons*)等，并由中国驻拉脱维亚大使馆资助出版。

2006年9月28日，为纪念中国伟大的教育家、思想家孔子诞辰2557周年及中国与拉脱维亚建交15周年，首部汉语拉脱维亚语对照版《论语》首发式在里加斯特拉京什大学孔子中心举行。中国驻拉脱维亚大使张利民、拉脱维亚议会秘书长施密茨、里加斯特拉京什大学校长维特拉、尼布滕斯出版社总编、拉脱维亚外交部和文化部官员以及热爱汉

① 中国驻拉脱维亚大使馆致教育部函，2005年12月14日。

语和中国文化的各界朋友、新闻界人士百余人参加了此次活动。此部《论语》系史莲娜由中文原文翻译而成，并附有译者的注释和文化背景介绍。该书全部采用手工包装，装帧精美，具有较高的收藏价值。该书的出版是拉脱维亚文化、教育及汉学研究界一大盛事，受到拉脱维亚社会广泛关注，使拉脱维亚读者得以直接、全面地了解孔子这位中国古代伟大思想家、哲学家的思想，对传播中国传统文化、增进两国人民了解意义深远。①

2007 年 10 月，白妩娜赴华参加国际教育展。白妩娜告诉记者，参加此次国际教育展，主要目的是展现拉脱维亚的教育水平，让中国朋友了解拉脱维亚。拉脱维亚虽然很小，人口只有 230 万，但教育质量很高。里加斯特拉京什大学大部分课程都以英语授课，共有 3000 多名学生，教师有 1000 余人，师生比为 1∶3，教育质量可想而知，学校的医学专业在欧洲都是顶级的。②

2008 年 8 月 4 日，北京奥运会前夕，史莲娜接受新华社记者专访。她表示 2008 年是中国的奥运年，也是中国改革开放 30 周年，对中国来说具有特殊意义。北京奥运会融合中国的古老传统文化和 30 年来所取得的现代发展成就，这将保障奥运会的成功举办。她深信中国将成功举办一届有特色、高水平的奥运会。史莲娜表示，四川汶川大地震给中国人民带来了很大伤痛，但中国是一个强大的国家，中华民族是坚强不屈和目标明确的民族，任何困难都不能影响他们实现一个伟大目标——成功举办奥运会的信心和决心。举办奥运会带来的物质财富和精神凝聚力也将帮助那些受到地震伤害的人们，同时促进中国的进一步发展。③

---

① https://www.mfa.gov.cn/ce/celv/chn/xwdt/t274172.htm，2021 年 9 月 1 日上网查阅。首部汉语拉脱维亚语对照版《论语》在拉出版，http://news.cri.cn/gb/8606/2006/09/29/2225@1240006.htm，2021 年 9 月 1 日上网查阅。

② http://www.uker.net/apply/application/54321.html，2021 年 9 月 1 日上网查阅。

③ http://2008.sina.com.cn/other/2008-08-05/1525150940.shtml，2021 年 9 月 2 日上网查阅。

2009 年 10 月 30 日，程文举大使应邀来到里加斯特拉京什大学，结合中华人民共和国 60 周年国庆，就当代中国发展问题为该校学生和老师进行演讲，并与学生进行了互动交流。程文举大使向师生们介绍了 1978 年以来中国社会经济发展的主要成就，并就学生们感兴趣的粮食供应危机、中美关系、中国能源政策、中国教育、金融危机、台湾问题、苏丹问题、上海合作组织的发展及中拉经济合作等话题回答了学生们的提问。里加斯特拉京什大学副校长阿珂塔女士出席演讲会并致辞。100 余位师生到场聆听演讲，他们对当代中国的发展表现出了强烈的兴趣。[①]

2009 年 12 月 2 日，史莲娜翻译的拉脱维亚语汉语对照版《道德经》首发式在里加斯特拉京什大学举行。程文举大使、拉脱维亚教育部长代表、里加斯特拉京什大学副校长、该校教职员工、学生、出版界友人近百人出席了首发式。拉脱维亚教育部长阔凯发来贺词，程文举大使、里加斯特拉京什大学副校长阿珂塔、尼布滕斯出版社首席编辑斯拉瓦对本书的出版表示祝贺。[②] 史莲娜表示，《道德经》是一本"让人类精神变得更加丰富"的著作，是中国思想文化领域的代表作之一，被翻译成多种文字供人们学习和研究，以前有过从德文版翻译成拉文版的《道德经》，但译本里难免有不准确之处，于是她从中文版直接翻译《道德经》，拉汉对照版《道德经》凝聚了她前后 30 多年的关注和研究成果。[③]

2010 年 9 月 1—2 日，里加斯特拉京什大学孔子中心与北京师范大学联合举办"中国文化：过去与现在"研讨会。研讨会语言为拉语、汉语、英语、俄语。发言人员和题目为：北京师范大学教授宁欣《丝绸之路的过去与现在》，北京师范大学教授赵贞《唐宋之际传入中土之外来天文学》，北京师范大学教授游彪《汉化与胡化：辽金时期燕京地区人口

① http://lv.chineseembassy.org/chn/xwdt/t623893.htm，2021 年 9 月 2 日上网查阅。

② https://www.mfa.gov.cn/ce/celv//chn/xwdt/t630700.htm，2021 年 9 月 2 日上网查阅。

③ https://cul.sohu.com/20091204/n268680525.shtml，2021 年 9 月 2 日上网查阅。

迁移及其影响》，北京师范大学副教授张荣强《籍账制度》，北京师范大学教授倪玉平《清代的气候波动与经济发展》，里加斯特拉京什大学博士生道古里斯《在世界危机情况下中国–美国交汇话语转变》，拉脱维亚大学博士生拉文斯《在中国出土的波罗的海琥珀考古发现物》，里加斯特拉京什大学博士生白妩娜《在现时的中国社会话语所用的民生主义新内涵分析》，俄罗斯科学院东方国家手稿研究所博士候选人、中国驻拉脱维亚大使馆秘书思卡佳《北宋亭记研究问题》，里加斯特拉京什大学博士生采普里提斯《中国–拉脱维亚彼此意象对两个国家对话的影响》，里加斯特拉京什大学讲师伊格斯《太极拳是关乎个人和社会健康的主要因素》，里加斯特拉京什大学教授史莲娜《现时台湾媒体关于辛亥革命》，拉脱维亚大学博士生乌祖里斯《新土耳其革命与辛亥革命比较研究》，拉脱维亚音乐学院研究生理查兹《北京传统打击乐的分类》，拉脱维亚大学讲师莫丽雅《明清时期女子的社会地位》，里加斯特拉京什大学博士生安亚尼斯《国家和宗教组织：中国和拉脱维亚比较》。胡业顺大使出席了研讨会开幕式，对研讨会做了精辟的概括：研讨会议题广泛，从历史到时政，从天文到考古，从文学到音乐，从体育到气候，涉及许多很有意思的领域，视角独特，内容丰富，有些报告非常专业，学术气息浓厚，中拉两国学者不同视角互相启发，擦出了智慧的火花。[①]

2010 年 9 月至 12 月，中文教师谢安娜申请孔子学院奖学金，赴北京师范大学进修汉语一学期。2010 年 11 月 18—24 日，白妩娜受孔子学院总部邀请赴华参加外国中文教师教材培训班。2010 年 9 月至 2011 年 7 月，里加斯特拉京什大学国际关系专业学生乌埃德加申请政府奖学金，赴华东师范大学进修汉语一学年。

① https://www.fmprc.gov.cn/ce/celv/chn/jylx/jyxw/t736847.htm，2021 年 9 月 2 日上网查阅。

四、中国传统文化活动

2006 年 2 月 15 日，里加斯特拉京什大学孔子中心举办元宵节庆祝活动。维特拉校长、张利民大使、汉语师生、华人华侨、当地友好人士及外交部、文化部、教育部代表和新闻记者等近百人出席。张利民大使介绍了中国元宵节的由来及其文化内涵，并接受了拉脱维亚波罗的海一台采访。维特拉校长讲述了其不久前随卫生部代表团访华的情况，并通过大屏幕演示了访华期间所摄照片。活动中，孔子中心精心组织了中拉音乐表演、播放中国电影、猜灯谜等活动，吸引与会者亲身参与，并为灯谜优胜者准备了具有中国特色的小礼品。①

2007 年 2 月 19 日，里加斯特拉京什大学孔子中心举办春节庆祝活动。张利民大使、外交部官员、维特拉校长、史莲娜主任以及学习中文的学生代表共 40 余人应邀出席。嘉宾们在中国传统民乐的伴奏下，现场学说绕口令、猜汉字。学生们表演汉语拼音练习，介绍汉字“木、林、森、安”及其含义，古德列采夫教授还表演了气功。维特拉校长给张利民大使赠书，史莲娜介绍孔子中心一年的活动安排。孔子中心副主任伊格斯表演气功苍鹭捉蟾蜍和铁手。张利民大使对孔子中心在深化中拉两国文教交流与合作方面发挥的积极作用给予高度评价。②

2008 年 2 月 22 日，里加斯特拉京什大学孔子中心举办元宵庆祝活动。张利民大使、新任校长加德福斯基斯、前校长维特拉、史莲娜主任、汉教师生及拉脱维亚外交部官员和新华社记者等 40 余人出席。张利民大使高度评价了孔子中心在促进中拉两国教育文化交流方面所做的贡献并介绍了 2007 年度中拉关系良好的发展态势和中国奥运的筹备工作情况。加德福斯基斯校长感谢中国使馆和张利民大使本人对该校孔子中

---

① https://www.fmprc.gov.cn/chn/pds/gjhdq/gj/oz/1206_22/1206x2/t235598.htm，2021 年 9 月 2 日上网查阅。

② http://news.sohu.com/20070220/n248308062.shtml，2021 年 9 月 2 日上网查阅。

心的大力支持。孔子中心还播放了2007年该校赴华参加欧洲教育展的图片，表示愿意积极招收来自中国的留学生。汉语师生表演了书法和游戏，赴华进修中医的伊格斯教授还现场表演了气功。[①]

五、协办“汉语桥”比赛

孔子中心参与协办每年一度的“汉语桥”比赛，史莲娜和白妩娜都做过“汉语桥”比赛评委，孔子中心的学生踊跃参加比赛并取得了良好成绩，培养了不少汉语人才。

2006年第三届拉脱维亚“汉语桥”中文比赛暨第五届“汉语桥”世界大学生中文比赛拉脱维亚赛区预赛中，孔子中心是比赛筹备小组成员，参与制定比赛规则和报名办法，史莲娜负责联系新闻媒体，宣传比赛通知，邀请媒体采访报道决赛，并担任评委。孔子中心学生叶波波娃、西蒙娜、艾薇娅、诺亚历山大、阔桑塔、郭索菲亚参加了初级组比赛。

2008年第五届拉脱维亚“汉语桥”中文比赛暨第七届“汉语桥”世界大学生中文比赛/第二届“汉语桥”世界中学生中文比赛拉脱维亚赛区预赛中，史莲娜担任评委，孔子中心参赛选手魏罗曼斯朗诵了中国现代作家许地山的作品《落花生》，获得了初级组第一名。

2009年第六届拉脱维亚“汉语桥”中文比赛暨第八届“汉语桥”世界大学生中文比赛/第二届“汉语桥”世界中学生中文比赛拉脱维亚赛区选拔赛中，史莲娜担任评委，孔子中心学生乌埃德加、爱丽札、克丽娜、思查娜、春柳参加了初级组比赛，尤娜参加了高级组比赛。

2010年第七届拉脱维亚“汉语桥”中文比赛暨第九届“汉语桥”世界大学生中文比赛/第三届“汉语桥”世界中学生中文比赛拉脱维亚赛区选拔赛中，孔子中心学生思查娜获得中级组二等奖，马西姆获得初级组二等奖。

---

① https://www.fmprc.gov.cn/ce/celv/chn/jylx/jyxw/t409316.htm，2021年9月2日上网查阅。

六、积极申办孔子学院

2006年9月,史莲娜赴国家汉办面谈设立孔子学院事宜,段奕接待。2007年3月12日,段奕致电中国驻拉脱维亚大使馆,跟踪开设孔子学院事宜。鉴于拉脱维亚的具体情况,大使馆建议灵活掌握。拉脱维亚大学汉语教学力量强,而里加斯特拉京什大学孔子中心中文教学能力有限但在推进中华文化及两国关系方面更为积极,大使馆建议由拉脱维亚大学和里加斯特拉京什大学合办孔子学院,共同申办,日后地址可设在一家,但理事会由两家组成,共同出资。[①]

2007年12月28日,里加斯特拉京什大学校长亚尼斯·维特拉致函中国驻拉脱维亚大使馆和国家汉办,正式提出申请设立孔子学院。校长在信函中说,该校是向拉脱维亚社会介绍中国语言和文化的先锋,孔子中心成立以来已有近百人学习中文,学员构成广泛,包括从拉脱维亚议员到初中生等社会各界人士。为了提高教学质量和改进教学方法,推动文化交流,热切期盼在孔子中心基础上成立孔子学院,在继续开设汉语兴趣课的同时为全校学生开设汉语学分课,在出版汉学研究和翻译著作的同时举办古文和经文翻译研讨会。[②]

而此前一个月,拉脱维亚大学也提交了开设孔子学院的申请。大使馆提出先出面协调沟通由两家大学合办孔子学院,如果双方无合作意向,再把两家的申报材料转递国家汉办研究决定。

第三节　中文教育走进东北部

2006年,中文教学走出首都里加,进入拉脱维亚东北部。在中国驻

① 中国驻拉脱维亚大使馆档案教育交流卷,2007年3月13日。

② 中国驻拉脱维亚大使馆档案,里加斯特拉京什大学文号3-12/951,3-12/952。

拉脱维亚大使馆的大力支持和协调下，维泽梅大学于2006年开设中文课，开创了拉脱维亚东北部地区中文教育之先河。

一、维泽梅大学简介

维泽梅大学(Vidzemes Augstskola)，英语名称为维泽梅应用科技大学(Vidzeme University of Applied Sciences)，位于拉脱维亚东北部维泽梅地区首府瓦尔米耶拉市，是一所综合性的高等学府，建于1996年，拉脱维亚前外交部长帕布利克斯为该校首任校长。2001年由地区性大学升级为国立大学，旨在为维泽梅地区的发展提供现代化、高质量、高竞争力的高等教育和科学研究，并积极发展与拉脱维亚境内及国外的合作关系。该校是继续教育和终身学习领域内重要的地区性合作伙伴，通过提供外语等多样的学习课程，适应劳动力市场的需求和客户的利益。2004年，开设了两个硕士研究生专业。2006年，在校生1325人，教师50人，行政人员56人。设有商务管理、信息技术、公共交流与关系、政治学和旅游管理等5个本科专业，公共管理和旅游管理2个硕士研究生专业，以及信息技术专业大专课程。[1] 2013年，维泽梅大学获得“绿旗”奖，成为波罗的海国家中第一个具有国际生态大学地位的高等教育机构。2014年，商务管理和经济学学院、旅游和招待管理学院、社会科学学院合并为一个学院，即社会与科学学院。目前，维泽梅大学设有工程学院、社会与科学学院、社会技术系统工程研究所、社会经济人文研究所、知识与技术中心、继续教育中心，设有17个本科专业，5个硕士研究生专业，2个博士研究生专业，与世界上90多所大学建立合作关系。中文课为学分体系内的必修及选修课程，教学对象为在维泽梅大学学习的拉脱维亚本土学生及交换生以及成人，分为零基础班和已学过基础中文知识的初级、中级班，以及来自各界的社会班。

---

① 维泽梅应用科技大学《国际汉语教师中国志愿者需求申请表》，2006年2月15日。

二、开设中文课程

2006年2月15日，维泽梅大学向中国驻拉脱维亚大使馆提交申请，希望国家汉办派遣一名志愿者教师到该校任教。这是该校第一次开设中文课程，作为外语学分选修课。[①]

2006年10月—2009年6月，中国传媒大学研究生衣蕾连续任教三个学年。学习中文的学生分为三个班：一班是旅游专业班，学习时间为两年，每周两节课；二班是其他专业班，学生来自不同专业，学习时间为一年，每周两节课；三班是社会班，学员职业、年龄等差别很大，有参加工作的中年人和退休的老人，也有一些正在读初高中的学生，最大年龄72岁，最小15岁，学习时间为半年，每周一节课。使用的教材是《汉语拼音入门》《实用汉语课本》《汉语会话301句》以及根据学生实际情况而自编的教材。[②] 第二学年衣蕾在继续完善自编教材的基础上，重新审视并改进教学计划。她也主动和学生接触，听取学生对中文教学的意见，在课堂教学中增加对中国历史文化知识和地理知识的讲解，通过布置作业的方式，让学生主动关注当下中国正在发生的新闻事件，特别是即将到来的奥运会。[③] 第三学年衣蕾以奥运相关内容为切入点，着重从中国文化入手，扩大学生的知识面，使他们对中国的过去和现在有一个更加全面和深刻的认识。常规教学方面包括语音、语法和汉字，对拉脱维亚语和汉语进行比较，并尝试标记出拉脱维亚汉语学习者在学习中文拼音和语法时的难度等级，做到在教学中有的放矢。课外活动方面，每月给学生放一次中国电影并组织学生讨论，每逢中国传统节日进行专题讲解，与拉脱维亚大学中文教师合办“汉语角”活动等。[④]

---

① 维泽梅应用科技大学《国际汉语教师中国志愿者需求申请表》，2006年2月15日。

② 衣蕾《留任申请》，2007年6月8日，第1—3页。

③ 衣蕾《留任申请》，2008年3月28日，第1—3页。

④ 衣蕾《对外汉语教学工作总结》，2009年1月3日，第1—3页。

2009年10月—2010年6月，北京外国语大学研究生黄芳任教一学年。中文志愿者教师隶属于学校的语言学习与考试中心，该中心负责外语课程的各项事务，包括英语、法语、德语、俄语、瑞典语和汉语等语言课程。中文课作为选修课主要面向旅游组织与管理专业的大一和大二学生开设，此外，也给学校继续教育中心和非全日制旅游专业开设中文课。旅游组织与管理专业的大一学生(汉语零基础)和大二学生(学过一年汉语)、继续教育中心学生(本校学生和当地市民)、非全日制旅游专业学生每周各有4课时中文课，每课时1.5小时，每学期48课时。在中文教学方面，黄芳从如下几个方面入手：(1)制订长期教学计划。每门课每个学期24课时，2学分，对每学期教授多少课、学生达到什么水平进行整体规划。(2)对教材做适当改编。每节课听说读写都照顾到，语音阶段主要采用商务汉语上的课时安排和练习，主体教材采用《汉语会话301句》和《实用汉语课本》相结合，打印讲义发给学生。(3)根据学生特点安排课堂。对于较难发音的汉语拼音，在课堂上多介绍含有这些拼音的日常用语和音译外来词，并结合旅游专业特点，经常展示中国的名胜古迹，标上拼音，让学生认读，让发音较好的同学用拉脱维亚语向其他学生介绍发音方法；通过看电影听歌等方式介绍中国文化。(4)调整教学法。黄芳旁听英语和法语课，了解二外教学现状和教学方法，并学习拉脱维亚语，了解拉脱维亚语和英语语法位置的对应关系，调整完全用汉语引导的方式，加上适当的拉脱维亚语引导，之后逐渐加大汉语比例。在汉字方面，从象形字入手，制作汉字偏旁卡片，教学生练习书写。在文化活动方面，组织学生到使馆参加元宵节招待会，利用新年契机邀请学生一起包饺子吃火锅，在课堂上教学生写春联，主办“中国之夜”主题文化活动，内容有太极拳表演、播放世博会和中国戏曲片、发放中国结等中国特色奖品；在面向全市的“地球村”活动中准备传统特色中国菜、中拉友好徽章、中国文化书籍、世博会材料，在学校为期2周的“波罗的海国际夏令营”上展示中国文化，在学校一年一度的翻译学会议上做有关中国菜名翻译英译问题报告。[①]

三、中方支持

中国驻拉脱维亚大使馆对维泽梅大学中文教学非常关心，推动中文教学发展。2007 年 11 月 6 日，张利民大使夫妇赴维泽梅大学访问，与校长薇娅·道克施苔女士座谈，学校国际处、对外交流处等部门负责人以及志愿者教师衣蕾出席。[②]

2009 年 4 月 28 日，程文举大使一行赴维泽梅大学访问，在学校国际处处长利佳的陪同下参观公共图书馆、会议室等教学场所及设施，并与薇娅·道克施苔校长座谈。程文举大使一行还来到中文课堂，与学生们亲切交谈并合唱《茉莉花》等中国民歌。[③]

2010 年 1 月 13 日，程文举大使一行再度访问维泽梅大学，与学校相关人员座谈。1 月 28 日，校长薇娅·道克施苔致函程文举大使，感谢大使馆对维泽梅大学中文教学的关心和对发展双方合作关系的重视，同时，也感谢大使馆给该大学图书馆捐赠图书。学校在图书馆举办了使馆赠书展览，并期待进一步扩大合作。

2010 年 10 月 15 日，维泽梅大学国际处利佳拜访中国大使馆，使馆向维泽梅大学赠送词典、书籍和光盘等。11 月 1 日，薇娅·道克施苔校长致函胡业顺大使，代表大学和图书馆感谢大使馆赠送资料。

四、参加“汉语桥”比赛

作为早期开设中文课程的大学之一，维泽梅大学是历届“汉语桥”比赛的主力军之一，并获得了不俗的成绩。

衣蕾在 2007 年的《留任申请》中写到，在 5 月 11 日的“汉语桥”比

① 黄芳《志愿者教师工作总结》，2010 年 6 月 1 日，第 1—3 页。

② http://lv.chineseembassy.org/chn/jylx/jyxw/t378854.htm. 2021 年 9 月 5 日上网查阅。

③ http://lv.chineseembassy.org/chn/xwdt/t559748.htm，2021 年 9 月 5 日上网查阅。

赛中，维泽梅大学首次派学生参加，共 8 名学生，年龄最大的 48 岁，最小的 20 岁，其中来自波兰的交换生瓦加达发挥出色，取得了较好的成绩。比赛后，学生们表示会更加努力地学习中文，有朝一日一定要踏上那片他们向往已久的土地，亲身感受中国文化的博大精深。[①]

2008 年第五届拉脱维亚“汉语桥”中文比赛暨第七届“汉语桥”世界大学生中文比赛 / 第一届“汉语桥”世界中学生中文比赛拉脱维亚赛区选拔赛中，维泽梅大学的太极拳表演赢得了阵阵掌声，表演者曾亲赴中国武当山学习太极拳，一招一式透着轻灵和飘逸。[②]

2009 年第六届拉脱维亚“汉语桥”中文比赛暨第八届“汉语桥”世界大学生中文比赛 / 第二届“汉语桥”世界中学生中文比赛拉脱维亚赛区选拔赛中，衣蕾担任评委，维泽梅大学 6 名学生布丽娜、刘祖恩、依尤娜、林祖恩、林安邦、方爱德参加了初级组比赛，依尤娜还演唱了《再别康桥》。

2010 年第七届拉脱维亚“汉语桥”中文比赛暨第九届“汉语桥”世界大学生中文比赛 / 第三届“汉语桥”世界中学生中文比赛拉脱维亚赛区选拔赛中，维泽梅大学依妮参加大学生初级组比赛，获得三等奖。

第四节　中文教育走进东南部

2006 年，在中国驻拉脱维亚大使馆的大力支持和协调下，道加瓦皮尔斯大学也开设中文课，开创了该校乃至该市中文教学之先河，将中文教育推广至拉脱维亚东南部地区。

一、道加瓦皮尔斯大学简介

道加瓦皮尔斯大学（Daugavpils Universitāte）位于拉脱维亚第二大

① 衣蕾《留任申请》，2007 年 6 月 8 日，第 1—3 页。

② http://www.chinaqw.com/hwjy/hjxw/200805/05/115707.shtml，2021 年 9 月 5 日 上网查阅。

城市道加瓦皮尔斯市，是拉脱维亚东部地区最大的国立大学。道加瓦皮尔斯大学的发展演变经历了四个时期。

道加瓦皮尔斯国立师范学院时期(1921—1952)。1921年11月4日，鉴于师资需求的增长，道加瓦皮尔斯师范中等学校正式成立，这是拉特加莱地区第一所四年制师范中等学校，叶亚尼斯被任命为执行校长，最初有9名教师和两个年级36名学生。1922年12月，改为四年制教师进修学院，艾任斯任校长，校址搬迁至彼得皮尔斯街(即今天的萨乌莱斯街)1/3号的专用大楼里，13名教师，三个年级67名学生，开设拉脱维亚语、德语、俄语、拉特加莱方言、自然科学、数学、历史、体育、美术、音乐和宗教(天主教和路德教)课程。1923年8月1日，改为道加瓦皮尔斯国立师范学院，学院的目标是培养新一代教师，以便奠定拉脱维亚教师培训体系基础。1923—1940年间，学院培养了505名获得教师资格证书的教师，他们可以教授小学六个年级所有科目以及职业学校的普通科目。学院在不同时期实行不同学制，1921—1923年四年制，1924—1929年五年制，1929—1940年六年制。为了给学生提供充分的实习机会、使他们胜任小学教师的职责，道加瓦皮尔斯国立师范学院在1924年开办了道加瓦皮尔斯国立小学，1928年开办了道加瓦皮尔斯第一个幼儿园。1938年学院停招，1940年7月16日关闭，学院的财产和档案移交给雷泽克内师范学院。1944年10月，在道加瓦皮尔斯国立师范学院的基础上开办两年制的国立师范学院，第一批学生于1945年2月8日在自然科学、地质、历史、语言、文学、物理、数学系学习。1944—1952年，共有1593位毕业生。[①]

道加瓦皮尔斯教育学院时期(1952—1993)。由于中等教育的普及和高等教育学历教师的需求，在20世纪50年代初，师范学院被教育学

① http://du.lv/en/about-university/history/daugavpils-state-teachers-institute-1921-1952，2021年9月5日上网查阅。

院逐渐取代。1952 年 2 月 18 日，道加瓦皮尔斯国立师范学院改为道加瓦皮尔斯教育学院。学制四年，学生在两个学院学习，即物理与数学学院、语文学院(拉脱维亚语言文学系和俄罗斯语言文学系)。教学人员的数量和质量都在提高，1952 年有教师 38 名，1956 年已达到 100 名。1954 年，增加了自然科学学院(后来的生物学院)和历史学院(1960 年关闭)两个新学院。1956 年有两件大事，一是在奥古斯塔第五街 13 号(现维叶尼巴斯街 13 号)建造新的教学大楼，二是教师教育由四年制改为五年制。道加瓦皮尔斯教育学院头五年的全职学生人数增加了 5 倍，到 1957 年已经超过 1000 人。1970 年，语文学院的音乐和声乐系发展为音乐学院。1973 年，体育中心在康达瓦斯街 1 号建成，于 1987 年成立体育学院。到 20 世纪 80 年代初，道加瓦皮尔斯教育学院有 5 个学院，即语文学院、物理与数学学院、生物与化学学院、音乐学院和体育学院。1989年，道加瓦皮尔斯教育学院在帕拉戴斯街 1 号建造了新的教学大楼。1991 年开始，社会学、哲学和经济学学院招收学生。20 世纪 90 年代初，道加瓦皮尔斯教育学院有 2500 名学生就读。①

道加瓦皮尔斯师范大学时期(1993—2001)。1993 年，鉴于道加瓦皮尔斯教育学院显著的教学和科研潜力，经教育、文化与科学部决定，授予其大学地位。1993 年 3 月 15 日，道加瓦皮尔斯师范大学教职员工和学生宪章会议通过了道加瓦皮尔斯师范大学章程，选举产生由 47 名参事员组成的参事会，并在高等学校历史上首次通过投票选举出第一任校长布鲁诺·扬森斯。学校的定位是，为各类学校培养各类学科的各类教师。设置了人文学院、物理与数学学院、生物与化学学院、音乐学院和体育学院，以及小学系和经济学与社会学系。这一年，进行了第一次博士学位论文答辩。1996 年，选举产生了新的参事会(珀亚尼斯任主

① http://du.lv/en/about-university/history/daugavpils-pedagogical-institute-1952-1993/，2021 年 9 月 5 日上网查阅。

席),学校的构架也发生了变化。设立了自然科学与数学学院、人文学院、学前教育与小学教育学院,以及经济系、音乐系、体育系。1993年,成立了自然科学研究和环境教育中心。[①]

道加瓦皮尔斯大学时期(2001年至今)。2001年10月13日,道加瓦皮尔斯师范大学改名道加瓦皮尔斯大学。2003年在校学生5470人,教职工212人,其中教授10名,副教授12名。2006年,有4名华中师范大学大二学生作为交流学生在该校学习俄语。[②] 道加瓦皮尔斯大学是拉脱维亚东部最大的教育机构,也是欧洲大学联盟成员,从欧盟建设基金中受惠,进行校园扩充和翻新。2018年3月1日,道加瓦皮尔斯医学院(成立于1945年)并入道加瓦皮尔斯大学。道加瓦皮尔斯大学在延续师范教育传统的同时,开设56个专业,主要开展生命科学、语言学、社会科学和管理等领域的研究。目前设有人文学院(含英语与翻译系、俄语与斯拉夫语系、拉脱维亚文学与文化系、拉脱维亚语系、外语系、历史系)、社会科学学院(含经济学与社会学系、社会心理学系、法律系)、自然科学与数学学院(含信息科学系、物理系、数学系、化学与地理系、解剖学与生理学系)、音乐与艺术学院(含音乐系等)、教育与管理学院(含教育与教育心理系、体育系)、立陶宛研究中心、俄罗斯语言与文化中心、口述历史中心、生态研究所、艺术研究所、系统生态研究所等。道加瓦皮尔斯大学培养了拉脱维亚福利部部长、拉脱维亚地区发展部部长、议会议员、欧洲摔跤冠军等知名校友。[③] 目前,道加瓦皮尔斯大学开设了拉脱维亚语、英语、俄语、德语、法语、瑞典语、西班牙语和汉语等多门语言课程。

---

① http://du.lv/en/about-university/history/daugavpils-pedagogical-university-1993-2001/, 2021年9月5日上网查阅。

② 道加瓦皮尔斯大学《国际汉语教师中国志愿者需求申请表》,2006年1月6日。

③ http://du.lv/en/about-university/history/daugavpils-university-2001-today/, 2021年9月5日上网查阅。

二、开设中文课程

2006年1月6日,道加瓦皮尔斯大学向中国驻拉脱维亚大使馆提交申请,希望国家汉办派遣一名国际志愿者教师,自2006年9月至2007年6月到该校任教一学年。这是该校第一次开设中文课程,作为选修课向全校学生开放,并可视情况向全社会开放。该校有意开设汉语专业,希望志愿者教师具有硕士学位。3月31日,国家汉办派遣北京师范大学研究生杜莉莉作为道加瓦皮尔斯大学志愿者教师。[①] 2007年5月25日,道加瓦皮尔斯大学提出申请,希望再次派遣一名国际志愿者教师,自2007年9月至2008年6月到该校任教一学年,教授零起点及初级汉语。国家汉办派遣南开大学研究生牛华丽作为道加瓦皮尔斯大学志愿者教师。[②]

2007年5月11日,道加瓦皮尔斯大学师生赴中国大使馆参加第四届拉脱维亚"汉语桥"中文比赛暨第六届"汉语桥"世界大学生中文比赛拉脱维亚赛区预赛。杜莉莉老师的零起点汉语教学初见成效,该校数位学生取得名次,鼓励了学生的学习积极性,吸引了更多中文爱好者,为该校未来汉语教育的发展奠定了良好的基础。[③] 2008年5月4日,牛华丽老师和中文班学生参加第五届拉脱维亚"汉语桥"中文比赛暨第七届"汉语桥"世界大学生中文比赛/第一届"汉语桥"世界中学生中文比赛拉脱维亚赛区预赛,做了关于奥运的精彩演讲,取得了较好的成绩。[④] 特别是娜塔莉做了《北京的微笑》演讲,她说微笑的背后是城市的力量,微笑让北京的天空更加灿烂,"看到微笑,我相信北京奥运会一定会取

① 国家汉办致中国驻拉脱维亚大使馆函,2006年3月31日。

② 道加瓦皮尔斯大学《国际汉语教师中国志愿者需求申请表》,2007年5月25日。

③ 道加瓦皮尔斯大学《国际汉语教师中国志愿者需求申请表》,2007年5月25日。

④ 中国驻拉脱维亚大使馆档案,2010年。

得成功”。[1]

中国驻拉脱维亚大使馆对道加瓦皮尔斯大学中文教学非常关心。2008年5月15日,张利民大使夫妇赴道加瓦皮尔斯大学访问,与校长巴舍夫基斯座谈,该校国际交流处主任、大使馆负责文化教育的外交官以及志愿者教师等参加。巴舍夫基斯校长感谢使馆对该校中文教学的大力支持,表达了与中国院校展开文化、科研等方面合作的良好愿望。张利民大使表示使馆将一如既往地支持该校与中国院校开展更广泛的合作。在巴舍夫基斯校长的陪同下,张利民大使参观了生物、激光等实验室以及比较文学研究所、口述历史中心等,与校方深入探讨了就上述领域与中方院校开展合作的可能性。张利民大使慰问了牛华丽老师,鼓励她继续为推广汉语教育事业做出努力。[2]

由于拉脱维亚政府压缩教育经费,道加瓦皮尔斯大学中文教学开设两学年后于2009年停办,拉脱维亚大学孔子学院成立后恢复了中文教学,成为孔子学院下设中文教学点。

第五节 中文专业教育进一步发展

2004—2009年,塔伊万斯任拉脱维亚大学东方学系(亚洲学系)主任。这一阶段,随着拉脱维亚加入欧盟,拉脱维亚的学制也随之改为欧盟体制,拉脱维亚大学中文教学也历经改革,汉学专业获得进一步发展。

一、院系历经调整改革

2005年,原拉脱维亚大学外国语言学院东方学系改为现代语言学

① http://www.chinaqw.com/hwjy/hjxw/200805/05/115707.shtml, 2021年9月5日上网查阅。

② http://lv.chineseembassy.org/chn/jylx/jyxw/t453457.htm, 2021年9月16日上网查阅。

院亚洲学系。根据拉脱维亚教育部要求，原来各自独立的本科汉学专业和日语专业合二为一，成为新的亚洲学专业，从而使学生数量大幅增加。同时，也增加了近东语专业（阿拉伯语、波斯语、土耳其语）。为了适应欧盟高等教育质量标准，本科学制改为三年，汉学专业改为每年招生，学习中文的学生数量比前一时期增加不少，一年级新生达到50—60人。中文和相关课程教学归入单独的专业模块，即汉学模块。硕士专业改为东方学，学制为两年。张俊玲"在拉脱维亚大学现代语言学院的亚洲系工作，该系设有汉语、日语、阿拉伯语（2005年9月开始）、土耳其语（2006年9月开始）几个专业，汉语和日语专业的学生比较多，办学时间也比较长。我来拉脱维亚大学工作的这两年，拉脱维亚大学的教学体制变化很大。拉脱维亚2004年加入欧盟，大学本科由原来的四年制改为三年制，汉学专业由隔年招生改为每年招生。"③

2010年，拉脱维亚大学现代语言学院与语文哲学学院合并，成立新的人文学院，汉学专业归属人文学院亚洲学系。由于申请学习中文的学生人数稳定增长，亚洲学系设立了单独的东亚研究中心。陆续成立了五个研究中心，即东亚研究中心、日本研究中心、东南亚研究中心、近东与北非研究中心、韩国研究中心。每个中心包括几位讲师和教授，负责授课和从事学术研究。汉学家柯世浩担任亚洲学系主任后，东亚研究中心特别活跃。人文学院配备有一个图书馆，有大量中文教材。亚洲学系有一个单独的电脑室，供亚洲学系学生使用。所有语言课在人文学院大楼上课，理论课在经济学院大楼和拉脱维亚大学主楼上课。

二、师资力量得到加强

除了留校任教的小卡（汉学专业负责人）和外聘教师李丽外，2005年德国籍汉学家柯世浩来到拉脱维亚大学汉学专业任教。他曾于

③　张俊玲《工作总结》，2007年4月24日，第2页。

1987—1995年在弗莱堡大学和柏林自由大学攻读汉学学士和硕士学位(1993年6—9月在杭州大学学习中文),1997—2000年在汉堡大学攻读汉学博士学位(博士学位论文《诗人姜夔的作品》)。2000—2005年,在慕尼黑大学汉学研究所任助理教授,主要研究领域为中国古代文学。

贝德高2004年2月26日结束了为期两年的新华社编辑工作回到拉脱维亚,继续给拉脱维亚大学汉学专业学生上课。他在日记中写道:"我已经与拉脱维亚大学东方学系达成了一项关于在校担任中文教师的协议,但距我上次教授汉语已经10年了。我走进教室上课,我们以翻译中文文章至拉脱维亚语开始,事实上,工作在进门的那一刻便开始了,当铃声响起时,我意识到我已经顺利完成了教授任务,课堂结束了。"(贝德高,2021:351)"在拉脱维亚大学,我与学习汉语的学生们一起编写测试题,翻译和分析文章。"(贝德高,2021:351—352)"我为汉语课程准备新的教案。"(贝德高,2021:352)"我为拉脱维亚大学的汉语课程准备了文章《中国之根》。"(贝德高,2021:353)"新的一天从批改学生作业开始。"(贝德高,2021:354)此外,他也继续编写《汉语拉脱维亚语大词典》,并做一些与中国有关的工作。他在日记中写到,中国驻拉脱维亚大使季雁池告诉拉脱维亚总统,贝德高教授正在编写《汉语拉脱维亚语大词典》。(贝德高,2021:336)拉脱维亚政府官方报纸《拉脱维亚杂志》负责外交政策的编辑打电话给他,请他在拉脱维亚总统访华前夕写一篇关于中国的文章。总统府邀请他担任总统与新华社社长会谈的口译工作,交通部邀请他将拉脱维亚港口和铁路服务手册翻译成中文。(贝德高,2021:351—352)此外,他向拉脱维亚大众做了题为"过去两年在中国的观察"的演讲。(贝德高,2021:354)

拉脱维亚大学中文专业几位毕业生也学业有成,从海外求学归来任教。鲍葛薇曾于1993—1997年在拉脱维亚大学汉学专业攻读学士学位(1995—1997年在台湾师范大学中国语言和文化专业学习),1997—1999年在拉脱维亚大学汉学专业攻读硕士学位,1999—2001年在慕尼黑大学进修，2001—2006年在科隆大学古代汉学系攻读博士学位（博士学位论文《大乘佛经的汉语和藏语翻译研究》），同时在波恩大学藏学研究课程班进修，2007年回到拉脱维亚大学汉学专业任教，并出任东方学（亚洲学）硕士学科点主任，主要研究领域为古代汉语、古代哲学、现当代文学、藏语与藏传佛教等。

玛伊丽娜曾于2001—2005年在拉脱维亚大学汉学专业攻读学士学位（2002—2003年在南京师范大学进修汉语一学年），2005—2007年在拉脱维亚大学汉学专业攻读硕士学位，2007—2014年任教于拉脱维亚大学汉学专业，讲授汉字、写作基础、阅读基础、翻译基础等课程。[①]

白伊丽娜曾于1999—2003年在拉脱维亚大学汉学专业攻读学士学位（2001—2002年在台湾师范大学留学），2007—2013年在拉脱维亚大学汉学专业任教。

莫丽雅于1999—2003年在拉脱维亚大学汉学专业攻读学士学位，2003—2005年在拉脱维亚大学商务管理专业攻读硕士学位，2005—2006年在台湾师范大学汉语文化研究中心进修汉语，2006—2008年在台湾铭传大学国际事务专业攻读硕士学位，2009—2017年任教于拉脱维亚大学汉学专业，主要研究领域为汉语语音，给一年级学生上语音课。她不断创新和进取，经常采用新的视听教学方法，上过她的语音课的学生，中文语调和语音都非常标准。（Agita Baltgalve，2024）

此外，有一位台湾地区的老师王珍慧。由于签证等原因，张俊玲赴任延迟，本应在2004年9月赴任，直到2005年3月才赴任。拉脱维亚大学聘请台北代表处一秘的太太王珍慧上课，她从2004年10月到2006年6月在拉脱维亚大学教汉语。张俊玲赴任后，王珍慧以志愿者身份继续义务在拉脱维亚大学教授汉语，直到2006年6月学期结束。

由于学习中文的学生剧增，拉脱维亚大学向中国大使馆和教育部申

---

① 2021年8月26日玛伊丽娜邮件访谈。感谢王琼子牵线搭桥。

请增派志愿者教师。2006 年 3 月 20 日，拉脱维亚大学向中国驻拉脱维亚大使馆提交申请，希望中国教育部、国家汉办派遣一名志愿者教师，主要教授零起点汉语，每周 12 课时。3 月 31 日，国家汉办派遣崔艳蕾作为拉脱维亚大学志愿者教师。2007 年 4 月 24 日，拉脱维亚大学申请再次派遣一名国际志愿者教师接替崔艳蕾，自 2007 年 9 月到该校任教。

这样，从 2006 年起，除了一名中国教育部公派教师，也增派一名志愿者教师。这一阶段有 5 位中国公派教师和志愿者教师相继任教，包括嘉应学院讲师张俊玲（2005 年 3 月—2007 年 4 月）、中国人民大学研究生崔艳蕾（2006 年 10 月—2007 年 4 月）、武汉大学教授王英佳（2007 年 4 月—2010 年 6 月）、南开大学研究生张红（2007 年 10 月—2009 年 7 月）、长春理工大学讲师王烨姝（2009 年 1 月—2011 年 1 月）。[①]

为了使公派教师和志愿者教师的派遣作为一个项目落实下来，2009 年 2 月 13 日，中国国家汉办与拉脱维亚大学签署了《关于派遣汉语教师和志愿者的协议》。杨建中参赞认为该协议的签署进一步充实了中拉两国政府间的文化和教育合作，也标志着国家汉办与拉脱维亚大学的合作进入了崭新的阶段，同时有利于保护拉脱维亚中文教师的自身权益。奥津什校长表示，拉脱维亚大学非常感谢中国国家汉办和大使馆对该校中文教学事业的大力支持，并相信协议的签署将会切实保障拉脱维亚大学中文教学的师资力量，促进该校的中文教学和汉学研究更上一层楼，有利于拉脱维亚培养出更多的汉语人才，切实推动和深化两国教育合作。[②]

三、中文教学蓬勃发展

张俊玲在工作总结中写到，她任教期间，汉学专业在扩招，她刚来

① 2022 年 2 月 2 日王烨姝微信谈话录。

② 《关于派遣汉语教师和志愿者的协议》，拉脱维亚大学档案室，2009 年 2 月 13 日。http://news.cctv.com/china/20090214/102427.shtml. 2021 年 9 月 16 日上网查阅。

拉脱维亚大学的时候，汉学专业是隔年招生，当时只有二年级和四年级，二年级有12名中文学生(其中3名出国留学)，四年级有10名中文学生，此外有3名研究生，在校中文学生不超过25人。2005年9月，招中文新生53人，分两个班；2006年9月招中文新生60人，分三个班；2007年4月只有两个年级(一年级和二年级)，在校学生有近80人(每年都有部分学生退出)。在她任教期间，系里的中文课程由四位老师承担，除了她本人，还有汉学专业负责人、大学正式讲师小卡，大学聘请的退休教师、讲授《翻译课》的贝德高，中国台湾老师王珍慧(2006年10月由国家汉办派遣的志愿者教师崔艳蕾接任)。张俊玲主要承担中文教学工作，每个学期的课程安排都比较满，五个学期的课程课时安排为：2005年3月3日—6月30日，大二汉语Ⅲ每周4学时，大四汉语口语每周8学时，使用教材《走进中国》(中级本)和《桥梁——实用汉语中级教程》(上)；2005年9月1日—2006年1月25日，大一(1)和大一(2)汉语Ⅰ每周各4学时共8学时，大三(2)汉语口语每周4学时，研究生汉语语法(词法)每周2学时，使用教材《新实用汉语课本》(一)、《路(上)现代千字文》和《现代汉语通论》；2006年2月1日—6月30日，大一(1)和大一(2)汉语Ⅱ每周各6学时共12学时，大三(1)汉语口语每周4学时，使用教材《新实用汉语课本》(一、二)、《路(下)现代千字文》；2006年9月1日—2007年1月25日，大二(1)和大二(2)汉语Ⅲ每周各6学时共12学时，使用教材《新实用汉语课本》(二、三)；2007年9月1日—2007年4月28日，大二(1)和大二(2)汉语Ⅳ每周各6学时共12学时，使用教材《新实用汉语课本》(三、四)；在课余时间和学生接触比较多，课外不定期辅导学生、答疑，给学生播放有关中国文化的DVD和中国电影，有时也与学生一起郊游、活动。最后，她指出了教学中的问题并给出了建议。近年来，拉脱维亚学习中文的人越来越多，但中文教师不足，很多课程开不出来，课时不能保证，基本上老师上的都是综合课，工作量很大，又没有听、说、读、写的单项训练，问题还是比较多，在管理上比较松散，建议帮助培训一批本地的中文教师。[①]

王英佳在中文教学情况和工作总结中写到，每年报名学习中文的学生很多，但由于师资力量缺乏，2007 年限 50 人，2008 年限 50 人，与日语、土耳其语和阿拉伯语专业相比仍居首位。中文课程设置为：一年级每周 8 学时，汉语综合课和翻译课；二年级每周 14 学时，综合汉语、古代汉语、翻译、中国历史等；三年级每周 12 学时，综合中文课和翻译课等。担任中文教学任务的有 6 位教师和 2 位研究生，其中 3 位拉脱维亚教师，1 位德国教师，1 位中国教师和 1 位中国志愿者教师；中国教师主要担任各年级的汉语综合课教学，工作量为每周 12—14 学时，大一有两个班(每班约 25 人)，大二有两个班(每班约 25 人)，大三有三个班(共 43 人)。[②] 三年中她教过大一、大二、大三和研究生，具体课程如下：2007 年 4—7 月，大二(1)和大二(2)汉语综合课每周各 6 学时共 12 学时；2007 年 9 月—2008 年 1 月，[③] 大三(1)和大三(2)汉语综合课每周各 4 学时共 8 学时，研一汉语实践课(听力、阅读和翻译)每周 4 学时；2008 年 2—6 月，大三(1)和大三(2)汉语综合课每周各 6 学时共 12 学时，研一汉语实践课(听力、阅读和翻译)每周 4 学时；2008 年 9 月—2009 年 1 月，大三(1)和大三(2)汉语综合课和视听课每周各 4 学时共 8 学时，研一汉语实践课(听力、阅读和翻译)和研二阅读课及翻译课每周共 6 学时；2009 年 3—6 月，大三(1)和大三(2)汉语综合课和视听课每周各 4 学时共 8 学时，研一汉语实践课(听力、阅读和翻译)和研二阅读课及翻译课每周共 6 学时；2009 年 9 月—2010 年 1 月，大三(1)和大三(2)汉语综合课和视听课每周各 4 学时共 8 学时，研一汉语实践课(听力、阅读和翻译)每周 4 学时；2010 年 2 月—2010 年 6 月，大一(1)和大一(2)口语课每周各 4 学时共 8 学时，大三(1)汉语综合课每周 4 学时，研一

① 张俊玲《工作总结》，2007 年 4 月 24 日，第 2—3 页。

② 王英佳《拉脱维亚大学汉语课程教学情况》，2008 年 12 月 4 日。

③ 2007 年 9—10 月新老师未到，代二年级汉语综合课一个月。

汉语实践课（听力、阅读和翻译）每周 2 学时；使用的教材为《新实用汉语课本》《汉语会话 301 句》以及自编教材。她在综合课的基础上，为不同的年级开设了会话课、听力课和电影课，给学生提供更多的视听说机会，营造学生说汉语的语言环境。在大三课上，把课堂讲授与课下自学结合。在研究生课上，把读、说和写结合起来，先给学生关于某一热门话题的材料，精读与泛读结合，让学生在大量的阅读中熟悉表达形式，记住生词，然后进行讨论，并能够简单地发表自己的看法，最后让学生就感兴趣的问题写作文。在教学工作之外，于 2008 年成立了"汉语角"，大家一起用汉语聊天、一起唱中文歌等。①

张红在留任申请和年终工作总结中写到，汉学专业本科三个年级 100 多名学生她都教过课，了解学生学习中文的难点，并对症下药。她第一个学期担任大二汉语综合课教学任务，除了讲授课本内容，也介绍一些中国传统文化，如戏曲、音乐、传统风俗等。之后她担任大一和大三的汉语综合课教学任务，并对教学方法做了改进，在教课本的同时也注重学生听说能力的培养。她对教学内容、课堂活动、课外活动、"汉语桥"比赛等问题也做了思考。② 她努力改变上课模式，不再让学生死记硬背、上课她说学生听，而是尽量让学生多张嘴，把课上得生动有趣。除了抓课堂质量，也鼓励、辅导、督促学生的课前和课后学习。例如，让学生写周记、上课做汇报等，学生的笔头和口头表达都有了明显进步。③

王烨姝在工作总结中写到，她教授本科一年级、二年级、三年级和研究生一年级、二年级的汉语实践课和口语课。她发现拉脱维亚本土汉语师资力量雄厚，教师自身素质高，但课程设置存在很大局限性，主要偏重于知识型和研究型，大量课程安排在汉语语法、中国历史、地理、哲学等，这些课程主要使用拉语授课，因此学生汉语语用教学迫在眉睫。

① 王英佳《国外工作总结》，2010 年 6 月 8 日，第 1—7 页。
② 张红《留任申请》，2008 年 4 月 25 日，第 1—3 页。
③ 张红《年终工作总结》，2008 年 12 月 20 日，第 3—4 页。

针对这种情况，她采取以下方法提高学生汉语实际应用能力：(1)根据教学需要，自编教材，选取实用话题，给出高频词汇，讲解常用句型，本科教材以语义场理论为基础，涉及生活的方方面面，例如《女人心，海底针》(女性生活用品类词汇)、《男人爱什么》(男性生活用品类、娱乐类以及政治经济初级词汇)、《教奶奶上网》(电脑词汇、网络词汇)、《动物园开大会》(动物名称词汇、环境类词汇)等，语言鲜活幽默，蕴含语言国情知识；研究生主要使用社会新闻原版教材，对于学生熟悉标准汉语书面语很有帮助。(2)营造实景教学环境，尽量使用直观教学法，例如讲《快乐的童年》时，组织学生一起去动物园、麦当劳，要求学生背下动物名称、快餐名称等；学习《民以食为天》时，自己动手做中餐请学生品尝并要求学生学会各种常见蔬菜、肉类、主食类、调料类词汇，简单描述一种菜肴的制作方法。(3)开展多种课外教学活动，包括义务开设中国影片赏析课，增进拉脱维亚人对当代中国、中国人和中国文化的了解；开设中国书法班和国画课堂，增加拉脱维亚人对中国文化的兴趣；组织汉语角沙龙活动，为社会各界中文爱好者提供轻松的交流平台；积极鼓励和参与汉语歌曲兴趣小组，选取类型广泛，既有典型民歌和流行歌曲，也有京剧选段等。此外，她配合使馆圆满完成2009年8月回良玉副总理访问团接待工作。①

四、各类著述纷纷面世

2008年的北京奥运会为拉脱维亚了解中国、与中国交流提供了新的契机，也为拉脱维亚汉语界提供了动力。北京奥运会前夕，拉脱维亚决定派出奥运史上最大规模的代表团参加北京奥运会，为此贝德高编写出版了《拉脱维亚语汉语会话手册》(*Latviešu-ķīniešu sarunvalodas vārdnīca*)，为拉脱维亚奥运代表团以及拉脱维亚民众学习中文、与中方

① 王烨姝《工作总结》，2010年12月20日，第1—3页。

交流提供便利和帮助。卡戴翻译出版了《中国俗语一百条》（*100 ķīniešu gudrības*），该书为中拉双语对照并注有汉语拼音，既适合一般读者也适合汉语学习者，实现了在北京奥运会前夕向拉脱维亚读者介绍中国思想和传统的目标。贝德高为该书写了序言。（安吉塔·鲍葛薇，2016）

2010 年的上海世博会，为加深中拉交流提供了又一个契机，也促生了世界上第一部汉语拉脱维亚语词典。贝德高花费 8 年心血编纂的《汉语拉脱维亚语大词典》终于面世，并在世博会上展出。贝德高与拉脱维亚总统瓦尔迪斯·扎特列尔斯、经济部长阿提斯·卡姆帕尔斯、教育部长塔季亚娜·阔凯、文化部长因茨·达尔德里斯、驻华大使乐音等一起出席上海世博会，并向民众介绍《汉语拉脱维亚语大词典》的有关情况，为增进中拉两国人民了解和友谊提供平台。[①] 王英佳也为《拉脱维亚语汉语会话手册》和《汉语拉脱维亚语大词典》的编辑出版付出了心血，她曾在工作总结中说："在三年的任教期间，正赶上本地的汉学家贝德高先生编写拉汉会话手册和汉拉大词典，为了帮助他按时完成这两本书，我牺牲了很多休息时间，这也是申请多留任一年的原因之一。我想，帮助他出书，也是为中拉友谊、为推广汉语出一份力，这是我的荣幸。"[②] 贝德高教授也多次向笔者提到，王英佳老师为大词典做出了很大的贡献，有些附录就是王英佳老师做的。

《汉语拉脱维亚语大词典》的出版得到了中国驻拉脱维亚大使馆和国家汉办的大力支持。[③] 中国外交部周宏友校对了该词典的拉脱维亚文部分。周宏友 1997 年 9 月至 1999 年 7 月在拉脱维亚大学留学，学习拉

① https://baike.baidu.com/item/%E4%B8%AD%E5%9B%BD2010%E5%B9%B4%E4%B8%8A%E6%B5%B7%E4%B8%96%E7%95%8C%E5%8D%9A%E8%A7%88%E4%BC%9A%E6%8B%89%E8%84%B1%E7%BB%B4%E4%BA%9A%E9%A6%86/15953204?fr=aladdin，2021 年 9 月 16 日上网查阅。

② 王英佳《国外工作总结》，2010 年 6 月 8 日，第 4—5 页。

③ 中国驻拉脱维亚大使馆致中国教育部函，2007 年 5 月 10 日；中国驻拉脱维亚大使馆领事部（代文化处、教育处）函，2009 年 10 月 28 日和 11 月 6 日。

脱维亚语，2001 年至 2004 年在中国驻拉脱维亚大使馆工作。周宏友详细地描写了校稿的情景："2009 年 10 月左右，商务印书馆的于立滨女士辗转联系到我。她说，拉脱维亚汉学家贝德高教授编了一本《汉语拉脱维亚语大词典》，国家汉办 / 孔子学院总部委托商务印书馆出版。听说我懂拉脱维亚语，想请我协助核稿。听说要出版《汉语拉脱维亚语大词典》，我心里很高兴。在我留学的时候，就因为没有汉语拉脱维亚语词典，自己没少吃苦头。但我一时犯了难。因为工作调整，我很长时间不同拉脱维亚打交道了。在国内用拉脱维亚语的机会不多，脱离了语言环境和实践，语言能力退步很快，学的那点儿东西基本都还给老师了。这样的任务我哪里担得起！经不住于立滨同志的反复央求，考虑自己毕竟多少学过些拉脱维亚语，要是我不帮忙，还能找谁去呢？思来想去，硬着头皮答应试试看。没想到这一答应算是跳进了'火坑'。接手任务后，于老师陆续把大词典的稿子邮件发给我。《汉语拉脱维亚语大词典》初稿密密麻麻，用 A4 纸打印，足有 1000 多页。我按字母顺序一个一个核，核好一部分就交给于老师转给贝德高教授。过程之辛苦一言难尽。一是，我在北京，贝德高教授在里加，沟通要靠于老师，她又不懂拉脱维亚语。二是稿子催得特别急。这么大的工作量，要保质保量，又要提高效率，忙得我焦头烂额。那段时间自己工作压力很重，家里刚刚添了小宝宝。平时根本没时间，只好利用午休或下班时间核稿了。多少个通宵达旦，终于核完了初稿。刚想喘口气，又得核二稿、三稿，反反复复几个来回。真想打退堂鼓了，就像于立滨老师开玩笑说的，我们是上船容易下船难。在词典交印之前，贝德高教授来到北京，就住在离商务印书馆不远的一个宾馆。贝德高教授、于立滨老师和我，一起给大词典定了稿。大词典终于交印了，我们长舒了一口气！ 2010 年 5 月，《汉语拉脱维亚语大词典》付梓出版。给大词典核稿让我对贝德高教授万分敬仰。核稿况且如此耗费心力，那么编写大词典的八年间，贝德高教授付出的辛劳可以想象。"（周宏友，2022）

《汉语拉脱维亚语大词典》是世界上唯一的汉语拉脱维亚语词典，是一部大开本、1023页的鸿幅巨著，词汇规模宏大，选词经典，覆盖面广，针对性强，非常适合对汉语有兴趣的拉脱维亚人及对拉脱维亚语有兴趣的华人学习者的学习需求。该词典除了正文(字头5600个；词目词条49,000条)之外，还附有凡例、缩写表、汉拉拼音对照表、部首检字表以及14个附录(包括《中国历史年代简表》《中国历代纪元表》《亲属关系》《中国各民族》《二十四节气》《甲子纪年》《天干地支》《中国民族乐器》《针灸穴位表》《中国各省简称》《世界各国家、地区、首都或首府及货币》《化学元素表》《汉字偏旁名称表》《参考文献》)，是一部名副其实的百宝词典，不仅成为汉语学习者和汉学家的必备工具书，而且解决了中拉人名和地名互译的问题，成为中拉人名和地名翻译的规范。正如鲍葛薇所说："用拉脱维亚语转译汉语发音的第一次尝试，是卡戴于1996年进行的。(Katajs Edgars，1996)但是，他的转译主要基于俄语汉学经验，包括甚至使用了西里尔字母中的并列。后来在2006年，史莲娜出版了专著《汉语专有名词及其拉脱维亚语翻译》，也许由于她的非拉脱维亚族出身，人们对该专著的看法褒贬不一。由于2010年贝德高教授《汉语拉脱维亚语大词典》的出版，关于音节的转译争议现在终于解决了。贝德高教授咨询了几个汉学家，在他的词典附录中增加了一个最新的、得到普遍认可的汉拉拼音对照表。"(安吉塔·鲍葛薇，2016)

拉脱维亚外交部长马里斯·列克斯廷什、中国驻拉脱维亚大使程文举和国家汉办主任许琳分别为词典写了序，盛赞该词典出版的重大意义。长期以来，拉脱维亚没有汉语拉脱维亚语或者拉脱维亚语汉语词典等方面的工具书，人们学习中文主要是通过汉英或汉俄词典，既不方便也难以做到快捷准确。《汉语拉脱维亚语大词典》的出版顺应了在拉脱维亚不断兴起的"汉语热"，填补了中拉两国文化交流与合作中的一项空白，具有重要的学术价值和历史意义。它也是中拉两国友好与合作关系稳步发展所取得的成果，是中拉友好关系不断发展的见证，是中拉两国文化交流中的一件盛事，对增进两国人民之间的理解和友谊大有裨益。(贝德高，2010)

2010年9月29日，《汉语拉脱维亚语大词典》首发式在拉脱维亚大学大礼堂隆重举行。拉脱维亚教育部长阔凯、外交部国务秘书杰克马尼斯、中国驻拉脱维亚大使胡业顺、拉脱维亚大学校长奥津什、贝德高教授分别致辞。来自拉脱维亚大学、里加斯特拉京什大学、维泽梅大学、里加文化中学、里加68中学等校师生及教育部、外交部、文化部等政府部门官员、新闻媒体、文教界代表共100余人出席。胡业顺在致辞中对贝德高教授八年如一日孜孜不倦地为编纂词典所付出的艰辛努力表示衷心的敬佩，对词典编辑和出版过程中给予大力支持和帮助的拉脱维亚大学、拉脱维亚教育部和外交部、中国教育部及外交部和国家汉办、商务印书馆等机构表示感谢，并特别赋诗一首，对贝德高教授的卓越贡献表示由衷的肯定："经冬复历夏，宵旰几废食。诠辞蹙眉长，编撰忘解衣。学界一盛举，泽被莘莘子。壮哉贝德高，学海一名师。"阔凯在致辞中充分肯定了词典的学术价值，并寄语广大学生，希望大家能够学习贝德高的钻研精神，从广博的中国传统文化中汲取孔子等先知的智慧。杰克马尼斯指出，词典对学习中文的拉脱维亚民众特别是外交官具有特别重要的意义，词典的问世是中拉两国友好合作稳步发展所取得的又一项成果，具有重要的历史意义。贝德高对为词典出版做出努力的各方表示由衷的感谢，在词典由中国商务印书馆出版后，他感到自己的心既属于拉脱维亚，也属于中国。[①]

柯世浩2001年出版译著《冬天的诗》(当代中国诗人王家新诗选)，2002年发表《以贝托尔德·布莱希特和冈特·艾希的中国古典文学模

① 中国驻拉脱维亚大使馆致国家汉办函，2010年9月29日。https://www.fmprc.gov.cn/ce/celv/chn/jylx/jyxw/t757435.htm，2021年9月18日上网查阅。http://www.hwjyw.com/info/content/2010/10/01/12014.shtml，2021年9月18日上网查阅。

式为基础的诗歌和翻译》，2003 年出版译著《月亮在时光中飞逝：3 世纪至 13 世纪中国抒情诗歌选》1—4 卷，2005 年出版《姜夔宋词作品集》，2008 年发表《北京奥运会：符号语言指南》，2010 年主编出版《翘首东望：西方的东亚文化观》，此外，2009—2011 年主持学术研究项目《中国唐代、宋代、明代男性形象的变化》。鲍葛薇早在 2000 年出版文言文译著《原道》，2002 年出版合著《世界屋脊之旅》，2007 年分别发表德文和拉脱维亚文《大乘佛教中译本的解脱概念》，2010 年发表《西方数字媒体中的藏文经典变化》。

五、交流活动日益频繁

中国大使馆非常重视中文教学，经常与拉脱维亚大学汉学专业师生交流互动，赠送教学设备，推荐汉学专业师生赴华参加培训，举办讲座和研讨会等。

（一）赠送教学资料和设备。2004 年 1 月 12 日，为加强中国与拉脱维亚在教育领域的交流与合作，支持中文教学在拉脱维亚的发展，季雁池大使代表中国教育部向拉脱维亚大学赠送一批教材和电脑、投影仪等设备。拉脱维亚大学校长拉齐斯、现代语言学院院长奥辛什、东方学系主任史莲娜、拉脱维亚外交部和教育部代表、东方学系师生以及多家媒体代表等 50 余人出席仪式。[①]

（二）举办春节招待会。2004 年 1 月 12 日、2005 年 2 月 4 日、2006 年 1 月 27 日，季雁池大使和张利民大使相继在使馆举行汉语师生新春佳节招待会。拉脱维亚大学现代语言学院院长奥辛什、副院长安克拉瓦、亚洲学系主任塔伊万斯，以及来自拉脱维亚各地的百余名汉语专业师生、中文爱好者及开设中文课的大、中学校长等出席招待会，交流学

---

① 中国驻拉脱维亚大使馆致教育部函，2004 年 1 月 13 日。http://news.sohu.com/2004/01/13/94/news218459499.shtml，2021 年 9 月 18 日上网查阅。

习心得，庆祝中国春节。出席招待会的学生表演节目、进行演讲、朗诵诗歌，欣赏宣传片《四季中国》，使馆还给来宾们赠送中国结和中国筷子等作为春节礼物。[①]

（三）举办元宵节招待会。2008年3月4日、2009年2月9日、2010年2月25日，张利民大使和程文举大使相继在使馆举办汉语师生元宵佳节招待会。拉脱维亚教育部长阔凯、拉脱维亚汉学界知名人士、有关高校校长及中国中文教师、拉脱维亚全国各地的汉语专业师生和中文爱好者及华侨华人代表数百人出席招待会。来自拉脱维亚大学、维泽梅大学、里加斯特拉京什大学和里加文化中学的同学们纷纷上台展示中文才艺，包括中国歌曲、绕口令、诗朗诵和歌舞情景剧表演等，使馆还专门设立了宣传角，为大家准备了关于中国传统文化及现代年轻人生活的书籍和音像材料。大家边品尝传统美食，边交流汉语学习体会。[②]

（四）举办学术讲座。2006年9月4日，张利民大使应邀在拉脱维亚大学现代语言学院开学典礼上做《中国传统文化及东西方文化对比》讲座，以新鲜活泼的语言、形象生动的素材，深入浅出地介绍了中国文化及东西方文化的差异，近200名师生出席。[③] 2007年3月1日，水彩画家李亚军（张利民夫人）在拉脱维亚大学现代语言学院举办讲座，讲解其不同时期创作的91幅水彩画作，画作反映了中国及世界各地的人物风情。讲座充实有趣，内容涵盖作品意蕴、创作背景、地理位置以及风土人情等各个方面，大量的作品展示和分析让学生了解了中国画家的心

---

① 中国驻拉脱维亚大使馆致教育部函，2004年1月13日。http://news.sohu.com/2004/01/13/94/news218459499.shtml，2021年9月19日上网查阅。https://www.mfa.gov.cn/chn/pds/gjhdq/gj/oz/1206_22/1206x2/t182714.htm，2021年9月19日上网查阅。https://www.fmprc.gov.cn/ce/celv/chn/jylx/jyxw/t248442.htm，2021年9月19日上网查阅。

② https://www.mfa.gov.cn/chn/pds/gjhdq/gj/oz/1206_22/1206x2/t444524.htm，2021年9月19日上网查阅。http://news.cctv.com/world/20090210/104328.shtml，2021年9月19日上网查阅。https://news.ifeng.com/world/201002/0226_16_1557120.shtml，2021年9月19日上网查阅。

③ http://lv.chineseembassy.org/chn/xwdt/t270188.htm，2021年9月19日上网查阅。

灵世界。师生们踊跃提问，与画家就中国文化、美术创作等问题进行了广泛交流与探讨。[①]

（五）举办当代中国展。2009年11月19日，中国驻拉脱维亚使馆与拉脱维亚大学联合举办的“中国万花筒——当代生活面面观”图片展在拉脱维亚大学开幕。程文举大使、奥津什校长以及师生近60人出席了开幕式。程文举表示，拉脱维亚大学是拉脱维亚久负盛名的高等学府，与中方有着良好的合作关系，自开设中文课程以来的10余年里，培养出大批既懂汉语又了解中国的优秀人才。本次展览为广大学习中文及关注中国发展的师生们提供一个了解当代中国的窗口，希望广大师生通过这些照片，了解新中国成立60年来所发生的变化，也欢迎大家有机会到中国见证这些变化。[②]

（六）参加并举办学术会议。2010年2月5日，鲍葛薇参加在圣彼得堡大学召开的第六届“亚洲哲学、宗教和文化”国际学术会议，提交论文《藏传佛教与毛泽东共产主义理论思想比较》；2月8日，鲍葛薇参加拉脱维亚大学第68届国际学术会议，提交论文《咒语——心灵的守护者》。2010年，拉脱维亚大学人文学院成立波罗的海东亚研究中心，柯世浩出任首任主任（2010—2019），鲍葛薇后来继任。2010年7月14—18日，欧洲汉学学会授权拉脱维亚大学组织第18届双年会。[③] 第18届欧洲汉学学会大会主题是“文化是一座拥挤的桥梁”，来自欧洲各国以及美国、中国和俄罗斯的250多位汉学家参加了大会。鲍葛薇提交并宣读了论文《瞬息词：藏汉佛教术语比较》。柯世浩在成功组织第18届欧洲汉学学会大会和创建波罗的海东亚研究中心方面，做出了突出贡献。

（七）赴中国进修和培训。2004年7月7日—8月18日，小卡赴北

① 中国驻拉脱维亚大使馆致教育部函，2007年3月1日；张俊玲《工作总结》，2007年4月24日，第1页。

② https://www.mfa.gov.cn/ce/celv/chn/xwdt/t628237.htm，2021年9月19日上网查阅。

③ 《拉脱维亚大学孔子学院申办材料 · 申请计划书》，2010年9月2日，第7页。

京师范大学做访问学者，参加外国教师进修团活动，包括教学和参观，进修课程包括中国概况教学、中国古代哲学思想、现代汉语词汇专题、现代汉语语音专题、汉字教学、现代汉语语法专题、会话课教学、读写课教学、听力及视听说教学、汉语作为第二语言的教学研究动态、对外中文教学法、教学观摩与讨论、汉语认知试验与教学、汉语测试问题研究、当代文学作家作品、中国风俗文化教学等。[①] 2010 年 11 月 18—24 日，小卡和鲍葛薇受孔子学院总部邀请赴华东师范大学参加汉语教材培训班[②]。2010 年 12 月 8 日，为扩大培训效果，推广优秀汉语教材的使用，加强拉脱维亚中文教师之间的中文教学交流，进一步提高教学质量，中国驻拉脱维亚大使馆与拉脱维亚大学共同牵头举办中文教师座谈会，大家围绕教材选择及使用效果、教学方法和技巧等进行了探讨和交流。这是首次中拉汉教老师教学座谈会。[③]

此外，2010 年 12 月 9 日，胡业顺大使拜会拉脱维亚新任教育部长布罗克斯，双方共同回顾了一年来两国教育合作的成果，高度评价拉脱维亚教育部长随总统访华并签署两国互认高等教育学历学位协议，双方还就在新的一年继续扩大和深化中拉教育合作进行了广泛探讨。会见后，布罗克斯部长向胡业顺大使递交了邀请袁贵仁部长访问拉脱维亚的信函。大使馆致函教育部，并转交了布罗克斯部长的邀请函。[④]

六、“汉语桥”比赛方兴未艾

国家汉办从 2002 年开始举办第一届“汉语桥”中文比赛。从 2004 年开始，中国驻拉脱维亚大使馆和拉脱维亚大学每年都主办“汉语桥”

---

① 中国驻拉脱维亚大使馆档案《2020 年中拉教育合作》(档号：7330-01-2020-C003)第 178 页。

② 同时受邀参加培训的还有里加斯特拉京什大学孔子中心中文教师白妩娜、里加文化中学中文教师周文馨和里加 68 中学中文教师初玛丽亚。

③ 中国驻拉脱维亚大使馆档案，2010 年 12 月 8 日。

④ 中国驻拉脱维亚大使馆致教育部函，2010 年 12 月 16 日。

拉脱维亚赛区比赛，拉脱维亚成为波罗的海国家中最早举办“汉语桥”比赛的国家。前两届比赛在拉脱维亚大学现代语言学院举办，第三届比赛开始在中国驻拉脱维亚大使馆举办。拉脱维亚大学汉学专业师生是“汉语桥”比赛的主力军，贝德高、史莲娜、小卡、中文教师、使馆人员等担任评委，大学组冠亚季军基本上被拉脱维亚大学汉学专业学生包揽。

（一）“汉语桥”比赛在拉脱维亚大学现代语言学院举办。2004 年 4 月 28 日，中国驻拉脱维亚大使馆和拉脱维亚大学联合举办首届拉脱维亚“汉语桥”中文比赛暨第三届“汉语桥”世界大学生中文比赛拉脱维亚赛区预赛，拉脱维亚大学现代语言学院亚洲学系汉语专业本科生和研究生共 17 人参加。比赛分初级和高级两组，初级组选手演讲了《半途而废》《朝三暮四》《狐假虎威》《刻舟求剑》《杯弓蛇影》《三人成虎》等，高级组选手演讲了《中国作家韩寒》《谐音与文化》《中国人与我不同的生活习惯》《缠足是过去》《拉脱维亚总统中国之行》等。演讲内容涵盖成语故事、中国文化、拉脱维亚总统访华、中拉生活习惯异同等方方面面，折射出拉脱维亚学生对中国文化、中西文化差异、中拉两国关系等的思考和理解。拉脱维亚大学高度重视此次比赛，并派一等奖获得者列娜特赴华参加第三届“汉语桥”世界大学生中文比赛决赛。季雁池大使观摩比赛并向获奖者颁发证书和奖品。为表彰史莲娜教授和卡戴教授为中文教学事业在拉脱维亚的发展和中国文化在拉脱维亚的传播做出的杰出贡献，使馆向他们各赠送电视机一台，季雁池大使还给他们颁发了亲笔签名的“中国文化使者”和“中国语言和文化传播”贡献奖。奥辛什院长对中国教育部和大使馆给予拉脱维亚大学汉语教育事业的长期支持表示衷心感谢。[1]

2005 年 5 月 27 日，中国驻拉脱维亚大使馆和拉脱维亚大学联合举

① 中国驻拉脱维亚大使馆致教育部函，2004 年 4 月 28 日。

办第二届拉脱维亚“汉语桥”中文比赛暨第四届“汉语桥”世界大学生中文比赛拉脱维亚赛区预赛。比赛主题是“山川秀丽的中国”，现代语言学院亚洲学系汉语专业二年级和四年级9名学生参加，拉脱维亚国家电视一台等媒体对比赛进行了报道。亚洲学系精心组织，事先向参赛选手散发问答题集，抽签产生出场次序和答题顺序。选手们或以亲身经历讲述身边发生的故事，或描绘从阅读中得来的中国印象，表达赴华深造的热切愿望，选手们还在赛后表演自弹自唱的中文歌曲。李文信参赞和奥辛什院长观看比赛，为参赛选手颁奖。此次比赛的主要组织者小卡表示，由于拉脱维亚加入欧盟后想学汉语的人越来越多，学校决定从2005年9月起，将汉学专业从隔年招生改为每年招生，相信参加“汉语桥”比赛的选手也会越来越多，希望比赛能在拉脱维亚学生学习中文过程中发挥桥梁作用。[①]

（二）“汉语桥”比赛在中国驻拉脱维亚大使馆举办。2006年4月21日，第三届拉脱维亚“汉语桥”中文比赛暨第五届“汉语桥”世界大学生中文比赛拉脱维亚赛区预赛在中国驻拉脱维亚大使馆举行。为整合拉脱维亚各个中文教学点资源，避免因其人员更替或意见分歧影响比赛，自2006年开始由使馆牵头，拉脱维亚大学现代语言学院和里加斯特拉京什大学孔子中心两家主要汉教点参与，组成比赛筹备小组，制定比较全面的比赛规则和报名办法，使比赛机制化和正规化。比赛还首次面向拉脱维亚全社会报名，参赛人数创历届新高。此外，比赛首次在使馆举办，有效提升了教育、文化及新闻界的关注程度。比赛主题是“多民族的中国”，来自拉脱维亚各地的近40名汉语专业学生和中文爱好者参加了比赛。预赛由张俊玲、史莲娜和小卡担任评委，决赛由郝欣筠、张俊玲、史莲娜、小卡和贝德高担任评委。比赛分为初级和中级两个组别，初级组比赛内容为汉语演讲，中级组则包括抽签回答关于中国的基

① 中国驻拉脱维亚大使馆致教育部函，2005年5月27日。

本知识和演讲两部分，大部分参赛者还准备了唱歌、话剧等才艺表演。来自拉脱维亚大学的三年级学生谢安娜脱颖而出，荣获第一名，代表拉脱维亚参加在北京举行的第五届“汉语桥”世界大学生中文比赛。[①]

2007年5月11日，第四届拉脱维亚“汉语桥”中文比赛暨第六届“汉语桥”世界大学生中文比赛拉脱维亚赛区预赛在中国驻拉脱维亚大使馆举行。参赛选手主要来自拉脱维亚大学、里加斯特拉京什大学、维泽梅大学、道加瓦皮尔斯大学四所高等院校以及里加文化中学，另有少数业余学习的中文爱好者参与。比赛主题是“迎奥运的中国”，共有来自拉脱维亚各地的近60名选手参加了初级和中级两个组别的比赛。比赛包括自选题目汉语讲演、抽签回答有关中国的基本知识和才艺表演等。大学生们还自弹自唱了原创的中文歌曲，表演了舞蹈、合唱、独唱等节目。张利民大使全程观看比赛，为获奖选手颁奖。最后，来自拉脱维亚大学的二年级学生安泽脱颖而出，荣获中级组一等奖，卡琳娜和古爱柳荣获中级组二等奖。[②] 安泽代表拉脱维亚参加在中国长春举行的第六届“汉语桥”世界大学生中文比赛，荣获全球二等奖，2007年8月《中国日报》对赴华参赛的安泽做了报道。[③]

2008年5月4日，第五届拉脱维亚“汉语桥”中文比赛暨第七届“汉语桥”世界大学生中文比赛/第一届“汉语桥”世界中学生中文比赛拉脱维亚赛区选拔赛在中国驻拉脱维亚大使馆举行。比赛主题为“激情奥运，快乐汉语”，约40人参加比赛。本次比赛分初级组和中级组进行，选手们在主题演讲、知识问答、才艺展示三个环节展开了激烈角逐。来

① 中国驻拉脱维亚大使馆致教育部函，2006年11月29日。http://www.gov.cn/govweb/gzdt/2006-04/24/content_262527.htm，2021年9月20日上网查阅。

② 中国驻拉脱维亚大使馆致教育部函，2007年5月15日。https://www.fmprc.gov.cn/ce/celv/chn/xwdt/t318230.htm，2021年9月20日上网查阅。

③ http://www.chinadaily.com.cn/hqzg/2007-08/06/content_6013095.htm，2021年9月20日上网查阅。

自拉脱维亚大学二年级的莎比娜获得中级组一等奖，她的名为《北京奥运会和环境保护》的主题演讲，对北京奥运会的“绿色奥运”理念做了很好的诠释。拉脱维亚大学的初玛丽亚及果玛丽亚荣获二等奖，她们也有机会参加在中国长沙举办的“汉语桥”。初玛丽亚朗诵了中国唐代诗人李白的诗《独坐敬亭山》，并现场将诗意幻画出一幅美丽的油画。[①] 张利民大使发表讲话，杨建中参赞为各位获奖选手颁奖。

2009 年 5 月 8 日，第六届拉脱维亚“汉语桥”中文比赛暨第八届“汉语桥”世界大学生中文比赛 / 第二届“汉语桥”世界中学生中文比赛拉脱维亚赛区选拔赛在中国驻拉脱维亚大使馆举行。程文举大使、拉脱维亚外交部主管司官员、有关院校领导、师生代表、拉脱维亚中文教师代表等共 80 余人出席。贝德高、史莲娜、小卡、王英佳、王烨姝、周文馨、衣蕾、张红担任评委。比赛主题是“快乐汉语，成就希望”，比赛分为初、中、高三个组别，共有 39 名选手参赛，其中初级组 24 名，中级组 10 名，高级组 5 名。同学们自编自演小品、相声、双簧和小合唱穿插其中。最后拉脱维亚大学中文专业大三学生丹雅娜荣获高级组一等奖。[②]

2010 年 5 月 11 日，第七届拉脱维亚“汉语桥”中文比赛暨第九届“汉语桥”世界大学生中文比赛 / 第三届“汉语桥”世界中学生中文比赛拉脱维亚赛区选拔赛在中国驻拉脱维亚大使馆举行。比赛主题为“魅力汉语，精彩世博”，100 余人参加并观摩比赛。选手们展示了武术、独唱、合唱、器乐演奏、猜谜、剪纸、木偶表演、小品、相声等丰富多彩的才艺表演。最后，来自拉脱维亚大学的倪安娜获得了高级组一等奖，代表拉脱维亚参加在中国长沙举办的“汉语桥”大赛决赛。同样来自拉脱维亚大学的甜甜获得了中级组一等奖，并夺得全场最高分，赴华参加“汉语

---

① http://www.chinaqw.com/hwjy/hjxw/200805/05/115707.shtml，2021 年 9 月 20 日上网查阅。

② https://www.mfa.gov.cn/ce/celv/chn/jylx/jyxw/t561626.htm，2021 年 9 月 20 日上网查阅。

桥”比赛观摩夏令营。[①] 拉脱维亚大学汉学专业参赛选手获奖情况如下：倪安娜和南茜分获高级组一等奖和二等奖，奈伊琳娜和詹娜获高级组三等奖；甜甜和葛思语分获中级组一等奖和二等奖，艾晓奇、安然、黎黎获中级组三等奖；拉叶莲娜、艾思洁、普安娜分获初级组一等奖、二等奖和三等奖。

（三）公派教师积极参与“汉语桥”比赛，负责相关事务。王珊老师参与了2004年第三届“汉语桥”世界大学生中文比赛拉脱维亚预赛区的筹备、实施及后续事务。[②] 张俊玲老师组织并参与了2005年、2006年、2007年三届“汉语桥”比赛工作，积极宣传，组织学生报名，帮助学生选题、定题，提高汉语演讲技能，并协助使馆做好报名、出题、评分、颁奖等相关工作。[③] 王英佳协助使馆组织比赛，先后共辅导了四届赴中国参加比赛的学生。[④] 王烨姝参加了拉脱维亚赛区“汉语桥”比赛的命题和筹备工作，2009年负责高级组自由问答题的命题，2010年独自承担初级组、中级组和高级组全部题目的命题工作。其所教授的2008级学生在拉脱维亚赛区“汉语桥”比赛中包揽了初级组（2009年）和中级组（2010年）一等奖、二等奖和三等奖。[⑤]

七、奖学金赴华留学

中国驻拉脱维亚大使馆档案资料显示，1995—2011年，中国在奖学金项下共接收了87名拉脱维亚留学生。2010年全年在华学习的拉脱维亚学生总数为41名，其中奖学金生16名，自费生25名。[⑥]

---

① 中国驻拉脱维亚大使馆致教育部函，2010年5月11日。http://bridge.chinese.cn/article/2010-05/13/content_131920.htm，2021年9月22日上网查阅。

② 王珊《国外工作年度总结》，2004年7月，第1页。

③ 张俊玲《工作总结》，2007年4月24日，第3页。

④ 王英佳《国外工作总结》，2010年6月8日，第4—5页。

⑤ 王烨姝《工作总结》，2010年12月20日，第2页。

⑥ 中国驻拉脱维亚大使馆致教育部函，2011年11月19日。

拉脱维亚大学汉学专业学生是申请奖学金赴华留学的主力军。2004—2010年,国别奖学金、单方奖学金、孔子学院奖学金等的获得者,绝大部分是拉脱维亚大学汉学专业学生,也有个别非汉学专业和其他学校或部门人士。

2004年,布伊尔泽和罗拉伍赴南京师范大学留学一年学习现代汉语,阿娜西赴复旦大学留学一年学习现代汉语,白妩娜赴北京语言大学留学一年学习现代汉语,谢安娜赴台湾师范大学留学一年学习现代汉语,列娜特赴华参加"汉语桥"比赛。2005年,蜜白芭赴南京师范大学留学一年学习现代汉语,霍玛丽亚赴复旦大学留学一年学习现代汉语,薇拉和史劳拉赴北京师范大学留学一年学习现代汉语,戴卡佳赴吉林大学留学一年学习现代汉语,莫丽雅赴台湾师范大学留学一年学习现代汉语,霍叶莲娜赴四川外国语学院留学并参加"汉语桥"比赛,郭索菲亚("汉语桥"比赛获奖选手)赴北京语言大学进修汉语。此外,梦竹自费赴四川大学留学。

为落实2005年11月28日温家宝总理在联合国教科文组织第五届全民教育高层会议上的讲话精神,"从2006年起,我们将把中国政府奖学金名额增至每年1万人次",根据中国对外合作与交流的需要,特别是教育领域合作的需要,2006—2007学年向拉脱维亚增加3个中国政府单方全额奖学金名额,新增名额向进修生和研究生倾斜。[①] 拉脱维亚大学哲学系一年级学生鲁道夫斯·维特拉、维泽梅大学一年级学生库埃德加和拉脱维亚投资发展署驻华商务代表科尔斯获此奖学金,分别赴浙江大学中国哲学专业、东华大学公共关系专业和清华大学国际贸易专业学习或读博。2006年,拉脱维亚教育部也推荐了5人申请政府奖学金赴华留学,推荐人选背景与往年相比较更为多样化,专业涉及汉学、语言、法律、艺术、政治多个学科,有利于扩大政府奖学金的影响。阳康龙

① 中国教育部国际交流与合作司函,2006年2月8日。

和杨桑塔赴华中师范大学留学一年分别学习中国古代文学和现代汉语，明亥和金茨赴武汉理工大学留学二年攻读MBA硕士学位，诺亚历山大（外交部三秘）赴北京语言大学留学一年学习现代汉语，共四男一女。[①]此外，阿娜西开始了在复旦大学法学院攻读学士学位和硕士学位的八年求学历程。布劳拉在天津师范大学留学一年学习现代汉语。

2007年，卡琳娜赴上海外国语大学留学一年学习现代汉语，兹桑塔赴南京大学留学一年学习现代汉语，韦小洁赴安徽大学留学一年学习现代汉语，玛奥尔佳赴北京师范大学留学三年攻读中国古代史博士学位，莱耶娃赴中山大学留学一年学习现代汉语，斯阿蒙兹赴东华大学留学一年学习现代汉语，安杰斯赴复旦大学留学一年学习中国政治与外交。此外，苏安娜赴浙江大学留学一年学习现代汉语，薇拉赴北京师范大学留学三个月学习现代汉语，古爱柳赴北京语言大学留学一个月学习现代汉语。2008年，安泽赴东北师范大学留学一年学习现代汉语，阳康龙赴中山大学留学一年学习中国古代史，大山赴南开大学留学三年攻读对外汉语硕士学位，果玛丽亚赴北京语言大学留学一个月学习现代汉语，扎内赴南京师范大学留学一个月学习现代汉语。2009年，安泽赴东北师范大学留学三年攻读对外汉语硕士学位，莎比娜赴东北师范大学留学一年学习现代汉语，潘亚力赴辽宁师范大学留学一年学习现代汉语，白妩娜赴北京语言大学留学一年学习现代汉语。此外，皮理查德赴北京语言大学学习一年汉语，然后赴对外经贸大学留学四年攻读国际经贸专业学士学位，爱娃赴吉林大学留学二年攻读国际关系硕士学位。

2010年，小云赴东华大学留学一年学习现代汉语，梦竹赴北京科技大学留学二年攻读国际贸易硕士学位，阳康龙赴云南大学留学一年学习中国古代文学，玛奥尔佳赴北京师范大学留学一年继续攻读中国古代史

① 据笔者对阳康龙微信访谈，金茨因故放弃了去武汉理工大学留学。2022年1月9日访谈录。

博士学位，谢安娜赴北京师范大学留学半年学习现代汉语，艾晓奇赴东北师范大学留学一年学习现代汉语，奥莉亚赴天津师范大学留学一年学习现代汉语，奈伊琳娜赴山东师范大学留学一年学习现代汉语，莉娃赴北京语言大学留学一年学习现代汉语，帕伊丽娜和帕谢尔盖赴西安外国语大学留学一年学习现代汉语，倪安娜和詹娜赴杭州师范大学留学一年学习现代汉语，南茜赴南京师范大学留学一年学习现代汉语，潘亚力赴辽宁师范大学留学三年攻读硕士学位，普艾雅赴北京体育大学留学一年学习现代汉语，娜达莉亚赴中国美术学院留学一年学习现代汉语，魏罗曼斯赴首都经贸大学留学一年学习现代汉语，任纳斯赴云南财经大学留学四年攻读硕士学位。

八、孔子学院申报

2007年11月22日，拉脱维亚大学现代语言学院院长奥辛什博士致函中国驻拉脱维亚大使馆，向国家汉办提出申请，增派公派中文教师，并设立孔子学院。[①] 2008年6月26日，拉脱维亚大学校长奥津什向使馆提交《申报孔子学院意向书》，使馆转交国家汉办。拉脱维亚大学为拉脱维亚国立综合性大学，系科完善，学科达150个。当时，拉脱维亚大学现代语言学院设有亚洲学系，现有公派中文教师1名，志愿者中文教师1名，拉脱维亚大学自聘外籍中文教师3名。[②]

2010年2月25日，程文举大使会见拉脱维亚教育部长阔凯，李碧建参赞、高等教育司司长列瓦尔德、欧洲司副司长凯特瓦列在座，双方就新的一年里如何进一步加强教育合作问题交换意见。双方探讨了在拉脱维亚创办孔子学院的可行性。为了进一步提高中文教学水平，培养出更多高水平的通晓汉语的人才，中方拟在拉脱维亚开办孔子学院。此

① 拉脱维亚大学现代语言学院致中国驻拉脱维亚大使馆函，2007年11月22日。

② 中国驻拉脱维亚大使馆致国家汉办函《转交拉脱维亚大学校长关于申办孔子学院意向书事》，2008年6月26日。

外，还就中拉两国政府签署互认学历协议、拉脱维亚高等教育访华团等事宜进行了商谈。[①] 2010年8月26日，拉脱维亚大学汉学专业负责人小卡致函大使馆，他已经起草了孔子学院申请计划书，发给了拉脱维亚大学外事处审核，并请校长写意愿函。新学期招收了2个班的中文新生，共45人。他希望在新学期开学前拜会大使，讨论中文教学发展事宜，并提议大使访问拉脱维亚大学，与新上任的人文学院奥斯马·西姆迪娜院长和亚洲学系柯世浩主任见面。柯世浩在孔子学院创建方面贡献突出，包括主张贝德高为孔子学院拉方院长候选人、坚持孔子学院不隶属人文学院或亚洲学系而是直属学校、出任孔子学院理事会理事。[②]

2010年9月2日，拉脱维亚大学正式提交孔子学院申报材料。奥津什校长在致大使馆和孔子学院总部/国家汉办的信中说，拉脱维亚大学具有20年教授中文和中国相关课程的经历，近年来愿意学习中文和主修汉学专业的学生数量稳定增长。人文学院亚洲学系学习中文的学生总数达到了130人，超过了学习德语和法语等语言的学生。这是拉脱维亚大学中文教学重要性和拉脱维亚社会对中国普遍感兴趣的体现。为了满足日益增长的中文学习需求，拉脱维亚大学申请建立孔子学院。注册学习汉学专业的学生人数、行政管理人员以及财政资金都符合建立孔子学院的标准。申请计划书包括国家概述、城市概述、大学概述、院系概述、孔子学院筹备、孔子学院地位、中国合作院校选择七个部分。拉脱维亚大学将为孔子学院提供固定的办公场所，配备办公室和教学设施等教学及其他活动场地，孔子学院院长和秘书办公室位于大学行政办公主楼，中文教学设施位于大学主楼和人文学院大楼。拉脱维亚大学也将配备必要的行政人员（全职或兼职）并为其提供相应的工资，也将为中国老师提供必要的工作设施和生活便利。拉脱维亚大学也将提供年度资金，

① 中国驻拉脱维亚大使馆档案，2010年2月25日。

② 2022年4月5日柯世浩邮件采访。

根据孔子学院协议和章程规定，数额不低于孔子学院总部提供的数额。拉脱维亚大学意将孔子学院设立为大学直接管理的独立机构，大学提供的资金将从大学总预算中拨付，并将由大学财务处根据拉脱维亚法律管理使用。2010年10月22日，孔子学院总部/国家汉办回复，推荐郑州大学作为拉脱维亚大学孔子学院中方合作院校。

2010年12月16日，胡业顺大使会见拉脱维亚新任教育部长布罗克斯，感谢拉脱维亚教育部对在拉脱维亚开展中文教育的一贯支持，期待在布罗克斯任内双方共同努力，以建立孔子学院为契机，推动双边教育合作取得更大进展。会见后，布罗克斯部长向胡业顺递交了邀请中国教育部长袁贵仁访问拉脱维亚的信函。随后，拉脱维亚大学孔子学院正式诞生，拉脱维亚中文教育进入了一个新的阶段。

下篇

中文教育的推广和普及（2011—2022）

2011 年 11 月，拉脱维亚大学孔子学院成立，拉脱维亚中文教育有了一个新的平台。随着拉脱维亚大学孔子学院的诞生，拉脱维亚中文教育进一步推广和普及，孔子学院成为中文教育的生力军，下设孔子课堂和教学点在全国各地大中小学纷纷建立，拉脱维亚中文教育逐步遍及全国，涵盖大学、中学和小学各个层次，形成全国性的互联互通的中文教育局面。拉脱维亚中文教学跃上了一个新台阶，不论是在广度和深度上还是在量和质上都取得了巨大进步和提升。

第五章　孔子学院异军突起

拉脱维亚大学孔子学院由拉脱维亚大学和华南师范大学合作共建，是拉脱维亚大学直属二级学院（中心）。孔子学院成为拉脱维亚中文教育的重要平台，成为中文教学和中国文化传播的生力军。

第一节　孔子学院建构

拉脱维亚大学孔子学院诞生于2011年11月4日，逐步建立了健全的规章制度，与中拉各方密切合作，发展运作顺利。孔子学院成立至今，如期召开理事会，商讨重大决策，并积极参加全球孔子学院大会和欧洲孔子学院片会，互相交流学习，共谋发展。孔子学院下设教学点、合作教学点和协管教学点一度达到20多个，公派教师和志愿者教师逾百人。

一、孔子学院诞生

2011年3月23日，广东省教育厅致函孔子学院总部/国家汉办，华南师范大学与拉脱维亚大学经磋商研究，同意共建孔子学院。随后孔子学院总部/国家汉办与拉脱维亚大学签订关于建立拉脱维亚大学孔子学院的协议。11月3日，华南师范大学代表团抵达里加。11月4日，在孔子学院总部/国家汉办、中国大使馆以及拉脱维亚大学和华南师范大学的共同努力下，拉脱维亚大学孔子学院正式诞生。拉脱维亚教育部、外交部、中国驻拉脱维亚大使馆、拉脱维亚大学、华南师范大学、里加斯特拉京什大学、维泽梅大学、里加文化中学、里加34中学、里加68中学、里加武术学校、中文爱好者、拉脱维亚新闻媒体、新华社、中资机构、华人华侨代表百余人，汇聚拉脱维亚大学主楼二楼参事厅，出席孔子学院揭牌仪式，拉脱维亚大学汉学专业教师莫丽雅主持。国家汉办主任许琳发来贺信，拉脱维亚教育部长罗伯茨・吉利斯、外交部双边关系总司长亚尼斯・马瑞克斯、拉脱维亚大学奥津什校长、中国驻拉脱维亚大使馆胡业顺大使、华南师范大学郭杰副校长、孔子学院贝德高院长分别致辞，盛赞孔子学院的建立是拉脱维亚教育史上的一件大事，反映了中国文化对世界特别是对拉脱维亚的巨大影响，相信孔子学院的成立将进一步促进两国在教育、文化乃至其他领域的交流与合作。奥津什和郭杰签署孔子学院执行协议，胡业顺和奥津什为孔子学院揭牌。胡业顺还为孔子学院赠送书法题词“学而不厌，诲人不倦”。

孔子学院建立了健全而完善的人事、财务、教学、资产和档案等管理制度，包括孔子学院理事会主要职责、拉方院长岗位职责、中方院长岗位职责、行政秘书岗位职责、任课教师岗位职责、办公室工作守则、财务管理制度、财产和物资管理规定、图书资料管理规定等。理事会负责重大决策，由理事会主席和成员构成。日常管理机构由专职中拉方院长和专职秘书三人组成，在同一办公室上班，密切配合，分工合作，各司其职，按章办事，保证学院的日常运行和健康发展。制定严格规范的财务管理制度，中拉双方院长按照理事会年度工作决议编制预算，资金汇入大学银行账户，计入孔子学院账目，由拉方院长和主管副校长审批签字后使用，大学财务保留票据原件，孔子学院保留复印件，接受大学校内审计，财务严格按照预算执行，做到财务透明，笔笔有据。制定严格规范的教务管理制度，按照课程、教学教务活动与文化活动工作进行合理分配，以相关条例与行政跟进落到实处，并制定详尽的条例，包括年度总体工作量表、教学教务活动工作量表、教学教务工作指南、文化活动工作量表、考试管理规定等，每年根据实际情况进行调整。制定严格规范的资产管理制度，包括财产和物资管理规定、图书资料管理规定等；固定资产均登记在册并由大学和学院统一编号和管理；在学校图书馆设立孔子学院图书角，图书管理实现网络化、信息化，纳入学校图书馆统一编码借阅管理系统，学生凭借书卡借阅，以确保图书归还与流通。孔子学院办公室设有3个档案柜，30多个档案袋，分门别类，井然有序；孔子学院人员各司其职，按章办事，规范管理。①

孔子学院揭牌建立后，贝德高院长正式走马上任。他在最初6个月时间里单枪匹马、不取分文，不仅筹划孔子学院本部的中文教学事宜，而且奔赴外地商谈开设中文教学点事宜。② 2012年5月中方院长黄明喜赴任，9月专职秘书玛丽娅和第一任志愿者教师罗毅到任，孔子学院本部中文班正式开课。

二、孔子学院理事会

拉脱维亚大学孔子学院最高决策机构是理事会，由拉脱维亚大学和华南师范大学相关主管副校长任理事长，孔子学院中拉双方院长和两校外事部门主管及相关专家任理事。孔子学院一切重大事务由理事会协商决定，定期在拉脱维亚大学和华南师范大学轮流召开，或者在双方商定的其他地点或线上召开。孔子学院理事会重大决策以及孔子学院日常事务由中拉双方院长和专职秘书具体负责执行，分工协作。

孔子学院历任拉方理事长有奥津什(2011年11月—2012年11月)、康格罗(2012年12月—2015年8月)、伊克思顿斯(2015年9月—2019年8月)和德鲁维叶戴(2019年9月至今)，中方理事长有郭杰(2011年11月—2015年8月)、吴坚(2015年8月—2021年1月)和杨中民(2021年1月至今)；历任拉方理事有贝德高、葛阿丽娜、柯世浩、鲍葛薇，中方理事有黄明喜、尚劝余、戴黍、谭伟红、李盛兵、秦洪雷。迄今为止，

① 《拉脱维亚大学孔子学院规章制度》，2012年制定，2016年修订。

② 2022年3月15日贝德高教授访谈录。

孔子学院理事会召开了10余次会议。除了历任理事长和理事，刘鸣、黄晓波、黄兆团、胡劲松、左鹏军、谷红丽、刘剑文、刘凌、华维勇、骆立骞、王伟民、叶晓霓等也出席过理事会会议。

三、孔子学院运作

孔子学院日常运作、孔子学院本部及教学点活动开展等，均在孔子学院总部/国家汉办、华南师范大学和拉脱维亚大学的指导下，由两位院长和秘书以及公派教师及志愿者分工合作、落实完成。孔子学院历任院长和秘书如下：拉方院长贝德高（2011年11月至今），中方院长黄明喜（2012年5月—2014年6月）、尚劝余（2014年6月—2023年9月），秘书玛丽娅（2012年9月—2014年7月，2020年3月—2022年1月）、柯劳拉（2014年7月—2018年11月）、白丽娜（2018年11月—2020年3月）、高安娜（2022年1月至今）。

拉脱维亚大学孔子学院作为拉脱维亚唯一一所孔子学院，除了负责孔子学院本部日常中文教学活动之外，也肩负着在拉脱维亚全国开办中文教学点、负责各教学点中文教学和文化活动的重任。迄今为止，拉脱维亚大学孔子学院开设了孔子学院本部教学点（拉脱维亚大学学术图书馆）、里加文化中学孔子课堂、道加瓦皮尔斯大学孔子课堂、雷泽克内大学孔子课堂、里加34中学孔子课堂、里加工业大学孔子课堂、交通与电信大学教学点、拉脱维亚农业大学（拉脱维亚生命科学与技术大学）教学点、叶尔加瓦斯比杜拉中学教学点、拉脱维亚文化学院教学点、蒙特梭利探索小学教学点、文茨皮尔斯大学（文茨皮尔斯应用科学技术大学）教学点、利耶帕亚大学教学点、克拉斯拉瓦中学教学点、叶卡布皮尔斯中学教学点、新马露白小学教学点、里加道加瓦河口中学教学点、里加64中学教学点。此外，孔子学院与拉脱维亚大学人文学院（亚洲学系汉学专业）密切合作，打造汉语人才基地。人文学院中国公派教师（王琼子、白冰玉）兼任孔子学院院长助理，负责志愿者教师管理以及孔子学院重大活动组织策划任务。同时，孔子学院也协助中国驻拉脱维亚大使馆管理维泽梅大学（维泽梅应用科技大学）教学点、斯米尔提恩中学教学点和拉脱维亚武术协会（里加武术功夫体育学校）教学点的教师和活动（教师申请、日常教学和文化活动等）。孔子学院不仅成为拉脱维亚中文教学的重要平台和传播中国文化的桥头堡，而且成为中拉两国友好交流的桥梁和民间交往及民心相通的重要纽带。

孔子学院的运作，离不开中拉各方的大力支持。孔子学院与中方工作联系最多的是孔子学院总部 / 国家汉办和华南师范大学。孔子学院也与中国驻拉脱维亚大使馆保持密切联系，一起举办活动，参与一些重大接待工作。拉脱维亚大学校方为孔子学院提供办公室、图书室、教室等教学办公场地。孔子学院和拉脱维亚大学校长、副校长以及外事处、财务处、法律处、人事处、出版社、图书馆等联系紧密。孔子学院也与拉脱维亚外交部、教育部、文化部等部门保持着密切联系，与外交部一起组织活动。孔子学院的工作受到了当地政府的赞誉和表彰，拉脱维亚外交部对孔子学院在推动拉脱维亚中文教学和中拉政治、经济、教育、文化交流方面做出的贡献表示嘉奖，拉脱维亚外交部、教育部和文化部给拉方院长贝德高和中方院长尚劝余颁发奖状，表示感谢和表彰。① 作为拉脱维亚大学直属二级学院，孔子学院的教职员工也积极融入拉脱维亚大学教职员工大家庭。2018 年 6 月 8 日和 2019 年 6 月 7 日，孔子学院组织代表队，参加拉脱维亚大学教职工趣味运动会，增进孔子学院内部凝聚力以及与其他学院及部门的友好联系。

拉脱维亚大学孔子学院也积极参加一年一度的全球孔子学院大会。第一届至第八届全球孔子学院大会在北京召开，之后轮流在中国不同城市召开（厦门、上海、昆明、西安、成都、长沙）。2018 年及之前叫全球

---

① A Special Contribution Award from Lativan Government is granted to Diretors of Confucius Institute at University of Latvia (Peteris Pildegovics and Shang Quanyu), 11/25/2018 -10:26。http://www.ci.lu.lv/?p=3362，2021 年 10 月 30 日上网查阅。

孔子学院大会，2019—2022 年改为国际中文教育大会。2020—2022 年，由于疫情原因，国际中文教育大会改为线上举行。贝德高院长荣获"全球孔子学院先进个人"奖，并受邀在论坛上做《汉拉拉汉词典编撰经验分享》和《拉脱维亚大学开展中文教育的实践与经验》分享。拉脱维亚大学孔子学院也积极参加一年一度的欧洲孔子学院联席会议，最初几年参加波罗的海-北欧孔子学院联席会议，后来参加中东欧孔子学院联席会议，再后来参加欧洲孔子学院主题联席会议。贝德高做《关于孔子学院与本土中文教师加强密切合作》《孔子学院对大学、当地社会、经济和文化的贡献》《拉脱维亚大学孔子学院本土教师与汉学人才培养问题》《拉脱维亚大学孔子学院近年的成功经验及主要困难》等报告；尚劝余做《拉脱维亚大学孔子学院现状和特色项目》《拉脱维亚大学孔子学院特色发展问题》《拉脱维亚大学孔子学院特色与创新发展及预科和企业实习问题》等报告。2020—2022 年，由于疫情，欧洲孔子学院联席会议改为线上欧洲孔子学院合作论坛。

四、孔子学院转制

2004—2019 年全球孔子学院品牌由孔子学院总部 / 国家汉办统一营运，2019 年以后逐步转制，2020 年完成转制，孔子学院总部 / 国家汉办注销，孔子学院品牌由非政府组织国际中文教育基金会负责运营，孔子学院中方院长和志愿者教师由各中方合作院校及教育部中外语言交流合作中心选拔外派和管理。

孔子学院协议为期五年，到期后根据双方意愿，协商延长协议或者解除协议。迄今为止，拉脱维亚大学孔子学院协议延长两次。拉脱维亚大学校长穆伊日涅克斯于 2015 年 11 月 16 日和 2016 年 1 月 18 日分别致函华南师范大学和孔子学院总部 / 国家汉办，高度肯定双方的合作和孔子学院在中文教学及中拉友好方面的贡献，同意《关于合作设立拉脱维亚大学孔子学院的协议》延长五年。拉脱维亚大学孔子学院协议第二次延长是在新的国际中文教育体系构建和孔子学院转制背景下进行的。作为构建新的国际中文教育体系的重要举措，2020 年国际中文教育管理体制进行了重大改革。6 月 16 日，经中国民政部批准，中国国际中文教育基金会正式成立，负责全球孔子学院品牌的运营；① 7 月 6 日，经中国教育部批准，成立教育部中外语言交流合作中心，② 原孔子学院总部和国家汉办两个机构名称不再使用。中国国际中文教育基金会和教育部中外语言交流合作中心的设立对国际中文教育的发展产生了重要影响，孔子学院作为国际中文教育力量的一部分，与大家共同构建更加开放、包容、规范的现代国际中文教育体系。

2020 年 6 月 8 日，华南师范大学孔子学院管理办公室召开各孔子学院电话会议，传达孔子学院转制通知精神。6 月 10 日，国家汉办马箭飞副主任致函拉脱维亚大学校长穆伊日涅克斯，阐述孔子学院转制的缘由和安排。6 月 29 日，华南师范大学向拉脱维亚大学转发孔子学院总部 / 国家汉办《孔子学院授权申请书》和《两校合作协议》草案中英文版，确定孔子学院转隶协议采取基金会授权、中外方院校合作签署方式。7 月 3 日，拉脱维亚大学校长表示继续支持孔子学院，法律处同意《两校合作协议》草案内容，但提出了两个小的修改建议。7 月 15 日，华南师范大学审议拉脱维亚大学法律处修改后的《两校合作协议》草案，并对协议中的某些表述进一步明确。9 月 11 日和 9 月 28 日，拉脱维亚大学校长穆伊日涅克斯和华南师范大学校长王恩科分别签署《两校合作协议》和《孔子学院授权申请书》。10 月 13 日，中国国际中文教育基金会颁发拉脱维亚大学孔子学院授权书（编号 CI2020202），授权期限 2020 年 9 月 28 日—2026 年 11 月 4 日。③

2022 年 7 月 13 日，拉脱维亚大学孔子学院办公室由位于莱纳大街

① https://www.cief.org.cn/，2021 年 11 月 10 日上网查阅。

② http://www.chinese.cn/page/#/pcpage/mainpage，2021 年 11 月 10 日上网查阅。

③ 拉脱维亚大学孔子学院档案，2020 年 10 月 13 日。

19 号的拉脱维亚大学主楼 208 室搬到兹格付里资·安娜·迈叶洛维奇大街 12 号，由原来的小间办公室变为大间办公室。

第二节 中文教学活动

拉脱维亚大学孔子学院成立之后，不仅在孔子学院本部开设中文教学，而且组织全国范围内的与中文教学相关的重大活动，如汉语水平考试、“汉语桥”比赛、中文教学调研和汉语角沙龙活动等。

一、本部课堂教学

孔子学院本部教学场地最初在位于莱纳大街 19 号的拉脱维亚大学主楼 240 教室，与其他院系合用。随着学生人数增加，新的教学场地落成，搬到位于鲁普涅茨巴斯街(意思是“工业街”) 10 号的拉脱维亚大学学术图书馆 4 楼，教室由合用变为专用，由原来 1 间扩大到 5 间。[①] 教室里除了桌椅之外，配有电脑、投影仪、白板、书架和图书等。此外，还有 1 间志愿者教师办公室。孔子学院本部课堂教学由最初的 2 个成人初中级班发展到 10 个不同层级的班级，包括 6 个成人班(HSK1—6 级 6 个班)和 4 个少儿班(初级、中级、高级、超高级)，涵盖小学、中学、大学、研究生和社会人士各个层次。

孔子学院本部第一期志愿者教师(2012 年 9 月—2013 年 7 月)罗毅任教期间，共有两个班 33 人，其中初级班 24 人，中级班 9 人；中方院长黄明喜也开设了《汉字历史》课程。第二期志愿者教师(2013 年 7 月—2014 年 6 月)黄颖怡和王树蕙，与道加瓦皮尔斯大学志愿者张双和雷泽克内大学志愿者张婕一起，在 2013 年 7 月 8 日至 8 月 16 日为孔子学院

① https://www.fmprc.gov.cn/chn/pds/gjhdq/gj/oz/1206_22/1206x2/t1069557.htm，2021 年 11 月 20 日上网查阅。

本部学生开设暑期班中文教学；新教室揭牌之后的新学年，孔子学院本部开设了初级班、中级班、高级班三个级别，王树蕙负责两个初级班（即拉大学生班和社会学员班），黄颖怡负责中级班的所有课程、高级班的文化课程和部分语言课程；黄明喜和王琼子也讲授高级汉语课。第三期志愿者教师（2014 年 8 月—2015 年 7 月）是方思琪和金晶，从 2014 年 9 月开始，孔子学院开设少儿班；方思琪任教成人中级班和高级班，金晶负责少儿班和成人初级班两个班级的语言和文化教学工作。第四期志愿者教师（2015 年 9 月—2016 年 7 月）是黄蕊、尹莎莎和莫婉婷。黄蕊负责高级班和超高级班，尹莎莎负责初级和中级两个班，莫婉婷负责少儿初级班和中级班。第五期志愿者教师（2016 年 8 月—2017 年 7 月）是曾庆君、潘斌和曾嵘。曾庆君第一学期承担中级班和高级班的教学任务，第二学期承担超高级班和中高级班（成人中级班、高级班合并）的教学任务，潘斌负责初级班的教学，曾嵘负责两个少儿班的教学。第六期志愿者教师（2017 年 8 月—2018 年 7 月）有留任的曾庆君和林婕以及新志愿者滕飞和朱玥。曾庆君负责成人高级班，林婕负责两个初级班，滕飞负责成人中级班和少儿高级班，朱玥负责成人超高级班。第七期志愿者教师（2018 年 9 月—2019 年 7 月）有留任的林婕和滕飞以及新志愿者邹亚平。林婕负责初级班和超级班，滕飞负责中级班和高级班，邹亚平负责少儿高级班和超级班。第八期志愿者教师（2019 年 9 月—2020 年 6 月）有留任的邹亚平和车俊池（此前不在本部任教）以及新志愿者焦文静和郑玉馨。邹亚平负责两个成人初级班，车俊池负责成人中级班和高级班，焦文静负责少儿高级班和超高级班，郑玉馨上学期给成人超高级班代课。第九期志愿者教师（2020 年 9 月—2021 年 6 月）有朱柏帆、杜灏、郑雯宁、郭子凡，由于疫情原因，改为线上远程教学。朱柏帆负责两个成人初级班，杜灏负责 HSK5 级成人高级班和 HSK2 级成人初级班，郑雯宁负责 HSK2 级少儿班和 HSK3 级成人班，郭子凡负责 HSK4 级成人班。第十期志愿者教师（2021 年 9 月—2022 年 6 月）有汤蘅、涂菁滢、邝又君、王凯欣，仍然线上远程教学。王凯欣负责两个成人初级班，邝又君负责 HSK2 级成人班与 HSK3 级成人班，涂菁滢负责少儿高级班、超高级班和 HSK6 级班，汤蘅负责成人高级班和超高级班。第十一期志愿者教师（2022年 9 月—2023 年 7 月）有唐静、杨宝茹、张涵絮、邵月园、沈思顺。唐静负责两个 HSK1 级成人班，杨宝茹负责 HSK4 级成人班和 HSK5 级成人班，张涵絮负责少儿高级班，邵月园负责 HSK2 级成人班和 HSK3 级成人班，沈思顺负责 HSK6 级成人班。这些志愿者教师中，杜灏来自湖北工业大学，郑雯宁来自昆明理工大学，杨宝茹来自对外经济贸易大学，唐静来自西南科技大学，其余均来自华南师范大学。此外，孔子学院本部也聘请了一名本土中文教师马笑笑（2017 年 9 月至今），负责少儿初级班和中级班的中文教学，也给志愿者教师开设拉脱维亚语课。

二、汉语水平考试

拉脱维亚大学孔子学院成立伊始，即加速汉语水平考试基地的建设，争取达到“以考促学，教考共建”的良好局面。从 2012 年开始，孔子学院组织举办汉语水平考试，包括笔试（汉语水平考试，HSK）和口试（汉语水平口语考试，HSKK）。拉脱维亚是波罗的海国家中最早举办汉语水平考试的国家，考试通过率一直保持较高水平，接近 100%。汉语水平考试成为检验中文教学效果的一个重要渠道，也成为学生们申请奖学金赴华留学的重要保障。

2012 年 11 月初，拉脱维亚大学孔子学院接到国家汉办汉语水平考试通知，迅速投入宣传和准备工作中。2012 年 12 月 2 日，首次汉语水平考试顺利举行。来自拉脱维亚、芬兰和意大利三国的 18 名考生分别参加了四个等级的考试。这是孔子学院落户拉脱维亚后成功举办的第一次多层级、多国别的汉语水平考试，在拉脱维亚汉语教育史上是一件具有里程碑意义的大事，国家汉办、华南师范大学和拉脱维亚大学的官方网站均做了报道。[①] 2013 年举办了两次汉语水平考试，共有 55 名考生参加。其中，5 月 12 日的考试有 21 名考生参加，涵盖 HSK2—4 级和 HSKK。所有考生均以优异的成绩通过各级考试，更有 11 名考生因成绩突出获得国家汉办授予的“2013 孔子学院奖学金”，在当地汉语学界产生了很大影响。[②] 12 月 1 日的考试有 34 名考生参加，涵盖 HSK1—4 和 HSKK。本次考试是孔子学院开拓道加瓦皮尔斯大学和雷泽克内大学两个教学点后成功举办的一次参与度高、影响力大的汉语水平考试，在拉脱维亚中文教学发展史上具有重要意义，得到了当地师生的大力支持和积极评价。[③] 2014 年举办了三次汉语水平考试，共有 52 名考生参加。其中，4 月 12 日的考试有 6 名考生，涵盖 HSK3—4 级。5 月 10 日的考试有 28 名考生，涵盖 HSK1—4 级和 HSKK 初级与中级。12 月 6 日的考试有 18 名考生，涵盖 HSK1—4 级和 HSKK 初级与中级。2015 年举办了两次汉语水平考试，共有 25 名考生参加。其中，3 月 28 日的考试有 13 名考生，涵盖 HSK2—3 级和 HSKK 初级。12 月 6 日的考试有 12 名考生，涵盖 HSK1 级、HSK2 级、HSK4 级和 HSK5 级以及 HSKK 初级。

2016 年举办了两次汉语水平考试，共有 32 名考生参加。其中，3 月 20 日的考试有 20 名考生，包括新开设的交通与电信大学教学点 3 名，涵盖 HSK1—5 级和 HSKK 初级。12 月 4 日的考试有 12 名考生，涵盖 HSK1 级、HSK2 级和 HSK5 级以及 HSKK 中级。2017 年举办了两次汉语水平考试，共有 52 名考生参加。其中，3 月 19 日的考试有 13 名考生，涵盖 HSK1—5 级和 HSKK 初级。12 月 3 日的考试有 39 名考生，其中 11 人来自新开设的教学点叶尔加瓦和文茨皮尔斯，涵盖 HSK1—6 级和 HSKK 初级与中级。2018 年举办了两次汉语水平考试，共有 73 名考生参加，考试人数创历年新高。其中，3 月 24 日的考试有 45 名考

① 《2012 年拉脱维亚大学孔子学院工作总结》，2012 年 12 月 31 日。

② 罗毅《拉脱维亚大学孔子学院 2013 春季 HSK 汉考喜获佳绩》，2013 年 6 月 20 日。

③ 黄颖怡《2013 年拉脱维亚大学孔子学院汉语水平考试顺利进行》，2013 年 12 月 1 日。

生,涵盖 HSK1—5 级和 HSKK 初级。12 月 2 日的考试有 28 名考生,涵盖 HSK1 级、HSK2 级、HSK3 级、HSK5 级和 HSKK 初级,考生中年龄最大的 63 岁,最小的 8 岁。2019 年举办了三次汉语水平考试,共有 98 名考生参加,考试人数再创新高。其中,2 月 24 日的考试有 48 名考生,考试涵盖 HSK1 级、HSK2 级、HSK3 级、HSK4 级、HSK6 级和 HSKK 初级及中级。5 月 11 日的考试有 27 名考生,涵盖 HSK1—5 级和 HSKK 中级。12 月 1 日的考试共有 23 名考生,涵盖 HSK1 级、HSK2 级、HSK3 级、HSK5 级和 HSKK 初级及中级。

2020 年举办了三次汉语水平考试,共有 35 名考生参加。本年度由于新冠疫情,中文教学和汉语水平考试都面临巨大的挑战。1 月 11 日的考试有 6 名考生,涵盖 HSK1 级和 HSKK 初级。6 月 14 日的考试有 13 名考生,涵盖 HSK1—5 级。这也是第一次采取全程录像模式的考试。12 月 12 日的考试是疫情以来的首次居家网络考试,也是拉脱维亚史上第一次线上汉语水平考试,共有 16 名考生,其中 2 人是立陶宛考生,涵盖 HSK1—6 级。居家网络考试采用 Zoom 会议软件全程录像,HSK 专用考试软件供学生答题,使用过程中可以实时抓拍,跟踪考生动态。2021 年举办了三次居家网络汉语水平考试,共有 58 名考生参加,有不少外国考生跨国参加考试。3 月 13 日,共有 27 名考生,其中 6 名是立陶宛、乌兹别克斯坦、圣基茨和尼维斯考生,涵盖 HSK1—6 级。6 月 5 日,共有 15 名考生,涵盖 HSK1—4 级和 HSKK 初级。12 月 11 日,共有 16 名考生,涵盖 HSK1—5 级和 HSKK 初级。2022 年举办了三次居家网络汉语水平考试,共有 23 名考生参加。3 月 12 日,共有 6 名考生,涵盖 HSK2—5 级和 HSKK1—3 级。6 月 25 日,共有 9 名考生,涵盖 HSK1—4 级和 HSKK1—2 级。[①] 12 月份本来安排了 12 月 4 日现场考试和 12 月 10 日居家网络考试,但由于疫情原因,征得汉考国际同意,

① http://www.ci.lu.lv/?p=5845,2022 年 9 月 18 日上网查阅。

12 月 4 日现场考试改期到 2023 年 1 月 7 日。12 月 10 日，共有 8 名考生，分别来自拉脱维亚、德国、俄罗斯、日本、爱沙尼亚、圣基茨和尼维斯，涵盖 HSK1—6 级和 HSKK1—3 级。

三、“汉语桥”比赛

“汉语桥”比赛是检验各个教学点中文教学成果和水平的一个重要途径。从 2011 年起，“汉语桥”比赛有了一些新的变化：(1) 2011 年之前的比赛在大使馆举办，从 2011 年开始在中文教学点举办，其中里加文化中学和里加工业大学各举办一次，其余都在拉脱维亚大学举办。(2) 2011 年的比赛仍由中国驻拉脱维亚大使馆和拉脱维亚大学人文学院等院校合办，而从 2012 年开始加入了一个主力军拉脱维亚大学孔子学院，从 2013 年开始比赛由中国驻拉脱维亚大使馆主办，拉脱维亚大学孔子学院承办，其余各教学点协办。(3) 2013 年之前的比赛大学生和中小学生混在一起比赛，随着孔子学院教学点的不断开拓，参赛选手大量增加，从 2013 年开始大学成人组与中学组和小学组分开比赛，2021 年中国教育部中外语言交流合作中心在全球 20 个国家试点举办首届“汉语桥”小学生中文秀，2022 年开始在全球推广。(4) 随着孔子学院的建立和中文课程的开设，从 2012 年开始，许多拉脱维亚大学人文学院亚洲学系汉学专业学生也成为孔子学院学生，在孔子学院学习中文课程并取得学分，因此他们在参加比赛的时候具有人文学院和孔子学院双重学生身份。

2011 年 4 月 19 日，第八届拉脱维亚“汉语桥”中文比赛暨第十届“汉语桥”世界大学生中文比赛 / 第四届“汉语桥”世界中学生中文比赛拉脱维亚赛区选拔赛在里加文化中学礼堂举行。比赛主题为“友谊桥梁，心灵交响”，比赛分初级组、中级组和高级组，参赛选手中年纪最小的 11 岁，年龄最大的 47 岁。选手们在主题演讲、中国国情知识问答、现场提问等环节激烈角逐，展示了武术、独唱、合唱、器乐演奏、猜谜、剪纸、木偶表演、小品、相声等丰富多彩的才艺。来自拉脱维亚大学的甜甜获得了高级组一等奖，代表拉脱维亚参加在中国长沙举办的“汉语桥”大赛决赛。2012 年 4 月 24 日，第九届拉脱维亚“汉语桥”中文比赛暨第十一届“汉语桥”世界大学生中文比赛 / 第五届“汉语桥”世界中学生中文比赛拉脱维亚赛区选拔赛在拉脱维亚大学主楼小礼堂举行。共有 44 名选手参加比赛，最小的选手 5 岁。参赛者们围绕“我的中国梦”这一主题，分别选择了朗诵、歌曲、舞蹈、武术、书法等多种形式来表现自己对中国文化的理解。拉脱维亚大学碧海获得高级组第一名，赢得了参加在中国长沙举行的世界第十一届“汉语桥”大学生中文比赛的决赛资格。[①] 里加文化中学吉英蕾获得中级组第一名，拉脱维亚大学小云获得初级组第一名。

2013 年 4 月 23 日，第十届拉脱维亚“汉语桥”中文比赛暨第十二届“汉语桥”世界大学生中文比赛 / 第六届“汉语桥”世界中学生中文比赛拉脱维亚赛区选拔赛在拉脱维亚大学主楼小礼堂举行。比赛主题是“我的中国梦”，参赛选手共 35 名，分别参加大学成人组和中小学组角逐。来自拉脱维亚大学的玛丽娅、罗丽娜和李琳达分别荣获大学成人高级组、中级组和初级组一等奖；来自孔子中心的莱蒙尼和学龄前儿童伊娃分获中小学中级组和初级组一等奖。2014 年 4 月 30 日，第十一届拉脱维亚“汉语桥”中文比赛暨第十三届“汉语桥”世界大学生中文比赛 / 第七届“汉语桥”世界中学生中文比赛拉脱维亚赛区选拔赛在拉脱维亚大学主楼小礼堂举行。协办单位增加了里加工业大学、道加瓦皮尔斯大学、雷泽克内大学。共有 34 名大中小学生参加比赛，以“我的中国梦”为主题，分大学成人组和中小学组进行。来自拉脱维亚大学人文学院的卡琳娜、艾蝶尔和孔子学院的欧阳兰分别荣获大学成人高级组、中级组和初级组一等奖；来自里加文化中学孔子课堂的雷劳拉、里加 34 中学的

---

① https://www.chinaqw.com/hwjy/2015/12-23/74668.shtml，2022 年 10 月 22 日上网查阅。

奥丽莎和叶尔加瓦第 5 中学的玛莎分获中小学高级组、中级组和初级组一等奖。

2015 年 4 月 21 日，第十二届拉脱维亚“汉语桥”中文比赛暨第十四届“汉语桥”世界大学生中文比赛 / 第八届“汉语桥”世界中学生中文比赛拉脱维亚赛区选拔赛在拉脱维亚大学学术图书馆礼堂举行。协办单位增加了斯米尔提恩中心中学和斯米尔提恩完全中学，比赛得到华为拉脱维亚分公司赞助。参赛的 36 名选手根据年龄划分为大学成人组、中学组和小学组。拉脱维亚大学的纳迪娜和里加 88 中学的伊凡分别荣获大学成人高级组和中学生高级组一等奖，他们将代表拉脱维亚分别参加在中国举办的“汉语桥”世界大学生和中学生中文比赛的复赛和决赛。2016 年 3 月 11 日和 4 月 8 日，第十三届拉脱维亚“汉语桥”中文比赛暨第十五届“汉语桥”世界大学生中文比赛 / 第九届“汉语桥”世界中学生中文比赛拉脱维亚赛区选拔赛分别在拉脱维亚大学人文学院礼堂和里加工业大学礼堂举行。本次比赛是唯一一次大学成人组和中小学组分别在不同地点相隔好多天举行。大学成人组共有 15 位参赛选手，中小学组共有 42 位参赛选手。来自拉脱维亚大学的高碧娜、温维雅和塔尼亚分获大学成人高级组、中级组和初级组的一等奖；来自里加文化中学孔子课堂的奥梦达、里加 34 中学的贝娜茜、雷泽克内大学孔子课堂的艾力克分获中学高级组、中级组和初级组一等奖；玛莎荣获小学组一等奖。

2017 年 4 月 25—26 日，第十四届拉脱维亚“汉语桥”中文比赛暨第十六届“汉语桥”世界大学生中文比赛 / 第十届“汉语桥”世界中学生中文比赛拉脱维亚赛区选拔赛在拉脱维亚大学主楼小礼堂举行。比赛主题是“梦想点亮未来”，参赛选手共 75 人，分为小学组、中学组和大学成人组三个组别。小荷花和星星分获小学初级组和中级组一等奖，格蕾、艾力克、贝娜茜分获中学初级组、中级组和高级组一等奖，迪米特里、艾明、赵劳拉分获大学成人初级组、中级组和高级组一等奖。喀玛格丽达 70 多岁仍坚持学习中文，获得特殊奖《汉语拉脱维亚语大词典》。[1] 2018年4月24—25日，第十五届拉脱维亚“汉语桥”中文比赛暨第十七届“汉语桥”世界大学生中文比赛/第十一届“汉语桥”世界中学生中文比赛拉脱维亚赛区选拔赛在拉脱维亚大学主楼小礼堂举行，比赛主题分别为“天下一家”和“学会中国话，朋友遍天下”。协办单位增加了交通与电信大学、拉脱维亚农业大学、拉脱维亚文化学院、文茨皮尔斯大学、叶尔加瓦斯比杜拉中学、蒙特梭利探索小学。参赛选手共68名，其中，大学成人组17名，中学组32名，小学组19名。季穆尔、小荷花和星星分获小学初级组、中级组和高级组一等奖。昂劳拉、格蕾和艾力克分获中学初级组、中级组和高级组一等奖。[2] 白丽雪、优安娜分获大学初级组和中级组一等奖，唐娜拉和蜜雪儿获得高级组并列一等奖。2019年4月12—13日，第十六届拉脱维亚“汉语桥”中文比赛暨第十八届“汉语桥”世界大学生中文比赛/第十二届“汉语桥”世界中学生中文比赛拉脱维亚赛区选拔赛在拉脱维亚大学主楼小礼堂举行。协办单位增加了利耶帕亚大学、克拉斯拉瓦中学、叶卡布皮尔斯中学、新马露白小学。比赛分为大学成人组、中学组和小学组三个组别及初级、中级和高级三个级别进行。参赛选手共63人，其中，大学成人组13名，中学组25名，小学组25名。普丹尼尔、妮安娜、丹尼尔分获小学初级组、中级组和高级组一等奖，达娜、习妮卡、贝娜茜分获中学初级组、中级组、高级组一等奖，雷雅晶、宋意晴、刘劳拉分获大学成人初级组、中级组、高级组一等奖。

2020年6月5—7日，受新冠疫情影响，第十七届拉脱维亚“汉语桥”中文比赛暨第十九届“汉语桥”世界大学生中文比赛/第十三届“汉语桥”世界中学生中文比赛拉脱维亚赛区选拔赛在线举行。协办单位增加里加

① http://news.haiwainet.cn/n/2017/0426/c3541090-30883323.html?nojump=1，2021年12月2日上网查阅。

② https://baijiahao.baidu.com/s?id=1598816355960075693&wfr=spider&for=pc，2021年12月5日上网查阅。

道加瓦河口中学。参赛选手需提交主题演讲视频和才艺展示视频，个别组选手需在线参与线上问答环节，最后评审团综合选手所提交的自我介绍、主题演讲、才艺展示的视频和选手线上问答环节的表现进行打分。参赛选手共65名，其中，大学成人组20名，中学组29名，小学组16名。叶明目、丹尼斯、伟军分获小学初级组、中级组和高级组一等奖，高乐言、达娜、妮安娜分获中学初级组、中级组、高级组一等奖，格蕾、李斯、爽慈敏分获大学成人初级组、中级组、高级组一等奖。2021年5月29—30日，第十八届拉脱维亚“汉语桥”中文比赛暨第二十届“汉语桥”世界大学生中文比赛/第十四届“汉语桥”世界中学生中文比赛拉脱维亚赛区选拔赛在线举行。协办单位增加了里加64中学。比赛主题是“天下一家”，参赛选手共36名，其中大学成人组9名，中学组11名，小学组16名。森丽娅、施嘉琪、丹尼斯分获小学初级组、中级组、高级组一等奖，早星、基拉、达娜分获中学初级组、中级组、高级组一等奖，微微、玛丽、沃安娜分获大学成人初级组、中级组、高级组一等奖。2022年5月14—15日，第十九届拉脱维亚“汉语桥”中文比赛暨第二十一届“汉语桥”世界大学生中文比赛/第十五届“汉语桥”世界中学生中文比赛/第二届世界小学生中文秀拉脱维亚赛区选拔赛在线举行。比赛主题是“天下一家”，参赛选手共23名，其中小学组8名，中学组7名，大学成人组8名。卢卡、澳妮卡、纳尼卡分获小学初级组、中级组、高级组一等奖，[①]阿列克斯、艾唯、妮安娜分获中学初级组、中级组、高级组一等奖，艾蓝黛、萨沙、林伊娃分获大学成人初级组、中级组、高级组一等奖。

四、中文教学调研和汉语沙龙活动

为了进一步提升拉脱维亚中文教育水平和进一步推动中文教育发展，拉脱维亚大学孔子学院与各方联合，积极组织中文教学调研和汉语

① 纳尼卡和伟军获得全球小学生中文秀一等奖。

沙龙活动。

（一）中文教学调研

为了响应孔子学院总部 / 国家汉办提出的推动中文教学发展，不断提升中东欧孔子学院（课堂）的影响力和凝聚力的号召，也为了更全面深入了解拉脱维亚境内各中文教学点教学情况并据此对各个教学点进行评估，从而进一步调整教学政策，提高整体教学质量，扩大中文教学规模，促进中拉教育文化交流和合作，拉脱维亚大学孔子学院积极配合并组织了两次大规模的中文教学调研活动。

2013 年 12 月，根据孔子学院总部 / 国家汉办的部署，在中国驻拉脱维亚大使馆教育处的协调下，由里加工业大学志愿者教师于婧媛牵头，对拉脱维亚开设中文课程的教学点（拉脱维亚大学人文学院，拉脱维亚大学孔子学院本部及下设教学点里加文化中学、道加瓦皮尔斯大学和雷泽克内大学，中国驻拉脱维亚大使馆下设教学点里加工业大学和维泽梅大学，以及里加斯特拉京什大学孔子中心、里加 34 中学和里加 68 中学）进行问卷调查和单独采访，以了解拉脱维亚中文教学现状、中文教师和学生面临的困难与挑战，探讨改进中文教学的途径。上述各教学点中文教师王琼子、董芳、王树蕙、黄颖怡、张双、张婕、于婧媛、宁晓璐、白妩娜、薇拉和珍珠等协助调研。最后，由于婧媛执笔，撰写和提交《2013 年拉脱维亚汉语教学情况调查报告》。报告分为四个部分：拉脱维亚国家概况，拉脱维亚教育概况，拉脱维亚中文教学的历史与现状，对拉脱维亚中文教学情况的调查。该报告最重要的是第四部分，包括四个方面的内容：拉脱维亚中文教学资源情况，拉脱维亚中文教学师资情况，拉脱维亚汉语学习者情况，拉脱维亚中文教学的问题与发展。[①]

2015 年 4 月至 2016 年 6 月，为进一步推动中东欧国家孔子学院发展，满足中东欧国家中文教学需求，深化中国-中东欧教育文化交流，实

① 于婧媛《2013 年拉脱维亚汉语教学情况调查报告》，2013 年 12 月 30 日。

现不同文明互鉴共荣，孔子学院总部/国家汉办开展了中东欧国家中文教学及孔子学院发展情况调研。拉脱维亚大学孔子学院组成调研团队，根据拉脱维亚中文教学实际情况，确定调研对象，提出调研问题，编制调查问卷，对拉脱维亚的中文教学情况进行全面深入调研。调研团队总负责人为尚劝余和贝德高，成员有柯劳拉、王佳乐、董芳、程雪、袁钰、黄蕊、尹莎莎、莫婉亭、梁铭轩、王志杰、倪艺榕、潘军武、金蒙、初从从、盛铭、林才等，共分为七个调研组分头调研，然后汇总撰写调研报告（调研报告总负责人：尚劝余、贝德高、王佳乐、程雪、董芳；参与撰写：黄蕊、尹莎莎、袁钰、莫婉亭、梁铭轩、王志杰）。2015年4月出台调研方案："调研内容"包括拉脱维亚教育政策和概况、拉脱维亚现有中文教学情况及汉语学习需求、师资情况、教材情况、汉学家情况、中文教学整体分析、拉脱维亚大学孔子学院的法律地位。"调研对象"涉及拉脱维亚教育部、5个省市教育部门、10个开设中文课的大中小学（拉脱维亚大学、里加斯特拉京什大学、维泽梅大学、道加瓦皮尔斯大学、雷泽克内大学、里加工业大学、交通与电信大学、里加文化中学、里加34中学、斯米尔提恩中学）、5个外语教学成果突出的大中小学（里加法律学院、拉脱维亚文化学院、里加88中学、里加古典中学、拉脱维亚国际学校）、4个企业（华为、中兴、宇通、施丹兰）、2个民间团体（华联会、功夫协会）以及2个国外语言文化推广机构（歌德学院、法语联盟）等。"调研方式"主要有三种，一是查阅及整理档案材料（查阅拉脱维亚教育政策尤其是语言教育方面的文献资料并翻译整理，整理各教学点中文教学开展背景、历年教学工作计划、教学管理制度、各项常规教学的课程记录、文化活动开展情况等资料进行汇总，各教学点中文教师提交书面报告，内容包括所在教学点学生人数、水平，教材使用情况，教学课型、课时、进度，教师合作情况、教学反思等，为进一步考察调研提供基本背景资料）。二是深入采访（针对当地教育政策，主要是对拉脱维亚教育部门官员和各教学点学校负责人进行面访，重点在于本地外语教学政策尤其是中文教学推广方面相关政策；针对具体的中文教学工作，对各教学点一线教师和学生进行面访、小型会谈，听取教学双方关于中文教学工作开展情况的相关反馈）。三是实地考察（由调研小组在资料搜集整理基本完成的基础上到各地进行实地考察、观摩、听课，获取一线反馈）。“撰写调研报告”，根据七个调研组前期资料搜集和实地考察、采访结果，组织人马撰写并提交调研报告。2016年1月17日向孔子学院总部/国家汉办提交调研报告，3月7日—6月25日根据反馈意见，进一步核实和修改，并提交定稿。（尚劝余、贝德高等，2016）

（二）汉语沙龙

“汉语沙龙”亦即“汉语角”，最早于2003年由公派教师王珊尝试创办，向中国大使馆借中国影视碟片，周末由拉脱维亚大学汉学专业学生在拉脱维亚大学东方学系楼上的大教室主持放映，允许校外感兴趣者参加，进行观影和交流。[①] 后来公派教师王英佳2008年改进了形式，参加者有使馆人员、在校中文学生、在中国工作或留过学的人、有本地人也有其他国家的人，也有中国留学生，大家一起用汉语聊天，一起唱中文歌等，这一活动一直延续下来，在长城饭店举办。

孔子学院第一任志愿者教师罗毅这样写到：作为“文化使者”，志愿者教师身兼中文教学和中国文化传播的双重任务。“汉语沙龙”是我们坚持时间最长、波及范围最广、参与人数最多的文化活动。每次活动前，都会根据学生的汉语水平有针对性地为他们设计活动内容，通过汉字卡造句、日常对话模拟、学唱中文歌、自由讨论会等形式为学生创造说汉语的机会。[②]

2012年10月30日，孔子学院首次汉语沙龙“我和汉语”在里加长城饭店举行。贝德高、黄明喜、罗毅及大使馆教育处秘书曾伏华、孔子

---

① 2022年3月27日王珊微信访谈录。

② 罗毅《拉脱维亚大学孔子学院志愿者教师工作总结（2012.09.17—2013.07.12）》，2013年7月23日。

学院和人文学院师生出席了活动。学生们不仅品尝了地道的中国美食，还与到场嘉宾一起畅谈了自己学习中文的经历和心得体会。曾伏华对学生们关于留学、签证等相关问题做了详细回答。临近活动尾声，罗毅为大家演奏了葫芦丝名曲《月光下的凤尾竹》。有关汉语角活动，第八章第三节再详细介绍。

第三节　各类文化活动

孔子学院除了开设本部日常中文课程和组织其他中文教学相关活动外，还组织举办一年一度的常规文化活动和其他活动，也参与高访接待工作，举办相关文化活动。

一、常规文化活动

（一）春节和元宵节庆祝活动

2011 年和 2012 年的汉语师生春节和元宵节活动均由中国驻拉脱维亚大使馆主办，拉脱维亚大学等各个中文教学点参加，包括 2011 年 1 月 31 日兔年新春招待会和 2 月 11 日元宵节招待会，2012 年 1 月 19 日龙年新春招待会和 2 月 9 日元宵节招待会。

从 2013 年到 2016 年，孔子学院接手组织主办汉语师生春节和元宵节庆祝活动，包括 2013 年 2 月 10 日“新春联欢情、中拉一家亲”新春联欢会，2014 年 1 月 29 日“迎新年、共团圆”马年春节联欢会，2014 年 2 月 13 日元宵联欢会，2015 年 2 月 28 日拉脱维亚汉教师生春节元宵联欢会（这是首次将春节和元宵节合在一起庆祝），2016 年 2 月 6 日“金猴呈祥”迎新春联欢会。

2017 年和 2018 年，春节庆祝活动采取了新的形式（即春节庙会），规模更大，各有 2000 余人参与，内容也更加丰富。第一场春节庙会在拉脱维亚人协会大厅举行，由中国文化部及中国驻拉脱维亚大使馆主办，拉脱维亚大学孔子学院、拉脱维亚留华同学会、拉脱维亚华侨华人联合会承办。第二场“欢乐春节”庙会在里加大基尔德音乐厅举行，由中国驻拉脱维亚大使馆和中国文化中心主办，孔子学院、留华同学会、华侨华人联合会承办。

2019 年和 2020 年，孔子学院与留华同学会、华联会、文化中心、武术协会在拉脱维亚大学大礼堂联合举办“新春庆典”和“新春联欢”活动。“新春庆典”活动分为新春文化体验和新春音乐会。[①]“新春联欢”活动分为新春文化体验工作坊、新春联欢会、黑龙江民乐团表演。

2021 年和 2022 年，由于新冠疫情，无法现场庆祝春节，孔子学院举办了两次网络春节联欢晚会，在哔哩哔哩和油管网站上线。孔子学院全体师生大胆尝试运用网络技术，将师生的祝福以及表演视频收集汇总到一起，融汇成了专属于孔子学院自己的特色春晚。这既保留了孔子学院欢度春节的晚会传统，又丰富了晚会的表演形式。

（二）中秋节和孔子学院日活动

每年 9 月份是孔子学院三喜临门的时节，既是各个教学点新学年开学季，也适逢中秋节和孔子学院日节庆。2012—2014 年的中秋节是单独庆祝，首届孔子学院日也是单独庆祝。2015 年开始中秋节与孔子学院日合在一起庆祝，并且与中拉建交周年、拉脱维亚独立周年、拉脱维亚大学建校周年等一起庆祝。2013—2015 年初期几次活动在拉脱维亚大学学术图书馆大礼堂举办，规模和范围较小，主要以孔子学院和各个教学点为主。2016 年开始在拉脱维亚大学主楼大礼堂举办，规模和范围扩大，影响也更大。

2014 年是全球孔子学院诞生 10 周年，孔子学院总部以庆祝孔子学院 10 周年为主题，将每年的 9 月 27 日定为全球“孔子学院日”，举行形

① http://www.gov.cn/xinwen/2019-02/04/content_5363875.htm，2021 年 12 月 25 日上网查阅。

式多样的“孔子学院日”活动。（刘旭，2015）拉脱维亚大学孔子学院从9月15日至27日举办孔子学院10周年系列活动：孔子学院窗口——孔子学院10周年概况、拉脱维亚大学孔子学院宣传文字图片、孔子学院日安排等展板和易拉宝；“孔子学院日”主题LOGO摄影大赛展览；书法大赛展览；中国电影专场；“孔子学院日”庆典。杨国强大使、贝安德烈斯国务秘书、康格罗副校长、葛阿丽娜处长、温达馆长等出席孔子学院日庆典。首届孔子学院日的成功举办，为之后的孔子学院日活动奠定了良好基础。

2016—2022年，除了因新冠疫情，“孔子学院日-中秋节”庆典2020年在拉脱维亚大学主楼小礼堂小范围举行和2021年化整为零各个教学点自行组织之外，其余历届庆典都在拉脱维亚大学主楼大礼堂现场举行。2016年“孔子学院日-中秋节”与孔子学院5周年和中拉建交25周年共同庆祝，2018年与拉脱维亚独立100周年共同庆祝，2019年与拉脱维亚大学100周年共同庆祝。孔子学院总部和华南师范大学也分别发来贺信。此外，中国人民大学访问团和复旦大学访问团也参加活动。

2021年11月4日是拉脱维亚大学孔子学院10周年，举行了系列庆祝活动，包括出版《拉脱维亚大学孔子学院10周年纪念册》、举办“拉脱维亚大学孔子学院10周年”成果展、历任中文教师和志愿者线上视频庆祝、拉脱维亚大学孔子学院（教学点）学生线上视频庆祝、拉脱维亚留华同学会线上视频庆祝、拉脱维亚大学孔子学院10周年图片视频、拉脱维亚大学孔子学院成立仪式视频回放、《拉脱维亚大学孔子学院教师之歌》《拉脱维亚大学孔子学院学生之歌》等。此外，中国国际中文教育基金会和华南师范大学分别发来贺信。《光明日报》也进行了采访报道《“汉文化”飘香拉脱维亚——写在拉脱维亚大学孔子学院建院10周年之际》（2021年11日3日）。

二、其他文化活动

孔子学院也组织和参与举办音乐会、展览、中华文化体验、录制电视节目、接受媒体采访、弘扬中华武术等活动，使中华文化走进当地社区，走进千家万户，推动中拉友好交流与合作。

(一)举办音乐会和展览

孔子学院多次在拉脱维亚大学主楼小礼堂举办中国传统音乐会。2015年“灵魂之声”音乐会由中央民族乐团古琴演奏家邓红、笛箫演奏家陈莎莎以及瑞典著名汉学家和古琴家林西莉演出，金晶主持。2016年“笛笙和鸣”音乐会由笛子演奏家胡玉林和笙演奏家郑杨联袂演出，安泽主持。此外，孔子学院积极参与拉脱维亚大学人文学院在学院礼堂举办的中国与印度音乐会。孔子学院志愿者老师黄蕊和袁钰献唱经典越剧《天上掉下个林妹妹》和通俗民歌《山歌好比春江水》。

孔子学院在拉脱维亚大学主楼大厅多次举办展览。2015年“中国侍女花鸟画暨中国留学照展”展出玛丽娅创作的14幅中国侍女花鸟画和18幅中国留学生活照，包括仿宋代虞美人和白头翁竹子图，写生画杜鹃花和鸡蛋花，仿清代名家吴昌硕《秋菊》、任伯年《鸡蛋花》和恽寿平《梅花》，以及《秋景》《带菊花的姑娘》《贵族太太》《梅花季节》《秋叶曲》，这些画都是作者在华南师范大学美术学院留学期间在中华文化灵感的基础上创作的。2016年、2019年和2020年“新春剪纸展”展出卡琳娜创作的春节剪纸作品，包括《鹊迎新春》《金猴献桃》《虎虎生威》《五福临门》《年年有余》《花开富贵》《四季平安》《万事如意》《运旺财旺》《春节到真热闹》《猪年大吉》《鼠年说鼠》《新春快乐》等。

孔子学院与“飞笔”中国画室数度合作举办中国画展。2016年“白鹤亮翅”画展、2017年“笔舞墨歌”画展、2018年“远和近”画展和2021年“水彩情歌”画展均在拉脱维亚国家图书馆东亚阅览室举办，汇集了“飞笔”画室师生精心之作，画风多样，着墨生动。2019年“秋—春—

秋”中国写意画展在拉脱维亚国家历史博物馆道戴里分馆举办，展出白凯夏的12幅中国写意画作和4幅扇面画作，是白凯夏眼中所看到的中国春秋美景并配以中国古诗和书法。2020年“道加瓦河”系列水影书画展在里加中心图书馆举办，展出白凯夏的水影书画作品，其中特别包含一幅为中国加油的书法作品。

孔子学院也参与“中拉文化交流”画展(2015)和“丝绸之路：中国古代艺术展”(2016)，并举办“孔子学院10周年展”。2021年10月20日—2022年6月10日，“拉脱维亚大学孔子学院10周年展”分为五个部分，即孔子学院简介、教学活动、文化活动、重大常规活动以及其他活动，图文并茂，述说了拉脱维亚大学孔子学院10年(2011—2021)来走过的风雨历程，反映了孔子学院自成立以来为维系并拉近中拉友谊所做的杰出贡献。

（二）中华文化体验

孔子学院经常深入拉脱维亚社区，举办各种中国文化体验活动。

举办中国新年文化体验活动。2013年孔子学院在尤尔马拉市拉脱维亚国际学校[①]举行“中国春节文化”活动。2019年孔子学院在“帽子世界”民族博物馆举办中国新年文化体验活动。2020年孔子学院在里加儿童医院举办“欢庆春节”文化体验活动。

参与国际文化节活动。2015年孔子学院教师张婕受邀参加土库姆市国际文化节，并主持中国书法体验活动。2016年孔子学院中方院长和志愿者教师们应邀参加亚洲文化节，曾庆君和潘斌用中英文朗诵《元稹茶诗》和《练太极感悟》。2017年孔子学院应邀参加叶尔加瓦帕斯塔岛国际文化节活动，设置手工和剪纸、中国书法、京剧脸谱、跟我学汉语四个展台，穿插进行毽球运动和板羽球运动的展示与教学。

① 拉脱维亚国际学校成立于1996年，是拉脱维亚有名的私立学校之一。该校学生多为各国驻拉脱维亚使馆官员子女和拉脱维亚名流之后，在当地极具影响力。

举办系列中国文化体验活动。2016年11月至2017年1月，孔子学院在拉脱维亚艺术博物馆举办三场系列中国文化体验活动。2017年5月，孔子学院分别在拉脱维亚里加丽笙酒店和拉脱维亚国家图书馆，面向丽笙酒店员工举办茶艺体验活动，面向波罗的海-斯拉夫文化协会举办“了解中国，体验文化”活动。2019年3月，孔子学院参加里加国际学校举办的一年一度的国际日活动。2019年6月，孔子学院在里加儿童医院举办“大熊猫创意手工画”活动。2022年9月，孔子学院参加拉脱维亚大学“科学之夜”活动。

举办国际中文日活动。2022年4月20日，拉脱维亚大学孔子学院创作的四首歌曲被中国教育部中外语言交流合作中心采用，在线发布全球展播，题为“用歌声唱响国际中文日”，包括《国际中文教师之歌》《学汉语 品文化》《中文花开道加瓦河畔》《联合国中文日》。2022年4月22日，在时隔两年疫情封闭隔离之后，拉脱维亚中文爱好者在拉脱维亚大学主楼小礼堂再次欢聚，庆祝第十三个联合国国际中文日。活动主题是“中文：共筑美好未来”，由拉脱维亚大学孔子学院和拉脱维亚留华同学会共同举办。[①]

(三)录制电视节目、接受媒体采访

孔子学院经常接受中拉两国媒体采访，录制电视节目等，使民众对孔子学院和中国各方面有了更广泛的了解和认识。

拉脱维亚电视台采访孔子学院，录制电视节目。2014年3月，拉脱维亚电视台采访制作电视节目，全面介绍孔子学院及三个教学点(里加文化中学、道加瓦皮尔斯大学、雷泽克内大学)的发展历程、中文教学和文化活动等情况。2014年12月，拉脱维亚电视台记者和摄影师来到孔子学院课堂采访摄录，制作专题节目《拉脱维亚的语言》。2016年2月24日至3月15日，拉脱维亚电视台在孔子学院本部和几个教学点录制

---

① http://www.ci.lu.lv/?p=5789，2022年6月10日上网查阅。

六期《走进拉脱维亚大学孔子学院课堂》系列电视节目,包括《中国书法》《元宵文化》《中国茶艺》《中国筷子》《中国戏曲》《印象中国》。2016年9月,拉脱维亚电视台采访孔子学院和亚洲学系汉语专业课堂,录制中文课堂节目。2017年10月,贝德高接受拉脱维亚国家电视台采访,讲述他眼中中国的发展与变革。

中国电视台采访孔子学院,录制电视节目。2020年3月,中国中央电视台摄制组访问孔子学院,对贝德高和他的两位学生卡琳娜及安泽进行采访,并来到拉脱维亚大学学术图书馆四楼孔子学院教室,观摩和拍摄中文教学实景。2021年12月和2022年1月,中央电视台摄制组对贝德高进行专访,在春节期间推出纪录片《年的味道》,讲述中国人鲜活生动的过年故事。

广播电台采访孔子学院,录制广播节目。2014年10月,拉脱维亚广播电台工作人员采访贝德高,他站在历史的角度对20世纪40年代以来的中国做了客观的评述。2018年8月,中国中央人民广播电台记者访问孔子学院,采访两位院长和两位学生代表并参观拉脱维亚大学五周年纪念展。[①]

报社采访孔子学院,做专题报道。2016年11月5—6日,《中国日报》记者专访中方院长尚劝余,就拉脱维亚大学孔子学院总体情况、拉脱维亚中文教学现状、李克强总理访问拉脱维亚对中拉语言文化的推动作用做了深入访谈,刊发了专稿《孔子学院在拉脱维亚蓬勃发展》。2019年2月和10月,《人民日报》记者和《光明日报》记者对贝德高做了采访,他讲述了自己50多年来与中国结缘的故事,以及从事中文教学、汉学研究和中拉文化交流的历程。2021年11月3日,《光明日报》记者对尚劝余和贝德高做了深入采访,刊发了专稿《"汉文化"飘香拉脱维

---

① http://china.cnr.cn/news/20181006/t20181006_524377574.shtml,2022年1月1日上网查阅。

亚——写在拉脱维亚大学孔子学院建院10周年之际》。

(四)弘扬中华武术

2014年开始,孔子学院总部/国家汉办为里加体育武术学校–拉脱维亚武术协会(最初属于大使馆管辖的教学点,后来成为孔子学院教学点)选派武术教师志愿者。孔子学院为武术教学点(里加体育武术学校–拉脱维亚武术协会)申请武术志愿者,出席和合作举办武术比赛。武术教学点(里加体育武术学校–拉脱维亚武术协会)也积极参与孔子学院组织的各项活动,弘扬中华武术文化。

孔子学院(及武术教师志愿者)出席并与武术教学点联合举办武术锦标赛,包括拉脱维亚武术公开锦标赛(第二届、第四届、第五届、第六届、第七届、第八届)、里加杯武术公开赛(第八届)和波罗的海武术公开锦标赛(第七届)。武术教师志愿者马一鸣、林才、张柳繁、吴家旭、黎锦豪担任裁判,中方院长尚劝余出席开幕式并给获奖选手颁奖。(尚劝余、贝德高、玛丽娅主编,2021:577—590)

武术教学点(里加体育武术学校–拉脱维亚武术协会)也积极参加孔子学院和其他教学点活动,大力弘扬武术文化。包括孔子学院本部2014年、2016年、2017年、2018年的中秋节–孔子学院日,2015年、2017年、2019年、2020年的春节–元宵节;2014年里加文化中学元宵节晚会,2016年、2017年、2019年里加34中学春节庆祝活动,2019年里加工业大学新春招待会和孔子课堂揭牌活动。

三、夏令营/冬令营活动

从2014年开始,拉脱维亚大学孔子学院每年组织夏令营活动,为期两个星期左右,由孔子学院总部/国家汉办和华南师范大学支持实施。2020—2022年,由于新冠疫情,夏令营改为线上冬令营。拉脱维亚大学孔子学院以及各个教学点学生踊跃参加,感受和体验中国文化的绚丽多彩和博大精深,并学习中文及各种中国文化课程。

2014—2018 年历届夏令营均由董芳带队（其中 2017 年由柯劳拉协助），2019 年由卡琳娜和曾庆君带队，营员人数逐年递增（第一届 10 名，第二届 15 名，第三届 16 名，第四届 23 名，第五届 19 名，第六届 41 名），来源也逐年多样化（第一届营员来自拉脱维亚大学和里加文化中学，第六届营员来自拉脱维亚大学、里加文化中学、里加工业大学、交通与电信大学、道加瓦皮尔斯大学、利耶帕亚大学、克拉斯拉瓦中学、里加 34 中学、雷泽克内大学、拉脱维亚农业大学、叶尔加瓦斯比杜拉中学、里加独立中学、里加 88 中学、里加 40 中学、里加普希金学院）。

夏令营为期两周左右，一周在北京，一周在广州。在北京，营员们访问孔子学院总部文化体验中心、教材展、孔子学院资源展，加深对孔子学院的了解；游览长城、天安门、故宫、颐和园和天坛等名胜古迹，领略中国传统建筑风格，感受中国皇家园林，感悟中国传统文化；深入胡同和四合院，体验居民生活，与居民一起包饺子，感受老北京的风土人情；穿梭在 798 艺术街区和南锣鼓巷，品味北京的文艺气息；参观中国高等学府、科技馆、奥林匹克公园外景，感受北京的青春与活力。在广州，营员们在华南师范大学学习和体验丰富多彩的汉语及中国文化课程，包括汉语日常会话、汉字与中国文化、中国民族舞蹈体验、中国国画体验、中国饮食文化介绍、茶艺演示及体验、民族特色介绍 + 中国结、中国戏剧人物与脸谱介绍、画脸谱画扇面、广州概况介绍、中国陶艺体验、参加 HSK/YCT 考试等，营员们在充满中国特色和个人创意趣味的文化体验过程中，近距离接触地道有趣的中国文化；课余时间，营员们参观华南师范大学校园、广州大学城、南海校区；参观岭南著名宗祠建筑陈家祠、老广州西关文化区荔枝湾涌、黄飞鸿狮艺武术馆，游览岭南印象园，感受岭南民风民俗文化；参观北京路步行街“千年古道遗址”，体验广州辉煌的商业文明；参观广东科学中心，感受科学魅力；游览沙面岛、花城广场、夜游珠江，深切感受广州文化；坐公车、地铁去商店体验中国人的日常生活，品尝中国小吃、体验广式早茶，切身体会中国人民的热情。

从第三届夏令营开始，举办中东欧16国孔子学院夏令营开营仪式。2016年开营仪式由拉脱维亚大学校友安泽主持，营员们演唱大合唱《朋友》，赛叶娃代表拉脱维亚参与来自中东欧16国孔子学院学生的合唱《歌声与微笑》。2017年营员们在开营仪式上表演合唱《鸡年来了》。2018年营员们在开营仪式上表演合唱《友谊地久天长》。2019年开营仪式期间，拉脱维亚大学孔子学院与拉脱维亚驻中国大使馆联手，展示拉脱维亚特色和风情，大使馆安吉丽娜出席了活动。

2020—2022年，受新冠疫情影响，华南师范大学举办线上岭南文化冬令营活动，拉脱维亚大学孔子学院是主力军之一。2020—2021年度冬令营活动于2021年1月11日至18日在线举行，拉脱维亚大学孔子学院69名学员参加，其中18位学员被评为优秀营员。2021—2022年的冬令营活动按照两个时间段分两期进行，第一期时间为2022年1月7—14日，第二期时间为2月20—28日，主题分别为“魅力湾区，动感岭南”“文明之火，魅力湾区”，拉脱维亚大学孔子学院50名学员参加，其中11人获得优秀营员证书。[①]

四、奖学金生推荐和欢送活动

2011年的奖学金生按照之前的方式推荐，而从2012年开始由拉脱维亚大学孔子学院负责推荐每年的孔子学院奖学金生，有时候也协助推荐政府奖学金生，并与大使馆一起举办奖学金生欢送会活动。从2012年开始，许多拉脱维亚大学人文学院亚洲学系汉学专业学生也成为孔子学院学生，在孔子学院学习中文课程并取得学分，因此奖学金生也具有人文学院和孔子学院双重学生身份。

2011年和2012年奖学金仅限孔子学院奖学金和政府国别奖学金，

① http://cicgz.scnu.edu.cn/cicweb/2046，2022年6月30日上网查阅。http://cicgz.scnu.edu.cn/cicweb/2050，2022年6月30日上网查阅。

名额相对比较少。2011 年有 10 人获得孔子学院奖学金和政府奖学金，大部分为期一学年，学习现代汉语，也有个别攻读环境保护专业硕士学位或博士学位。2012 年有 16 人获得奖学金，学习现代语言、汉语言文学、国际法、建筑学、国际商务、化学工程、国际贸易等，大部分为期一年，也有一些攻读硕士或博士学位。中国驻拉脱维亚大使馆举行留学生欢送茶话会。

2013 年 5 月，为扩大中国政府奖学金的影响，吸引更多优秀中东欧学生来华学习和深造，鼓励中国院校与中东欧国家院校建立合作关系并扩大交流规模，中国教育部专门设立了中东欧学分生专项奖学金，奖学金名额大幅增加。共有 25 人获得奖学金，其中政府奖学金 13 人，孔子学院奖学金 12 人。中国驻拉脱维亚大使馆和孔子学院为奖学金生举行欢送会。2014 年有 28 人获得奖学金，其中孔子学院奖学金 9 人，政府奖学金 19 人。拉脱维亚大学孔子学院举行奖学金生欢送会。截至 2015 年，中方向拉方提供政府奖学金名额总数已超过 200 名。

2015 年有 40 人获得奖学金，其中政府奖学金 32 人，孔子学院奖学金 8 人。此外，中方还向拉脱维亚官员、专家等提供 10 多个短期培训项目，参加中国商务部培训项目 12 人。[①] 中国驻拉脱维亚大使馆和孔子学院在里加东亚长城饭店为获得奖学金的赴华留学生举行欢送会。2016 年有 22 人获得奖学金，其中政府奖学金 20 人，孔子学院奖学金 2 人。2017 年有 20 人获得政府奖学金。2018 年有 35 人获得奖学金，其中政府奖学金 18 人，孔子学院奖学金 17 人。2019 年有 25 人获得奖学金，其中政府奖学金 19 人，孔子学院奖学金 6 人。

2020 年之后，疫情肆虐全球，赴华留学受到很大影响。政府奖学金名额大大减少，中国政府单方奖学金停止，每年只有 5 个政府国别互换奖学金名额。

---

① https://www.fmprc.gov.cn/ce/celv/chn/xwdt/t1290374.htm，2022 年 7 月 4 日上网查阅。

第四节　学术交流活动

孔子学院注重学术交流活动，主办和参与各类座谈、研讨会、讲座以及访问交流；此外，也编著和出版各类著作和辞书，推动中文教学和中华文化传播。

一、座谈研讨会

组织中文教学与汉学研究座谈会和研讨会。2013年11月23日，孔子学院举办首次拉脱维亚全国性的中文教学与汉学研究座谈会，20人参加了座谈。2016年11月4—6日，孔子学院承办首次中东欧国家汉学研究与中文教学研讨会。共有来自中东欧16国的43名汉学家、3名中国专家、2名中国国家汉办代表以及20多名嘉宾参与了研讨会。中东欧16国汉学家代表在拉脱维亚国家图书馆接受前来参加第五届中国-中东欧16+1政府首脑峰会的李克强总理和中东欧16国总理的接见。贝德高向李克强总理赠送了他编撰的《精选拉脱维亚语汉语-汉语拉脱维亚语词典》。本次研讨会对中东欧汉学研究、中文教学和孔子学院发展具有重要的推动作用。2022年12月30日，孔子学院在里加中国文化中心举行拉脱维亚中文教学暨留学工作交流会，尚劝余介绍拉脱维亚中文教学发展历程，贝德高介绍拉脱维亚中文教学现状，25位中文教师或现场或视频依次介绍各自教学点的中文教学情况及教学感受。

协助组织和参与京剧研讨会以及施密特学术遗产国际研讨会。2015年5月29日，孔子学院积极协助组织和参与京剧研讨会。杨国强大使、李涛参赞、国家京剧院副院长于魁智、一团团长李胜素、《杨门女将》导演孙桂元以及拉脱维亚大学校长奥津什、副校长康格罗、孔子学院贝德高、尚劝余和师生及华人代表等50余位嘉宾出席研讨会。2019年4月25—26日，拉脱维亚第一代汉学家施密特学术遗产国际研讨会暨诞辰150周年纪念日在拉脱维亚大学主楼大礼堂举办，近200名教授、学者及汉语学习者等参加。会议由联合国教科文组织、拉脱维亚大学以及孔子学院和图书馆联合举办，分为五个主题。来自中国、拉脱维亚、俄罗斯、德国、波兰等不同国家和地区的22位嘉宾做学术报告。

与访问团座谈，加强学术文化交流。2017年2月10日，由北京大学、北京师范大学、复旦大学、中山大学、厦门大学高校外事部门负责人组成的访问团访问拉脱维亚大学孔子学院，双方就落实新汉学计划交换了看法，并就进一步交流合作进行了探讨。2019年9月7日，浙江大学中国西部发展研究院代表团访问拉脱维亚大学孔子学院，围绕“一带一路”建设背景下孔子学院的发展、新时期孔子学院职能优化等研究议题进行调研，双方签订了《浙江大学中国西部发展研究院和拉脱维亚大学孔子学院学术交流合作协议》。

其他座谈交流活动。2020年1月16日，孔子学院出席奥格蕾自治市外语教学研讨会，两位院长介绍世界中文教学和拉脱维亚中文教学现状，并回答了与会者的提问。2020年1月20日，孔子学院举办“拉脱维亚陈氏太极拳海外培训班”座谈交流会。2020年9月10日，孔子学院举办《老乡　安泽》座谈会，贝德高和尚劝余介绍安泽的故事以及《老乡　安泽》读后感。2022年12月5日，孔子学院邀请美国跨文化喜剧演员艾杰西访问，与拉脱维亚大学人文学院汉学专业本科生和研究生进行座谈。

二、各类讲座

孔子学院采取“走出去请进来”的办法，举办各种形式的学术讲座和文化讲座。

孔子学院人员举办讲座。2012年11月14日，罗毅应邀在拉中商业协会会议厅为即将赴中国参观访问的拉脱维亚议会议员举办别具特色的“中国茶文化”讲座。2014年11月7日，尚劝余在孔子学院举办“中国宗教文化主题系列讲座”第一讲“儒教 / 儒学”。2015 年 11 月 20—25 日，尚劝余和贝德高在维尔纽斯大学孔子学院分别做《中国的甘地研究》和《汉拉词典编纂经验》报告。2017 年 4 月 4 日，曾嵘受邀在丽笙酒店会议厅为拉脱维亚四家丽笙酒店的百余名员工举办主题为“你好中国”的大型中国文化报告。2018 年 3 月 20 日，贝德高受邀为里加文化中学孔子课堂学生做关于当代中国的报告。2020 年 11 月 19 日，尚劝余应深圳大学汉语国际教育系邀请做了《孔子学院与汉语国际教育——以拉脱维亚大学孔子学院为例》在线报告。

邀请专家学者举办讲座。2013 年 6 月 4 日，华南师范大学刘志铭教授和吴坚教授在拉脱维亚大学主楼举办两场讲座，分别为《中国经济改革的逻辑与战略转变》和《中国和拉脱维亚高等教育比较》。2015 年 6 月 29 日，华南师范大学左鹏军教授在孔子学院做《走进岭南文化》报告。2016 年 2 月 20 日，安泽在拉脱维亚大学主楼二楼小礼堂举办《我与中国的故事》讲座。2017 年 6 月 17 日，华南师范大学戴黍教授在孔子学院做《对外交流与孔子学院发展——以华南师范大学为例》报告。2017 年 12 月 18 日，香港城市大学叶世安教授为孔子学院师生做有关香港及其教育的专题讲座。2018 年 9 月 28 日，中国人民大学代表团杨慧林教授、陈岳教授、闫瑾副教授、罗天虹副教授、关孔文博士一行到访孔子学院，围绕中国文化、中国外交、中欧人文交流以及“一带一路”倡议的内涵与实践等内容开展系统讲座。2018 年 11 月 23 日，塔林大学孔子学院中方院长朱璐在孔子学院做《孔子如何看待神》讲座。2019 年 4 月 24 日，北京外国语大学博士生罗薇做报告《和彼得 · 彼得洛维奇 · 施密特一起学汉语——〈汉语官话语法试编〉翻译中的若干思考》。2019 年 9 月 27 日，复旦大学万广华教授和龚柏华教授访问孔子学院，分别举办《中国中长期增长前景》和《WTO 改革：中国-欧盟立场比较和合作建议》讲座。2022 年 12 月 5 日，美国脱口秀演员艾杰西在拉脱维亚大学大礼堂举办“中国文化脱口秀讲座”。

三、访问交流

2012—2022年,孔子学院每年都进行数次各种形式的访问交流活动。

孔子学院间互访交流。2012年11月17日,拉脱维亚大学孔子学院一行赴立陶宛维尔纽斯大学孔子学院交流访问。2016年5月8日,芬兰赫尔辛基大学孔子学院代表团访问拉脱维亚大学孔子学院,开展经验交流活动。2022年10月12—13日,拉脱维亚大学孔子学院一行访问塔林大学孔子学院。2022年11月10—12日,拉脱维亚大学孔子学院一行应邀出席罗马尼亚锡比乌孔子学院15周年国际会议。2022年12月1日,拉脱维亚大学孔子学院一行访问维尔纽斯大学孔子学院。

高等院校和外事机构访问孔子学院。2015年6月19日,上海财经大学代表团访问拉脱维亚大学孔子学院。2017年12月18日,香港城市大学商学院会计学系教学团队访问孔子学院。2019年6月13日,暨南大学代表团访问拉脱维亚大学孔子学院。2019年6月25日,广东省人民政府外事办公室一行访问孔子学院。此外,2013年4月20日,杨国强大使走访孔子学院。2016年8月17日,黄勇大使、贝安德烈斯国务秘书、张放处长访问孔子学院。2019年10月16日,梁建全大使和刘继民领事访问孔子学院。

组织代表团赴华访问交流。2016年5月25日—6月5日,孔子学院组织第一届"拉脱维亚教育访华团"(10人)。2019年5月26日—6月6日,孔子学院组织第二届"拉脱维亚教育访华团"(10人)。2019年7月8—21日,孔子学院和中国大使馆经商处联合组织"拉脱维亚汉语言和中国文化研修班"(25人),赴北京和西安访问交流。

接待高访团,推动中拉友好交往。2016年11月4—7日,在中国-中东欧"16+1"政府首脑峰会期间,孔子学院全体人员全程参与中国代表团接待工作。2017年4月12—14日,在全国人大常委会委员长张德江等对拉脱维亚进行正式友好访问期间,孔子学院全程参与接待工作。

2018年7月5日，全国政协代表团访问孔子学院。2018年9月1日，中国作家协会代表团访问拉脱维亚，双方签署《中国作家协会和拉脱维亚大学孔子学院合作意向书》。2019年9月22日，全国人大代表徐绍史等一行访问拉脱维亚，与孔子学院、中国文化中心、留华同学会共同举办“我们爱唱中文歌”活动。

其他交流活动。2012年8—9月，贝德高出席拉中文化交流月开幕式活动，并发表致辞。2014年10月，贝德高参加第四期孔子学院外方院长高级研修班，并作为三位院长代表之一做了发言。2016年8月23日，贝德高在人民大会堂参加第十届中华图书特殊贡献奖颁奖仪式，并作为三个代表之一在获奖感言中分享学习中文的故事。2017年5月22日，孔子学院参加在里加举办的北京教育说明会活动。2017年9月27日，孔子学院参加在里加举办的陕西-拉脱维亚丝路经贸文化合作论坛活动。2022年9月15日，孔子学院受邀赴利耶帕亚海事学院参加多国学者出席的国际学术会议，做题为“中国和拉脱维亚高等教育比较”发言。2022年12月4日，孔子学院在里加中国文化中心举办“语言的艺术——中国文化交流活动”。

四、著述出版

拉脱维亚大学孔子学院一贯重视国际中文教育资源开发，积极组织开展中文教学研究和词典编撰出版等工作，为中文教学提供学术支撑和相关读物及工具书，以研促教，研教相长。主要著述有以下几类：

(一)拉脱维亚汉语教学研究与探索

2016年，编辑出版《拉脱维亚汉语教学研究与探索》(云南人民出版社)，尚劝余、贝德高、董芳主编。2019年，编辑出版《拉脱维亚汉语教学研究》(拉脱维亚大学出版社)，尚劝余、王琼子、贝德高主编。2021年，编辑出版《拉脱维亚汉语教学探索》(拉脱维亚大学出版社)，尚劝余、贝德高、王蕾、王琼子主编。2022年，编辑出版《拉脱维亚线上汉语教学纵论》(拉脱维亚大学出版社),尚劝余、贝德高、白冰玉主编,本书是第一部探讨拉脱维亚线上中文教学的著作。

(二)《我的中国故事》和《我与拉脱维亚的故事》

2019 年,出版《我的中国故事》(拉文版,拉脱维亚大学出版社),贝德高根据自己的亲身经历以日记的形式写成的纪实故事。2019 年 12 月 18 日,《我的中国故事》发布庆典在拉脱维亚大学主楼大礼堂隆重举行。2021 年,出版《我的中国日记》(中文版,商务印书馆),尚劝余领衔主持,来自北京外国语大学和北京第二外国语学院的 8 名在拉脱维亚大学和里加工业大学留学的博士生、硕士生和本科生参与翻译。2021 年,出版《我的中国日记》(俄文版,拉脱维亚大学出版社),爱莱恩·贝德高翻译。2022 年,出版《我的中国日记》(英文版,拉脱维亚大学出版社),安妮达·新泽梅翻译。2022 年,出版《汉语之花盛开在波罗的海之滨——我与拉脱维亚的故事》(世界知识出版社),尚劝余、贝德高主编,本书横向共时和纵向历时相交融,立体展示拉脱维亚中文教学的宏图。

(三)《唐诗选译》和中拉研究

2022 年,出版《唐诗选译》(*Tan laikmeta dzejas izlase*,拉脱维亚大学出版社),贝德高翻译,玛丽娅手绘插图,拉脱维亚女诗人拉语校对,尚劝余和成佩中文校对。总共收录唐朝 53 位诗人的 134 首诗,在唐诗翻译的同时,也对诗中的重要信息做了注释介绍,对重要诗人做了简介。2022 年,出版《拉脱维亚视阈下的拉脱维亚与中国研究》(拉脱维亚大学出版社),尚劝余、贝德高主编,本书由 13 位在中国攻读学士、硕士和博士学位的拉脱维亚留学生的学位论文组成。

(四)《拉脱维亚大学孔子学院纪念册》

2016 年,出版《拉脱维亚大学孔子学院 5 周年纪念册》(拉脱维亚大学出版社)。2021 年,出版《拉脱维亚大学孔子学院 10 周年纪念册》(拉脱维亚大学出版社)。纪念册图文并茂地介绍和展示拉脱维亚大学孔

子学院各个教学点概况以及重大活动和取得的巨大成绩。(尚劝余、贝德高、玛丽娅主编,2021)

(五)词典和教材

2016年,出版《精选拉脱维亚语汉语-汉语拉脱维亚语词典》(商务印书馆),贝德高编,叶比鲁塔拉脱维亚文审订,梁音、崔燕中文审订,周宏友拉脱维亚文编辑,于立滨中文编辑。2018年,出版《汉语拉脱维亚语大词典App》(商务印书馆)。2021年,出版《精选拉脱维亚语汉语-汉语拉脱维亚语词典App》(商务印书馆)。2018年11月23日,举行《汉语拉脱维亚语大词典App》出版发布庆典,拉脱维亚外交部国务秘书安德里斯·派尔什高度赞扬了贝德高对中拉两国关系和拉脱维亚汉学发展做出的巨大贡献,并为贝德高、叶比鲁塔、尚劝余和于立滨颁发"特殊贡献奖"。[①]

2022年,出版本土教材《盼达汉语》(拉脱维亚大学出版社)。本教材是中国和拉脱维亚两国汉语师生合作编写本土教材的尝试,力图做到知识系统完整、编排方式科学,同时又兼顾难度适中、内容丰富有趣。本教材使用汉语、英语、俄语和拉脱维亚语四种语言编写,教材图文并茂。

(六)资助和协助出版

2016年,立项资助出版《拉脱维亚制造公司在中国市场竞争力的改善》(*Latvijas ražošanas uzņēmumu konkurētspējas uzlabošana Ķīnas Tautas Republikas tirgū*,拉脱维亚大学出版社)。本书经孔子学院理事长伊克思顿斯副校长推荐,孔子学院向国家汉办申请,获国际中文教学资源开发基金项目出版资助。作者李艾迪、罗伯茨·什卡帕尔斯和戴伊娜·什奇尔泰莱。2020年,联络出版《老乡 安泽》(中文版,江西教育出版社)。2022年,协调出版《老乡 安泽》拉文版《在那遥远的东方》(*Tālu, tālu Austrumos*,拉脱维亚大学出版社)。

---

① 拉脱维亚大学孔子学院档案,2018年11月23日。

第六章　孔子课堂各显其能

在拉脱维亚大学孔子学院下设教学点中，有五个是孔子课堂，分别是里加文化中学孔子课堂、里加34中学孔子课堂、道加瓦皮尔斯大学孔子课堂、雷泽克内大学孔子课堂、里加工业大学孔子课堂，这些孔子课堂是拉脱维亚中文教育的重要阵地和平台。

第一节　里加文化中学孔子课堂

里加文化中学孔子课堂是拉脱维亚第一个孔子课堂，也是波罗的海三国最早的孔子课堂，在拉脱维亚中文教育史上占有独特的地位。

一、孔子课堂建立

从2011年始，里加文化中学中文教学以及与中国教育交流进入了快车道，这为里加文化中学孔子课堂的建立打下了基础。

2011年10月24—29日，里加文化中学代表团一行6人访华。代表团访问了中国国家汉办、河北省教育厅、石家庄外国语学校、石家庄一中、保定外国语学校，听取了《中国基础教育政策与河北的实践》讲座，并参观了故宫、长城、雍和宫、孔庙、国子监、秀水街、直隶总督府。

2011年11月16日，里加文化中学、里加34中学和里加68中学汉语师生百余人在中国驻拉脱维亚大使馆共同举办新年中文歌曲卡拉OK联欢会。联欢活动由使馆人员张敏和里加文化中学周文馨老师主持，同学们表演了各种节目并积极抢答问题。周文馨向使馆赠送学生们的绘画作品集,学生们还向中国厨师学习中国传统食物春卷的制作过程并品尝中国美食。

2012 年 11 月 6 日,拉脱维亚大学孔子学院正式在里加文化中学教授中文课程。最初由志愿者教师罗毅兼职授课,后来由志愿者教师王树蕙和黄颖怡兼职授课,最后由公派教师董芳专职授课。2013 年 6 月 18 日,经中国国家汉办正式批准,里加文化中学中文教学点升格为孔子课堂,成为拉脱维亚大学孔子学院下设的第一个孔子课堂。

2014 年 2 月 28 日,里加文化中学孔子课堂正式揭牌。中国驻拉脱维亚大使馆、拉脱维亚教育部、拉脱维亚大学、里加 68 中学、新华社代表近百人出席了揭牌仪式。杨国强大使和康格罗副校长共同揭牌。里加文化中学合唱团、中文教师和当地华人演唱了中国和拉脱维亚歌曲。里加文化中学孔子课堂是拉脱维亚第一个孔子课堂,也是落户在波罗的海三国地区的第一个孔子课堂,必将进一步推动拉脱维亚的中文教学。[①]

二、孔子课堂中文教学

孔子课堂面向本校十至十二年级开设中文选修学分课,课程类型主要以语言综合课和文化课为主。孔子课堂也面向社会开设汉语兴趣课,为其他对汉语和中华文化感兴趣的社会人士和青少年提供中文教学。

除了周文馨老师,来自华南师范大学的志愿者教师罗毅(2012 年 11 月—2013 年 6 月)、王树蕙(2013 年 9 月—2013 年 11 月)、黄颖怡(2013 年 9 月—2013 年 11 月)、程雪(2014 年 8 月—2016 年 7 月)、吴甜田(2016 年 8 月—2018 年 7 月)、陈莹(2018 年 9 月—2020 年 6 月)以及来自佳木斯大学的志愿者教师单琪(2020 年 9 月—2021 年 7 月)、来自陕西理工大学的志愿者教师李欣(2021 年 9 月—2024 年 7 月)、来自华南师范大学的公派教师董芳(2013 年 10 月—2018 年 12 月)和曾庆君(2019 年

① http://www.chinanews.com/hwjy/2014/03-05/5911312.shtml, 2022 年 7 月 15 日上网查阅。

1—11月）先后任教，其中董芳任教五年多，受到中国驻拉脱维亚大使馆、里加市政府、孔子学院和里加文化中学的嘉奖。

董芳（2016）对里加文化中学孔子课堂中文教学情况做了梳理。孔子课堂成立之初，只面向十、十一、十二年级开设中文选修学分课。后来，增设了社会晚班，由最初的一个初级班的13人发展至一个初级班和一个中级班共26人。年龄层次从7岁到45岁，并且出现了多名家长和孩子一起学习中文的可喜情况。每学年在里加文化中学学习中文的学生在50—80人之间。每个年级每周4个课时，每个学年32个教学周。三个年级的中文教学从零基础到初级再到中级水平。教学内容以汉语知识为主，穿插中国文化知识，并辅以文化专题课程与文化活动。教材以《跟我学汉语》为主，辅以法国出版的《汉字的启蒙》，同时参考使用《体验汉语・生活篇》和《体验汉语・高中版》来扩充学生语法知识，进行会话教学。教师会根据实际情况编排教学材料和教学内容，基本形成自编教材和教学体系，为下一步系统性本土教材《盼达汉语》编写打下基础。

三、文化交流活动

中国驻拉脱维亚大使馆交流活动。2013年5月13日，杨国强大使和傅智敏参赞走访里加文化中学，受到莱梅赛校长等热情接待。2013年9月6日，杨国强大使应邀出席里加文化中学开学典礼并致辞。2014年2月13日，大使馆在里加文化中学举办元宵节招待会，拉脱维亚汉学界知名人士、大中院校汉教师生代表及拉脱维亚武术协会学员等约140人出席。

交换生和观摩团交流活动。2014年4月23日，法国交换访问团师生访问孔子课堂，观摩孔子课堂汉语和中国文化公开课。2015年1月30日，孔子课堂接待拉脱维亚外语教师观摩团。2月12日，孔子课堂举办以“品味中国茶”为主题的校级文化活动。2016年4月20日，孔子课堂面向比利时交换访问师生及里加文化中学六个班进行文化讲座和文化体验活动，这是比利时师生第三次造访孔子课堂。孔子课堂的中文课已成为里加文化中学接待外国访问团的名片课程。①

中国文化周活动。2013 年 10 月 21—25 日，孔子课堂进行为期一周的中华文化体验课，包括编中国结、烹饪和书法等教学体验和展示。2014 年 12 月 10—17 日，中国文化周包括中国电影专题讲座与电影欣赏、书法体验和展示。2018 年 12 月 13—19 日，中国文化周每天都有不同的文化主题，包括中国结文化、剪纸文化、筷子文化、吹墨梅花与书法体验、茶文化等。

毕业班中文汇报演出和孔子课堂 5 周年庆典。2015 年 11 月 23 日，孔子课堂在学校礼堂举行毕业班中文汇报演出，孔子学院两位院长、里加文化中学校领导和教师、学生、亲朋以及对中文和中国文化感兴趣的社会人士等 60 余名嘉宾出席。2018 年 2 月 1 日，举办孔子课堂 5 周年暨新年庆祝活动，嘉宾有孙应来参赞和赵劳拉秘书，里加市教育信息服务处处长西格奈・内玛奈，里加 34 中学副校长格玛丽娜，新华社记者李德萍和郭群，孔子学院院长贝德高和尚劝余、秘书柯劳拉以及中文教师林婕、滕飞、刘梦珂，里加文化中学校长莱梅赛、副校长奥迪斯・菲尔库斯和贝马丁什、孔子课堂教师董芳和吴甜田等。

其他交流活动。2017 年 12 月 14 日，香港城市大学商学院会计学系教学团队访问里加文化中学，莱梅赛校长与代表团见面并对其到来表示热烈欢迎。2018 年 4 月 19 日，里加文化中学举行全校优秀教师颁奖仪式，莱梅赛校长向中文教师董芳转交了里加市政府颁发的嘉奖感谢信，表彰其勤恳敬业的精神和为中文教学做出的突出贡献。2018 年 5 月 26 日至 6 月 1 日，董芳赴美国费城参加国际教育者协会年度会议暨国际教育者协会成立 70 周年庆祝会。②

---

① 里加文化中学孔子课堂档案，2016 年 4 月 20 日。

② 里加文化中学孔子课堂档案，2018 年 6 月 1 日。

此外，里加文化中学孔子课堂学生也积极参加孔子学院举办的春节、中秋节、孔子学院日、“汉语桥”、夏令营等活动。里加文化中学孔子课堂中文教师一直担任“汉语桥”比赛的主要负责人和夏令营活动的领队老师，孔子课堂的学生积极踊跃参加历届“汉语桥”比赛和夏令营活动，是中学生组的主要来源和主力军。里加文化中学孔子课堂也是中学生申请奖学金赴华留学的主要来源。

第二节　里加 34 中学孔子课堂

里加 34 中学由原里加 34 中学和里加 68 中学合并而成，是继里加文化中学之后拉脱维亚中学中文教学的另一个重要阵地。迄今为止，共有 5 位本土教师和 7 位孔子学院志愿者教师相继任教，其中志愿者教师李文玉来自河南理工大学，其余志愿者教师均来自华南师范大学。

一、早期中文教育

原里加 34 中学成立于 1952 年，早在 1963 年便开始全面推行以英语为第二语言的二语学习（一至十二年级）。在校长柳德米拉・坡伦科维奇的支持下，该校于 2009 年开设中文兴趣课，相当于中文俱乐部，当时的中文教师是薇拉。薇拉毕业于里加 34 中学，2003—2006 年就读于拉脱维亚大学汉学专业，2005 年 9 月—2006 年 6 月和 2007 年 3—6 月在北京师范大学留学进修，2009—2017 年在里加 34 中学任教。[①]

原里加 68 中学成立于 1972 年，是里加最好的俄族学校之一。在校长拉丽莎・贡恰连科的支持下，该校于 2010 年开设中文课，三个班级，当时的中文教师是初玛丽亚。初玛丽亚 2006—2009 年在拉脱维亚大学汉学专业就读，2009—2010 年在北京语言大学留学，2010—2012 年在

① 2021 年 12 月 29 日薇拉邮件访谈录。感谢里加 34 中学副校长格玛丽娜牵线搭桥。

里加68中学任教，同时在一家瑞士银行做中国市场经理。[1] 2010年11月9日，胡业顺大使代表中国使馆向里加68中学赠送教学设备，拉丽莎·贡恰连科校长及百余名师生出席捐赠活动。2010年11月18—24日，初玛丽亚受孔子学院总部邀请赴华参加中文教师教材培训班。2011年9月1日，里加68中学中文课正式成为选修课，胡业顺大使出席开学典礼。2011年12月20日，里加34中学薇拉和里加68中学初玛丽亚以及中文班学生参加中国大使馆举行的新年卡拉OK联欢会。2012年，珍珠接替初玛丽亚任教，她2009—2012年在拉脱维亚大学汉学专业就读，2012—2014年在里加68中学任教两年，同时2013—2015年在里加安妮穆伊扎中学教中文。[2] 2013年，里加68中学开设汉语俱乐部，为学生提供了新的汉语平台。

关于早期中文教学情况，笔者对薇拉、初玛丽亚和珍珠做了访谈。薇拉表示，里加34中学中文班每年有约15个学生，其中10个学生上课很积极很准时；在2009—2017年她任教期间，率领学生参加“汉语桥”中文比赛，也参加中国大使馆组织的所有汉语活动。[3] 初玛丽亚表示，她给里加68中学11—17岁的学生开设中文课，中文班的所有学生都对中国语言和文化以及中国这个国家非常感兴趣。他们学习中文词汇，学习会话，学习写汉字，看中国电影，讨论中国的生活。[4] 珍珠在任教的两年中，给里加68中学五至十二年级的学生开设中文课。五年级、六年级和十二年级每年各有两个班，其余年级每年各有一个班，每个班约10名学生。她自己准备教案，在备课过程中也受到几本教材的启发，如《中级汉语教程(上)·文化全景》《汉字演变五百例》等。[5]

① 2022年2月10日初玛丽亚邮件访谈录。感谢里加34中学副校长格玛丽娜牵线搭桥。

② 2022年2月9日珍珠 Facebook Messenger 访谈录。非常感谢里加34中学副校长格玛丽娜牵线搭桥。

③ 2022年2月15日薇拉 Facebook Messenger 访谈录。

④ 2022年2月10日初玛丽亚邮件采访录。

⑤ 2022年2月9—12日珍珠 Facebook Messenger 访谈录。

二、登上新的台阶

2015 年 1 月，里加 68 中学成为孔子学院教学点，由孔子学院申请志愿者教师任教，与本土教师一起搭档教学，合作授课。首任中方中文教师张婕（2015 年 1—6 月）与本土教师克丽塔搭档合作。克丽塔 2015 年接替珍珠任教，她 2011 年 9 月—2014 年 5 月在拉脱维亚大学汉学专业读本科，2014 年 9 月—2015 年 1 月在兰州大学留学，2015 年 1—6 月在里加 68 中学教中文，2015—2017 年在华东师范大学攻读汉语国际教育硕士，2017—2019 年在上海交通大学攻读中国政治与外交硕士，后在中国驻拉脱维亚大使馆工作。里加 68 中学与孔子学院合作后，中文课发展至面向三至十二年级，几乎覆盖小学、初中和高中阶段，学生年龄层次更加多样化。克丽塔负责三至八年级的课程，张婕负责六至十一年级的课程，部分年级由她们共同任教。

2015 年夏，里加 68 中学与里加 34 中学合并，名称沿用里加 34 中学。新的里加 34 中学将汉语列为选修课程，正式进入学分体系（与德语、法语等一起成为第二外语）。同时，学校应学生要求增设中文兴趣班，分为 A、B 两个平行班。艾维塔成为合校后的唯一本土教师（2015 年至今），袁钰成为合校后第一任孔子学院志愿者教师（2015 年 9 月—2016 年 6 月）。合校后中文课分为选修课和兴趣课两种，袁钰和艾维塔共同担任两个校区（原里加 68 中学维尔查瓦校区和原里加 34 中学坎达瓦校区）的选修中文课。选修课是学校正式课程，需考试、考勤，在正常时间上课。兴趣课由袁钰讲授，不计考勤、不计分数。此外，学校每个星期五下午有汉语俱乐部活动，由薇拉任教辅导。[①]

2017 年，里加 34 中学中文教学点升格为孔子课堂，中文教学迎来了新的机遇。9 月 29 日，里加 34 中学孔子课堂揭牌仪式隆重举行，中

① 袁钰《给下一任志愿者的信》，2016 年 8 月 17 日。

国驻拉脱维亚大使馆李涛参赞、里加市教育信息服务处处长西格奈·内玛奈等近百人出席。罗娜达莉亚校长、李涛参赞、贝德高院长和尚劝余院长致辞。罗娜达莉亚和李涛一起为里加34中学孔子课堂揭牌。[①]

三、孔子课堂中文教学

2016—2018学年,孔子课堂中文课程面向三至十二年级10个班级,其中4个是学分班,6个是兴趣班。学分班由吴炜和艾维塔一起上课,兴趣班则由吴炜一个人上课。一周18个课时,顶峰时期学生近百人。2018—2020学年,梁娟和艾维塔搭档教学,负责小初高10个班级的中文教学,约70名学生,年龄10—18岁不等,课型包括汉语综合课、文化课、私人辅导课等。

2020—2021学年,由于疫情,牛爽和艾维塔通过网络远程配合教学。线上教学使用Zoom会议平台,每次上课由艾维塔开启会议,牛爽和学生加入,每个班级有不同的会议号。网络中文课面向5—10年级开设,共6个初级班,其中3个学分班,3个兴趣班。2021—2022学年,李文玉和艾维塔通过网络远程配合教学,共有7个教学班,其中4个是选修班,3个是兴趣班。

2022—2023学年,汪贝娅和艾维塔搭档教学,高安娜单独教学。汪贝娅和艾维塔负责7个班级的教学,其中5个选修班,2个兴趣班,共51人。高安娜给小学一至四年级上中文课,共3个班,学生60余人。由于小孩子还没有学过英语,高安娜用拉脱维亚语和俄语授课。[②]

四、文化交流活动

春节和元宵节活动。2012年2月,里加68中学先后举办春节和元

① http://www.34vsk.lv/index.php/en/734-opening-ceremony-of-confucius-classroom,2022年3月1日上网查阅。

② 2022年12月15日高安娜访谈录。

宵节庆祝活动，胡业顺大使及思卡佳秘书，贝德高院长、拉丽莎·贡恰连科校长、中文教师初玛丽亚、音乐老师斯维特蓝娜·什巴耶娃以及师生百余人参加。2015 年 2 月 1—25 日，里加 68 中学举办丰富多彩的羊年春节主题系列庆祝活动，包括“羊年迎新·春”手抄报比赛、春节专题讲座、春节汇报演出。2016 年 2 月 4 日，里加 34 中学举办“欢乐迎新春”春节庆祝活动，罗娜达莉亚校长、黄勇大使、贝德高和尚劝余院长分别致辞，拉丽莎·贡恰连科副校长以 PPT 形式回顾学校中文教学的发展历程。2017 年 1 月 27 日，里加 34 中学举办“金鸡迎春”鸡年春节庆祝活动。2019 年 2 月 14 日，里加 34 中学举办“金猪纳福”春节庆典活动。

中国语言文化周和汉语趣味运动会及国庆节活动。2012 年 10 月 11 日，里加 68 中学举办“中国语言与文化周”活动，胡业顺大使、拉丽莎·贡恰连科校长、珍珠老师、斯维特蓝娜·什巴耶娃老师以及师生百余人参加活动。2016 年 4 月 27 日，里加 34 中学举办首届汉语趣味运动会，副校长格玛丽娜、中文教师艾维塔和袁钰、英语教师以及来自里加 34 中学两个校区的 50 余位师生参加活动。2015 年 10 月 7 日，里加 34 中学举办中华人民共和国 66 周年国庆活动，学校领导、中文教师艾维塔和袁钰以及师生参加。

互访交流活动。2013 年 5 月，北京广播电视大学代表团一行四人访问里加 68 中学，校长拉丽莎·贡恰连科等热情接待。2014 年 4 月，拉丽莎·贡恰连科校长和珍珠老师等一行数人赴明斯克第 23 中学进行学习交流。2015 年 4 月 11 日，里加 68 中学参加在青年宫举办的“国际厨房”系列活动。2015 年 5 月 24 日，图库姆市国际文化节在会议厅举行，张婕受邀参加并主持其中的中国书法体验活动。2022 年 12 月 13 日，来自罗马尼亚、波兰、西班牙、土耳其等国的交换生来到里加 34 中学孔子课堂，汪贝娅和艾维塔两位老师给他们带来了一堂别开生面的中文课。

其他活动。2018 年 12 月 15 日，里加 34 中学志愿者教师梁娟和音乐老师斯维特蓝娜·什巴耶娃以及学生参加拉脱维亚留华同学会在拉脱维亚大学人文学院礼堂举办的第三届“缘梦中国”中文才艺大赛。2019年9月11日，里加34中学校长罗娜达莉亚、副校长格玛丽娜、音乐老师斯维特蓝娜·什巴耶娃、志愿者教师梁娟和学生赴里加中国文化中心参加中秋活动。

此外，孔子课堂学生积极参加孔子学院举办的春节、中秋节、孔子学院日等活动，也是“汉语桥”比赛中小学组的主力之一，是夏令营的积极参与者。同时，习妮卡等也积极参加汉语水平考试，申请中国政府奖学金。

第三节 道加瓦皮尔斯大学孔子课堂

道加瓦皮尔斯大学中文教学于2013年恢复，成为拉脱维亚大学孔子学院下设教学点。道加瓦皮尔斯大学有两个校区，中文课堂教室位于旧校区(主校区)。2015年，道加瓦皮尔斯大学孔子课堂成立，中文教学登上了一个新的台阶。2017年，道加瓦皮尔斯大学中文教学又攀新的高峰，中文课纳入学分体系，成为英语专业本科生的二外学分选修课(法语、德语、西班牙语、瑞典语、汉语任选其一)。2020年，中文学分选修课也向国际贸易专业本科生开设。

一、孔子课堂诞生

2013年9月，拉脱维亚大学孔子学院下设道加瓦皮尔斯大学中文教学点正式开课，恢复了停办长达5年的中文教学。中文课程设在人文学院外语中心(后来改为外语系)，受到学生和社会的热烈欢迎。迄今为止，共有15位中文志愿者教师相继任教，其中，高晴来自中国海洋大学，张丹丹和王嘉夫来自鲁东大学，其余均来自华南师范大学。

第一任志愿者教师张双任教两年(2013年9月—2015年7月)，为道加瓦皮尔斯大学孔子课堂申报建立立下了汗马功劳，为该校中文教学发展奠定了良好基础。2015年10月2日，道加瓦皮尔斯大学孔子课堂揭牌仪式暨庆典活动在学校音乐厅隆重举行。黄勇大使和亚尼斯·拉齐普列西斯市长一起为道加瓦皮尔斯大学孔子课堂揭牌。拉脱维亚电视台、《拉特加莱时报》俄语版和拉脱维亚语版以及道加瓦皮尔斯大学网站等都做了报道。[①] 王志杰(2015 年 9 月—2016 年 7 月)上任初期完成了孔子课堂的揭牌仪式，并根据学生汉语水平分为两个教学班，即大学生初级班和大学生中级班，授课内容包括语言和文化，同期公派教师倪艺榕担任社会班初级综合课的教学工作。

孙霄任教两年(2016 年 9 月—2018 年 7 月)，第一学年负责 3 个中文班的教学工作。此外，孙霄和尚劝余及白冰玉(即将赴任的志愿者教师)三人在暑假期间紧锣密鼓地编写《道加瓦皮尔斯大学中文选修学分课(中文作为第二外语)大纲》，参考拉脱维亚大学人文学院亚洲学系汉学专业和其他学校课程体系，拟订《道加瓦皮尔斯大学中文选修学分课框架》A 和 B 两个方案，道加瓦皮尔斯大学选择了 A 方案。本科三个学年开设汉语语音Ⅰ、汉字Ⅰ、汉语语音Ⅱ、汉字Ⅱ、汉语Ⅰ、中国文化Ⅰ、汉语Ⅱ、中国文化Ⅱ、汉语阅读Ⅰ、汉语Ⅲ、中国文化Ⅲ、汉语阅读Ⅱ共 12 门课程，33 个学分，每门课程都有详细的课程描述。[②]

二、中文学分选修课

从 2017 年 9 月秋季学期开始，除了长期开设的兴趣课，中文学分选修课(中文作为第二外语)成为孔子课堂的主要教学任务，由两位志愿者教师分工合作。

2017—2018 学年，孙霄留任一年，与白冰玉合作授课。孙霄担任

① https://www.grani.lv/daugavpils/58876-v-daugavpilse-poyavilsya-klass-konfuciya.html，2022 年 3 月 5 日上网查阅。

② 《道加瓦皮尔斯大学中文选修学分课框架》，拉脱维亚大学孔子学院档案，2017 年 7 月 5 日。Course descriptions Chinese as the second foreign language，2017 年 7 月 9 日。在后来的实施过程中，课程代码和所属学科以及每个学期课程安排有所变动和调整，所属学科全部为语言学，增加了汉语Ⅳ和结业考试。

的课程包括中文学分班语音课程、初级中文课程、中级中文课程。白冰玉担任3个班级的中文教学任务，即大学汉字学分班、城市零基础中文兴趣班、城市高级中文兴趣班。2018—2019学年，白冰玉留任一年，与刘晶铭合作授课。她们承担5个班级的教学任务：大学选修学分班一年级中文语音课、汉字课，大学选修学分班二年级中国文化课、中文课、中文阅读课，大学兴趣班综合课，城市零基础兴趣班语言课、文化课，城市高级兴趣班中文课。此外，白冰玉和刘晶铭在玛雅·布里玛副校长及秘书艾娃的组织下，合作编写中文宣传手册《汉语手册》(初定名称)，内容包括：孔子课堂简介，关于中国，第一站——中国式生活一瞥(教育、工作、婚姻、购物、旅行)，第二站——中国传统佳节(春节、元宵节、端午节、中秋节)，第三站——中华美食，第四站——汉语小天地，第五站——中国传统思想(孔子和《论语》、老子和《道德经》)，我们的故事，学生评语，网络学习资源，中文挑战，贴纸页。[①]

2019—2020学年，刘晶铭留任一年，与王璐合作授课。一共5个班(即3个学分班、1个社会兴趣班和1个中高级班)，5种课型(综合课、语音课、汉字课、阅读课和文化课)。由于疫情影响，后半学期开启了汉语网络课程。2020年5月27日，第一届中文选修学分课学生举行线上毕业考试，秘书乐桑担任主持，副校长玛雅·布里玛开场亲自坐镇，孔子学院两位院长贝德高和尚劝余、孔子课堂两位志愿者教师刘晶铭和王璐担任考官，考试分为笔试和口试两个部分，两位学生管生生和伊丽莎取得了优异成绩，顺利毕业。[②]

2020—2021学年，受疫情影响，志愿者教师无法赴任，只能进行网络远程教学，王璐选择留任后又被迫放弃。2020年9月，尚劝余来到道加瓦皮尔斯，住在教工宿舍，与志愿者教师高晴(远程网络)分工合作授

① 《汉语手册》目录，2019年7月1日，第1页。
② 刘晶铭《工作总结》，2020年6月4日，第2页。

课。尚劝余负责大一汉语语音Ⅰ和汉字Ⅰ、大二汉语Ⅰ、大三汉语Ⅲ，高晴负责大二中国文化Ⅰ、大三汉语阅读Ⅱ和中国文化Ⅲ。进入10月中旬，疫情肆虐，拉脱维亚所有学校都转为网络授课，尚劝余于11月3日返回里加，志愿者教师吴致昕和邬艳丽接过了课程。高晴全学年负责大一的文化课、综合课，大三的阅读课、文化课、综合课。吴致昕负责大一的汉字课、大二的综合课、阅读课。邬艳丽负责大一语音课、大二文化课、大三综合课。2021年6月7日，第二届中文选修学分课学生举行线上毕业考试，三年级学生卡恰顺利通过考试。此外，2020年10月，道加瓦皮尔斯大学副校长秘书艾娃与尚劝余沟通，确定了道加瓦皮尔斯大学汉语手册的名称《汉语学习手册》，并对内容和封面做了校对确认，由里加 Izdevējs 出版社出版发行。

2021—2022学年，王嘉夫与张丹丹合作在线网络授课。他们是一对夫妻志愿者教师，由于无法派出赴任拉脱维亚，于2022年3月初改派到韩国，但仍然尽职尽责完成了一学年的道加瓦皮尔斯大学孔子课堂网络授课任务。王嘉夫负责大一汉字课，大二和大三综合课。张丹丹负责大一语音课，大二、大三文化课，大二、大三阅读课。2022年6月1日，第三届中文选修学分课学生举行线上毕业考试，秘书乐桑担任主持，孔子学院两位院长贝德高和尚劝余、孔子课堂两位志愿者教师王嘉夫与张丹丹担任考官，考试分为笔试和口试两个部分，三位学生那斯佳、塔安娜、安取得了优异成绩，顺利毕业。

2022—2023学年，胡诗蓉与葛欣怡终于赴任合作授课。大一、大二、大三学分班，学生人数15人。胡诗蓉负责大一汉字课、大二综合课和大三综合课，葛欣怡负责大一语音课、大二文化课、大三阅读课、大三文化课。

三、文化交流活动

道加瓦皮尔斯大学非常重视中文教学和文化交流活动，玛雅·布里玛副校长、塞尔盖主任、艾娃秘书和乐桑秘书不仅组织中文教师和学生参加孔子学院的文化活动，而且亲自负责在道加瓦皮尔斯大学和道加瓦皮尔斯市举办和参与文化活动。比如中国文化周(中国文化作坊)、汉语角文化活动、中文公开课、巡讲展览、各种国际文化活动、中文班结业典礼等。

初期文化交流活动。第一任志愿者教师张双总结了她参与的主要文化活动：道加瓦皮尔斯大学“庆中秋、品月饼”活动；道加瓦皮尔斯大学人文学院青年节，道加瓦皮尔斯大学科学节，道加瓦皮尔斯大学德语文化周，道加瓦皮尔斯大学国际大会，道加瓦皮尔斯大学社会科学系中小学生科学校园系列活动，接受拉脱维亚国家电视台(LTV)、道加瓦皮尔斯拉特加莱地区电台、报社、网站采访，道加瓦皮尔斯大学学术节，为期一个月的道加瓦皮尔斯当地中小学“中国书法”巡讲，为期五周的道加瓦皮尔斯市“中国文化周”系列活动，道加瓦皮尔斯大学首届“汉字书写大赛”，每月不定期在中餐馆举行“汉语角”活动，中文课结业典礼。

中国文化周活动。2015年5月28日，中国文化周闭幕式暨结课证书颁发仪式在道加瓦皮尔斯大学举行，尚劝余做了《儒学：过去、现在与未来》讲座。2017年11月13—16日，道加瓦皮尔斯大学孔子课堂成功举行为期一周的中华文化欣赏暨中国电影周活动，播放《金陵十三钗》《天下无贼》等四部中国电影。

学年工作总结会和中文课结业典礼。2014年4月23日，道加瓦皮尔斯大学举行第一届中文课结业典礼。2016年5月26日，孔子课堂中文课结业典礼。2017年5月30日，贝德高、尚劝余、柯劳拉和董芳一行与塞尔盖、艾娃、乐桑就开设中文学分选修课、将汉语从单纯兴趣课升级为专业学分课等问题进行了讨论。2018年5月29日，道加瓦皮尔斯大学校长柯琪娜、人文学院副院长艾丽娜·瓦西尔叶娃、外语部主任塞尔盖、英语主管伊尔泽·沃列诺维查和孔子学院贝德高院长、尚劝余院长及孙霄和白冰玉老师举行孔子课堂工作会议。2019年5月22日，孔子学院两位院长出席孔子课堂学年工作总结会议，并参加中文课程结业典礼。

中文宣讲课和公开课活动。2016 年 2 月 13 日，孔子课堂举办高中生中文宣讲活动，主讲人王志杰和倪艺榕。2018 年 10 月 27 日，孔子课堂举办主题为“中国奇妙之旅”公开讲座，主讲人白冰玉和刘晶铭。2019 年 2 月 11—22 日，白冰玉和刘晶铭走进当地两所中学，开展五次中文宣讲活动，并收集学生们创作的书法和汉字创意画作品，2 月 27 日“有趣的汉字”主题展览在道加瓦皮尔斯大学孔子课堂举行。2019 年 11 月 22 日，王璐赴道加瓦皮尔斯第三中学开展主题为“中国高考现状”的公开课。2020 年 1 月 11 日，道加瓦皮尔斯大学举办主题为“趣味汉语”的公开课，刘晶铭和王璐主讲。2020 年 10 月 24 日，道加瓦皮尔斯大学举办主题为“快乐汉语”的线上公开课，王璐主讲。

汉字书写大赛和包饺子大赛。2015 年 5 月 27 日，道加瓦皮尔斯大学举行首届汉字书写大赛，由张双主持。2016 年 2 月 25 日，道加瓦皮尔斯大学举办第一届包饺子大赛，王志杰和倪艺榕主持。

接受电视台采访。2016 年 9 月 16 日，玛雅 · 布里玛、贝德高、尚劝余接受当地电视台采访，分别就孔子学院的发展和目前汉语学习的情况进行介绍。2017 年 5 月 30 日，来自道加瓦皮尔斯电视台的记者对贝德高、尚劝余做了采访。2018 年 10 月 18 日，道加瓦皮尔斯电视台采访白冰玉和刘晶铭，并跟踪拍摄中国文化课。2019 年 12 月 13 日，刘晶铭和王璐接受当地媒体采访报道。

参观中国书画展。2019 年 10 月 1 日，刘晶铭和王璐带领学生们参观中国国庆 70 周年“远和近中国书画展”，画展作者是在道加瓦皮尔斯大学攻读硕士学位的白凯夏。2020 年 1 月 17 日，道加瓦皮尔斯大学举办“道加瓦河的抽象书法”硕士毕业展（白凯夏）。音乐艺术学院院长及部分师生和两位中文志愿者教师（刘晶铭、王璐）参加毕业展。刘晶铭和王璐对白凯夏进行了采访，她讲述了自己开始学习中国画的缘由。

其他交流活动。2019 年 9 月 10—12 日，在孔子学院(尚劝余)牵线搭桥下，台湾大学与道加瓦皮尔斯大学建立合作关系，台湾大学石之瑜教授访问道加瓦皮尔斯大学，会见玛雅 · 布里玛副校长，就拉脱维亚汉语教育口述史项目进行跟进和商谈。2022 年 6 月 22 日，时隔两年后孔子学院尚劝余、贝德高、高安娜一行访问道加瓦皮尔斯大学，与校长柯琪娜、副校长玛雅 · 布里玛、人文学院院长艾丽娜 · 瓦西尔叶娃、外语系主任塞尔盖等一起出席人文学院毕业典礼。校长柯琪娜代表大学参议会给贝德高和尚劝余颁发荣誉博士证书。

此外，道加瓦皮尔斯大学孔子课堂学生积极参加孔子学院举办的春节、中秋节、孔子学院日、“汉语桥”、夏令营、汉语水平考试(HSK)等，也积极申请奖学金赴华留学。林原是第一位赴华留学的学生(在华南师范大学留学一个学期)，后来习卡丽和泽戴安娜等相继赴华南师范大学留学，攻读学士学位。

第四节　雷泽克内大学孔子课堂

雷泽克内大学位于拉脱维亚东部雷泽克内市，该市被认为是拉脱维亚东部首府。2013 年，雷泽克内大学开始中文教学，成为拉脱维亚大学孔子学院下设中文教学点。2015 年，中文教学点升格为孔子课堂。2016 年，雷泽克内大学孔子课堂正式揭牌。

一、雷泽克内大学简介

雷泽克内大学现名雷泽克内理工学院(拉文名 Rēzeknes Tehnoloģiju akadēmija，英文名 Rezekne Academy of Technologies)，开设中文教学点时的中文校名雷泽克内大学一直未变，沿用至今。雷泽克内高等教育的历史可以追溯到 1922 年，经历了三个发展演变时期。

雷泽克内国立师范学院(1922—1995)。早在 1917 年，第一位接受过学术教育的拉特加莱女士赛怡乐发起了许多教育活动，组织拉特加莱教师培训课和首届拉特加莱教育大会。1920 年 10 月 25 日，拉脱维亚共和国教育部在雷泽克内组织开设一年制教师培训课程。1922 年 1 月 1 日，教育部将一年制教师培训课程改组为三年制培训课程的雷泽克内教育学校，这是雷泽克内高等教育的开端。1925 年 8 月，雷泽克内教育学校停办，取而代之的是五年制培训课程的雷泽克内国立教师学院（1925—1944），1944 年，学院大楼在空袭中被炸毁。大楼修复后，成立雷泽克内国立教育学校（1947—1956），后改为雷泽克内寄宿学校（1957—1987）。1987 年恢复师范教育传统，重新改为雷泽克内教育学校。1991 年，改为雷泽克内教师学院，1995 年并入雷泽克内大学。

雷泽克内大学（1993—2015）。雷泽克内大学是在拉脱维亚大学和里加工业大学分部的基础上成立的。根据拉脱维亚共和国部长理事会 1993 年 4 月 12 日决定，从 1993 年 7 月 1 日开始，雷泽克内大学成为独立的高等教育机构。丝丽奈薇查[①]出任雷泽克内大学校长。1999 年，雷泽克内大学获得永久性国际认证，成为拉脱维亚重要的文化、教育和科学中心。

雷泽克内理工学院（2015 年至今）。2012 年 12 月 18 日，雷泽克内大学章程会议决定，将雷泽克内大学改名为雷泽克内理工学院。2015 年 12 月 10 日，拉脱维亚共和国议会通过了总统颁布的“雷泽克内理工学院章程”法案，2016 年 1 月 1 日实施。雷泽克内理工学院开设三个学院，即经济与管理学院、工程学院以及教育、语言与设计学院，提供 25 个学士、18 个硕士和 3 个博士专业的课程。[②]

① 丝丽奈薇查（1944—2020），出生于克拉斯拉瓦，工程学博士，教授，拉脱维亚教育工作者、科学家、社会工作者和政府工作人员，曾任雷泽克内市政委员会主席、议会议员、雷泽克内大学校长、雷泽克内荣誉市民。

② https://www.rta.lv/vesture，2022 年 7 月 1 日上网查阅。Mietule I. Rezekne Higher Education Institution, In Šuplinska I. (ed.) , *Latgale linguistic-territorial dictionary*, Rezekne: Rezekne Higher Education Institution, 2012, pp.611–614; Unda, V. *Rezekne State Teachers' Institute, 1925–1944,* Rezekne: Latgale Culture Center Publishing House, 1998.

二、孔子课堂建立

2013 年，拉脱维亚大学孔子学院在雷泽克内大学开设中文教学点，设在继续教育中心。张婕成为雷泽克内大学第一位中文志愿者教师，是雷泽克内中文教学的拓荒者。第一学年共有 4 个教学班，学生总人次 80 左右。2014—2015 学年，王树蕙由孔子学院本部教学点转到雷泽克内大学教学点任教。2015—2016学年，梁铭轩任教。第一学期有3个班级，分为零基础班、初级班和中级班。第二学期除了之前的 3 个班级之外，又招生开设了一个新零起点班，有 70 多岁的大妈和 10 多岁的中学生。

2015 年 9 月 20 日，雷泽克内大学中文教学点升格为孔子课堂，成为拉脱维亚大学孔子学院下设的第三个孔子课堂。2016 年 9 月 15 日，雷泽克内大学孔子课堂揭牌仪式在雷泽克内大学隆重举行，中文教师赵倩和中文课负责人安特拉·柯莉阿文斯卡主持。黄勇大使和泰鲁姆涅克斯校长一起在教学大楼外为雷泽克内大学孔子课堂铜牌揭牌，开启一楼孔子课堂教室。①

三、孔子课堂中文教学

孔子课堂成立后，有 6 位志愿者教师相继任教，加上之前的 3 位，总共 9 位，即赵倩(2016 年 9 月—2018 年 7 月)、黄天祺(2018 年 9 月—2019年6月)、肖依琴(2019年9月—2020年6月)、谢丽婷(2020年11月—2021 年 6 月)、郝心瑜(2021 年 9 月—2022 年 6 月)、周蔓(2022 年 10 月—2023 年 6 月)，其中肖依琴来自澳门科技大学，其余均来自华南师范大学。此外，还有一位本土中文教师伊玛格丽塔(2017 年 9 月至今)任教。

赵倩是雷泽克内大学孔子课堂迄今为止唯一一位连任两年的中文志愿者教师，第一学年一个人承担 6 个班的课程，一周 20 节课；第二学年

---

① http://www.ci.lu.lv/?p=1792&lang=en，2022 年 7 月 3 日上网查阅。

与本土教师伊玛格丽塔合作授课，伊玛格丽塔负责零起点班，赵倩负责其他6个班。2018年6月19日，雷泽克内市政府和雷泽克内大学向赵倩颁发嘉奖函，以表彰其勤恳敬业的精神和为中文教学做出的突出贡献。黄天祺任教期间共有5个班，零基础班由伊玛格丽塔任教，其他班级由黄天祺任教。黄天祺和伊玛格丽塔多次去中学做中国文化讲座，举办和参与各种文化活动。肖依琴任教期间也有5个班级，两个学期相加50多人。

谢丽婷任教期间，受疫情影响，全程采用网络远程教学，她负责中级班和高级班中文课程，伊玛格丽塔负责初级班中文课程。郝心瑜任教期间，也是全程采用网络远程教学，共两个班级，即中级中文班和高级中文班。

周蔓任教期间，终于赴任授课，共3个班，13名学生，其中初级班5人，中级班5人，高级班3人。使用教材为《HSK标准教程》系列，初级班《HSK标准教程1》、中级班和高级班《HSK标准教程3》。

四、文化交流活动

初期文化交流活动。第一任志愿者教师张婕总结了她任教时期主持参与的重要文化交流活动：2013年9月10日，中文公开课；2013年9月19日，中秋茶话会；2013年9月25日，雷泽克内青年宫中国文化分享；2013年10月11日，汉语展示课；2014年1月15日，雷泽克内艺术中学中国文化讲座；2014年2月26日，春节元宵文化晚会；2014年2月28日，雷泽克内青年宫“中国烹饪”厨房展示角；2014年3月27日，全拉脱维亚大学展宣传；2014年4月11日，立陶宛维尔纽斯少年宫“基础中文”讲座；2014年4月24日，中文公开课暨结业证书颁发仪式，电视台采访并录制节目。[①]

① 张婕《雷泽克内大学汉语教学及活动概况一览表》，2013年11月10日；张婕《孔子学院雷泽克内教学点教学和活动特点》，2014年1月20日。

中文课结业典礼及相关文化活动。2015 年 5 月 27 日，孔子学院尚劝余、贝德高、董芳访问雷泽克内大学，进行为期一天的视察讲座、颁发证书活动。2016 年 5 月 27 日，雷泽克内大学中文课程结业典礼，在学校图书馆举办中国文化展。2018 年 5 月 28 日，孔子课堂结业典礼。2019 年 5 月 24 日，孔子课堂结业典礼。2022 年 6 月 21 日，时隔两年后尚劝余和贝德高再次来到雷泽克内大学，参加孔子课堂结业典礼。校长伊薇塔·米叶图莱和参议会主席瓦拉迪斯拉夫给两位院长颁发荣誉教授(会员)证书。自 2013 年以来，有 249 名学员在雷泽克内大学继续教育中心学习中文和中国文化。①

中文公开课和中国文化讲座。2016 年 1 月 21 日和 1 月 28 日，梁铭轩分别在拉脱维亚东部技术高中和雷泽克内第五中学举办中国春节文化讲座。2 月 22 日，梁铭轩应邀再次来到拉脱维亚东部技术高中，做了一场关于中国民族与宗教文化的讲座。2018 年 10 月 26 日，伊玛格丽塔和黄天琪在雷泽克内利卡瓦小镇图书馆举办讲座。11 月 9 日，伊玛格丽塔和黄天琪在雷泽克内维莲尼小镇举办制作中国灯笼手工课，并做了介绍中国的讲座。11 月 30 日，伊玛格丽塔和黄天琪在雷泽克内第一中学举办介绍中国姓名文化的讲座。

中国文化日和信息日活动。2016 年 5 月 11 日，孔子课堂举办首届“中国文化日”活动，由梁铭轩组织主办，最小的参与者不到 6 岁，最大的参与者 73 岁。2018 年 4 月 6 日，雷泽克内大学举行“信息日”活动，赵倩做了中国文化讲座。2019 年 3 月 22 日，雷泽克内大学举行“信息日”活动，黄天祺做了中国脸谱讲座。

其他文化活动。2019 年 12 月 15 日，肖依琴和孔子课堂学生在雷泽克内市中心果尔斯广场出席雷泽克内动物保护志愿者募集活动，介绍

---

① https://www.rta.lv/aktualitates/pieskir-goda-nosaukumu-rta-goda-biedrs-2022，2022 年 7 月 4 日上网查阅。

中国名字文化。2020 年 2 月 19 日，孔子课堂举办中国美食文化体验交流活动，肖依琴介绍中国饮食文化传统。

此外，雷泽克内大学孔子课堂学生积极参加孔子学院举办的春节、中秋节、孔子学院日、“汉语桥”、夏令营、汉语水平考试（HSK）等，也积极申请奖学金赴华留学。艾力克连续三年获得“汉语桥”比赛中学生初级组、中级组和高级组冠军，诺娃成功申请到政府奖学金，成为第一位赴华留学攻读学士学位的孔子课堂学生。

第五节　里加工业大学孔子课堂

里加工业大学位于里加市，于 2013 年 9 月开设中文课程，2019 年中文教学点升格为孔子课堂，成为拉脱维亚大学孔子学院第五个下设孔子课堂。

一、里加工业大学简介

里加工业大学（拉文名 Rīgas Tehniskā universitāte，英文名 Riga Technical University）[①] 是拉脱维亚一所理工科类为主的综合性公立大学，也是波罗的海地区最古老的工程类大学。里加工业大学经历了五个历史发展阶段，即里加理工学校（1862—1869）、里加理工学院（1869—1919）、拉脱维亚大学（1919—1958）、里加理工学院（1958—1990）、里加工业大学（1990 年至今）。前三个阶段的历史与拉脱维亚大学相同，从第四个阶段起走上了自己独特的发展道路。

1958 年，拉脱维亚大学工程类学科的三个学院即工程学院、化学学院和机械学院独立出来，成立了新的里加理工学院，根据课程体系，采用拉脱维亚语和俄语进行教学。1990 年 3 月 19 日，里加理工学院升格

① 里加工业大学又译里加理工大学、里加技术大学、里加科技大学。

为里加工业大学。里加工业大学设有9个学院和33个研究所。除了里加几个校区，在道加瓦皮尔斯、利耶帕亚、文茨皮尔斯三地设有分校。里加工业大学毕业生中有数位拉脱维亚总统、总理和50多位政府部长。

2006年2月，里加工业大学等拉脱维亚高校咨询中国与其他国家签署相互承认学历协议的做法，希望拉脱维亚和中国签署相互承认学历协议，招收中国留学生，加强两国教育交流与合作。2008年8月18日，里加工业大学国际学生处负责人致函张利民大使，对中国人民遭遇的大地震(四川汶川)表示同情，里加工业大学愿意接受因地震无法完成学业的中国学生，校方提供奖学金名额，根据中拉科教合作协议招收这些学生。里加工业大学的许多国际项目在波罗的海国家处于领先地位，有20多个英语教学的本科、硕士和博士项目。①

二、开设中文课程

2012年10月16日，里加工业大学在该校主楼召开会议，讨论申请志愿者教师开设中文课程事宜。出席会议的有负责国际学术合作与研究事务的伊格尔斯·迪潘斯副校长和奥斯卡尔斯·布列戴副主任，大使馆曾伏华领事、孔子学院贝德高和黄明喜院长。

2013年5月—2015年7月，吉林大学研究生于婧媛作为里加工业大学首任中文志愿者教师任教两年多，为里加工业大学中文教学点建设奠定了良好基础。中文课作为公共选修课，面向本校在读本科生、硕士生和博士生，以及对汉语和中国文化感兴趣的教职工。每学期开设三个班，两个学生班，一个教职工班。2015年11月—2016年6月，南开大学研究生金蒙任教一学年。第一学期全是兴趣班，第二学期开设了一个学分班。2016年里加工业大学与国家汉办合作开设汉语角项目，三年

① 《关于里加工业大学愿意提供奖学金名额给在四川地震中学业受影响的中国学生事》，2008年8月19日，中国驻拉脱维亚大使馆教育领事处档案。

合作期限，联系人为中国教育图书进出口有限公司陈芳女士。2016年8月—2018年6月，华南师范大学研究生胡越任教两学年。第一任期第一学期，报名参加学习中文的学生人数达到88人，创历史新高。第二学期报名参加零基础中文班的学生达到106人，开设4个零基础班，加之第一学期的基础班学生，共开设5个班。除了中文课程之外，帮助学校成立汉语图书馆，组织文化沙龙活动。2018年9月—2019年6月，浙江科技学院研究生汤蕴新任教一学年。每个学期4个班，共8个班。课型除了汉语综合课外还有文化体验课，让学生在学习中文的同时也了解中国文化。同时，与中国项目负责人谢安娜一起联络里加工业大学附属中学及其他中学（如里加第三中学），为高中生开展中国文化体验课。

三、建立孔子课堂

2016年里加工业大学申请独立孔子课堂，由于不符合有关规定而未果。[①] 2018年10月，里加工业大学再次申请孔子课堂。2019年2月28日，孔子学院总部批准里加工业大学教学点升格为孔子课堂，成为拉脱维亚大学孔子学院下设第五个孔子课堂。

2019年11月8日，里加工业大学孔子课堂正式揭牌。燕雪宁与谢安娜制定孔子课堂揭牌典礼方案，与各方协商敲定揭牌典礼的活动场地、活动流程等。梁建全大使，拉脱维亚外交部安杰斯，拉脱维亚国家教育发展署玛丽卡·皮拉，里加工业大学副校长伊格尔斯·迪潘斯和乌尔迪斯·苏科夫斯基斯，拉脱维亚大学孔子学院贝德高院长和尚劝余院长及夫人张桂英，中文教师王琼子、燕雪宁、黎锦豪等，拉脱维亚武术协会师生，华联会副会长王丹，里加工业大学孔子课堂学生和北京第二外国语学院留学生等百余人出席，谢安娜和周童主持。大使、两位副校长

① 根据国家汉办规划，人口小国只设一所孔子学院，不设独立孔子课堂，所有孔子课堂均为孔子学院下设。

和两位院长分别致词，并共同为孔子课堂牌匾剪彩。

2019年9月—2020年6月，华南师范大学研究生燕雪宁在孔子课堂任教一学年。升级为孔子课堂后，教室添置了移动白板、打印机、书柜，订购了新的教材，也预计添置一批电脑，硬件设施配备齐全。此外还有一个汉语角，可用于开展文化活动。2020年9月—2021年6月，受疫情影响，陕西师范大学研究生贾昆诺一直网络授课。2021年9月—2022年6月，陕西师范大学研究生刘一瑶也网络授课一学年。2022年10月—2024年6月，华南师范大学研究生唐璐瑶赴任，任教两个学年，第一学年第一学期共有3个班，学生来自拉脱维亚、法国、德国、日本、印度、乌兹别克斯坦等国家。

四、文化交流活动

常规文化活动。2013年5月，里加工业大学志愿者教师于婧媛赴瓦尔米耶拉参加当地举办的全球村活动。2014年5月11日，于婧媛和学生一起赴北京美食中餐馆参加汉语角活动。12月14日，于婧媛和里加工业大学学生一起赴佳佳中餐馆参加中国知识问答汉语沙龙。2016年3月16日，里加工业大学与国家汉办及中国教育图书进出口有限公司合作的汉语角项目正式签约，自此里加工业大学拥有独立的中文教学场地和中文图书馆。5月7日，里加工业大学举行汉语角开幕仪式，庆祝汉语角成立和答谢中国驻拉脱维亚大使馆所赠中文图书1200册。胡越任教期间，于2016年11月23日举办中国剪纸文化体验活动，2016年12月20日举办圣诞书法大赛，2017年10月4日举办中秋月饼茶话会，2018年1月3日举办舌尖上的中国新年火锅。2019年1月31日，里加工业大学在学校主楼大礼堂举行新春招待会。中国驻拉脱维亚大使馆代办孙应来和秘书梁卫泉，拉脱维亚外交部代表，里加工业大学校长利比奇克斯、副校长伊格尔斯·迪潘斯、中文项目负责人谢安娜和中文志愿者教师汤蕴新，孔子学院中方院长尚劝余和夫人张桂英、里加第三中学嘉宾、里加工业大学师生和中国留学生等，欢聚一堂，共庆新春佳节。拉脱维亚武术协会表演舞狮武术，里加工业大学中文兴趣班学生录制播放新春祝福短片，中国留学生用拉脱维亚语讲解中国新年和拉脱维亚立春，此外现场体验中国书法、剪纸、中国结和茶艺，还有灯谜竞猜，中国美食品尝。[①]

与中国高校交流合作。里加工业大学非常重视与中国高校间的交流合作。2012 年 2 月 9 日—2022 年 6 月 10 日，与北京理工大学、吉林大学、西安交通大学、西安电子科技大学、北京交通大学、华北科技学院、北京第二外国语学院、中国海洋大学、青岛科技大学、山东科技大学、青岛理工大学、山东理工大学、长安大学等高校签署了校际合作协议，在科学研究、学术交流、教师学生交换等领域开展了合作。

① http://www.ci.lu.lv/?p=3590，2022 年 7 月 5 日上网查阅。

第七章　新的教学点在全国各地纷纷建立

除了孔子课堂之外，新的教学点也在首都里加市及周边地区、东北部斯米尔提恩市、南部叶尔加瓦市、西北部文茨皮尔斯市、西南部利耶帕亚市、东部叶卡布皮尔斯市、克拉斯拉瓦市等纷纷建立，中文教学遍布全国各地。

第一节　斯米尔提恩中学教学点

斯米尔提恩中学（拉文名 Smiltenes vidusskola，英文名 Smiltene Secondary School）位于东北部的斯米尔提恩市，成立于 2016 年 8 月 1 日，由斯米尔提恩完全中学（Smiltenes ģimnāzija）、斯米尔提恩中心中学（Smiltenes Centra vidusskola）和斯米尔提恩三丘小学（Smiltenes Trīs pakalnu sākumskola）合并而成，有达克特利街 27 号、达尔扎街 17 号和里加街 16 号三个校区，是拉脱维亚北部地区唯一开设中文课程的中学。

一、学校简介

斯米尔提恩中学历史悠久，可以分为四个时期。[①]

斯米尔提恩贸易学校时期（1909—1919）。1909 年 8 月 24 日，在教

① https://svs.edu.lv/wp-content/uploads/2018/01/Skolas-vestureSĢ_labots2018.pdf，2022 年 7 月 6 日上网查阅。

师协会的支持下，斯米尔提恩贸易学校创立，提供六年制培训课程。斯米尔提恩教区孔津什牧师担任学校理事长，同时也担任教学工作，校长是史坦恩布利克斯督察，早期的教师有彼得森、列尔葛薇等。斯米尔提恩庄园主利文斯王公将两层木质住宅楼捐给学校使用。学校位于乍丘街2号，从阿特莫达街和莱纳街交会处到“破碎家庭”纪念碑。

斯米尔提恩国立完全中学时期（1919—1940）。1919年斯米尔提恩贸易学校改为利尔学校，课程涵盖更多的自然科学、商学和会计学，校长是孔津什。1921年8月1日，利尔学校改为斯米尔提恩国立中学，卡尔宁什任校长。从此，斯米尔提恩中学由学校协会管辖转为国家教育部管辖。1928年，斯米尔提恩国立中学改为斯米尔提恩国立完全中学，卡尔宁什继续担任校长至1940年。

外国统治时期（1940—1990）。1940年，拉脱维亚并入苏联。1941年，纳粹德国占领拉脱维亚，丹凯尔斯任校长。1944年9月，德国军队撤退时，学校木质大楼被焚毁。第二次世界大战后，斯米尔提恩国立完全中学在现在的达克特利街的学校大楼恢复教学。1951年，斯米尔提恩第一小学与斯米尔提恩国立完全中学合并，成立斯米尔提恩中学。1973年建造了新的学校大楼。斯米尔提恩中学获得社会的高度认可，许多拉脱维亚教育者也学习借鉴其经验。

拉脱维亚恢复独立时期（1991年至今）。随着第三次觉醒的开始，斯米尔提恩中学也开始发生变化。1989年，恢复了斯米尔提恩中学校旗。1996年，恢复了斯米尔提恩完全中学校名。2015年，学校成为采西斯军团学生连纪念馆国旗的守护者。2008年，学校扩建，新的学校大楼落成。2016年斯米尔提恩市的教育机构重组，斯米尔提恩完全中学、斯米尔提恩中心中学和斯米尔提恩三丘小学合并，成立现代化的斯米尔提恩中学，以满足一至十二年级普通教育机构的现代要求。这一时期的校长为迈祖里斯（1988—2002）、村斯卡（2002—2008）、马尔康奈（2008—2016）、维尔吉娜（2016年至今）。

二、合校前的中文教学

2014 年 5 月 20 日，斯米尔提恩市政府向中国驻拉脱维亚大使馆提交申请，希望协助派遣 2 名志愿者教师赴该市两所国立中学开设中文课程并向社会招生，以便更好地促进中文在拉脱维亚的推广和中拉教育合作。辽宁大学研究生刘会强和季楠作为中文志愿者教师分赴斯米尔提恩完全中学和斯米尔提恩中心中学任教，拉开了维泽梅地区中学中文教学的帷幕。

2014 年 9 月—2015 年 5 月，刘会强在斯米尔提恩完全中学承担 6 个班级的中文教学，共计 76 名学生。听闻小镇里来了中文教师，当地媒体都跑去学校采访，中文课上了当地报纸和新闻网站。(刘会强，2022)季楠任教于斯米尔提恩中心中学，共 11 个班，学生年龄跨度 11—18 岁。2015 年 10 月—2016 年 6 月，中央民族大学研究生盛铭在斯米尔提恩中心中学任教。中文课程面向二至十二年级共开设 8 个班，学生年龄 7—18 岁。课程性质为兴趣课，课程类型为综合课。

三、合校后的中文教学

合校后的斯米尔提恩中学是拉脱维亚北部维泽梅地区最大的普通中等教育机构之一。学生可以学习英语、德语、俄语和汉语等语言课程。汉语课程面向一至十二年级的学生以及成人学生，皆为中文兴趣班，每年根据学生报名情况编班。

2016 年 9 月—2017 年 5 月，陕西师范大学研究生于洋任教，中文课程共开设四至十一年级 8 个班。2018 年 1—6 月，福建师范大学研究生陈凤凰任教，中文课程共设有 9 个班级，学生总数 31 人，教学对象涉及小学生、初中生、高中生和成年学生。2018 年 9 月—2019 年 7 月，大连外国语大学研究生乔培哲任教，第一学期有 6 个班，第二学期有 5 个班，均为综合兴趣课。2019 年 10 月—2020 年 5 月，西安石油大学研究生姚柳任教，她负责三年级、四年级、八年级、十二年级以及成人班的中文课。

2020 年 9 月—2022 年 6 月，受疫情影响，斯米尔提恩中学中文课程停课两个学年。2022 年 10 月—2023 年 6 月，华南师范大学研究生孙智慧抵达在斯米尔提恩中学任教，中文课由两个阶段的学生组成，10—12 岁是低年级，13—18 岁是高年级，第一学期低年级一共有 53 人学习中文，第二学期高年级也开始报名学习中文。

第二节　交通与电信大学教学点

交通与电信大学位于里加市，2015 年开设中文课程，是拉脱维亚大学孔子学院较早开设中文教学点的学校之一。

一、学校简介

交通与电信大学（拉文名 Transporta un sakaru institūts，英文名 Transport and Telecommunication Institute）[①] 是一所具有百年历史的现代应用科技大学，其前身是著名的航空技师和机械师学校（The School of Aviation Technicians and Mechanicians）、里加红旗民航学院（Rīgas Civilās aviācijas inženieru institūts）和里加航空大学（Rīgas Aviācijas universitāte）。下面以拉脱维亚恢复独立为界，分两个时期予以简介。

恢复独立前时期（1919—1991）。1919 年 5 月 24 日，航空技师和机械师学校在基辅成立。后来，学校从基辅撤离到莫斯科，1921 年迁至彼得格勒。1938 年 5 月，学校更名为第一飞机维修学校。1945 年 6 月，学校迁往里加。1946 年，学校更名为第一列宁格勒高等军事航空工程

① 自从中文教学点开设之日起，中文译名一直沿用交通与电信大学，而非交通与电信学院。

学校。1949年,第一列宁格勒高等军事航空工程学校和第二列宁格勒高等军事航空工程学校并为里加高等军事航空工程学校。1960年6月,在其基础上成立里加民航舰队工程师学院,亦即列宁共青团里加民航工程师学院或称里加红旗民航学院。1967年,随着民航机队总局改组为民航部,学校改名为里加民航工程师学院。

恢复独立后时期(1992年至今)。拉脱维亚恢复独立后,1992年2月25日,里加民航工程师学院转归拉脱维亚共和国管辖,更名为里加航空大学。1999年8月,拉脱维亚内阁做出决定,清算作为政府高等学校的里加航空大学。9月股份制里加航空大学注册成立,10月改名为交通与电信大学,纳入国际民航组织名册。[①] 现今的交通与电信大学是拉脱维亚唯一一所私立科技大学,也是唯一一所入选一流科研机构名单的私立大学。

二、开设中文课程

2015年9月始,交通与电信大学正式开设中文课程,隶属于继续教育中心,由兹姆尼科娃主任负责协调。课程性质为兴趣课,课程类型为综合课,面向中学生、大学生和社会人士。

迄今为止,有6位志愿者教师先后任教,即王佳乐(2015年9月—2016年6月)、林婕(2016年9月—2017年6月)、刘梦珂(2017年8月—2018年6月)、王昕(2018年9月—2020年6月)、邬艳丽(2020年10月—2021年6月)、唐静(2021年9月—2022年6月)。其中,唐静来自西南科技大学,其余均来自华南师范大学。王昕是唯一一位连任两年的志愿者教师。

受疫情影响,邬艳丽和唐静,一直远程网络授课。也同样由于疫情

① http://rkiigarau.lv/sites/default/files/A_teksti/Istorija/Shestakov_Xronika/rizhskiy_aviacionnyy_universitet_1919-1999_2.pdf, 2022年7月8日上网查阅。

等原因，2022 年新学年起，交通与电信大学停止开设中文课程。

三、文化交流活动

2015 年 9 月 23 日—10 月 10 日，交通与电信大学成功举办中国文化推介系列讲座活动。伊格尔斯·格劳斯校长、伊丽娜·宝索娃主任、王佳乐老师以及两百余名师生参与了此次活动。王佳乐从首都、人口、历史、节日等方面概述中国文化，展现现代中国新风貌，介绍汉语及汉字，教在场学生简单的汉语问候语，并讲述中秋节来历及习俗，邀请在座学生品尝月饼，播放极具中国特色的短片。

2016 年 5 月 31 日，交通与电信大学举办年度中文工作总结及志愿者教师欢送会。孔子学院拉方院长贝德高、中方院长尚劝余、大学校长伊格尔斯·格劳斯、中文教学点负责人月蓝塔以及志愿者教师王佳乐等出席。

2017 年 12 月 4 日，交通与电信大学协同拉脱维亚大学孔子学院本部及拉脱维亚文化学院共同举办"古典乐，'音'你来"主题文化活动。交通与电信大学志愿者教师刘梦珂介绍了古筝的历史及乐理知识，并演奏了代表曲目《渔舟唱晚》。

2021 年 12 月 22 日，交通与电信大学中文班开展冬至日文化体验课，这是志愿者教师唐静开展的第七次文化体验课。

第三节　拉脱维亚农业大学教学点

拉脱维亚农业大学（Latvijas Lauksaimniecības universitāte），英文名最初为 Latvia University of Agriculture，2018 年改为 Latvia University of Life Sciences and Technologies（拉脱维亚生命科学与技术大学），位于叶尔加瓦市。2016 年，拉脱维亚大学孔子学院在拉脱维亚农业大学

开设中文课程，中文教育扩展到拉脱维亚南部地区。

一、学校简介

拉脱维亚农业大学是一所历史悠久的农科大学，与拉脱维亚大学同源同流，始于里加理工学校和里加理工学院时期。1863 年里加理工学校设立农业系，位于普希金大街（如今的克朗瓦尔德大街 4 号）实验大楼。1919 年拉脱维亚大学农业学院设有农业系和林业系。1936 年内阁决定将拉脱维亚大学农业学院迁往叶尔加瓦，创建一所新的大学叶尔加瓦农业学院。1944 年 7 月，叶尔加瓦城堡被烧毁，该学院不复存在。随之，在里加恢复建立拉脱维亚农业学院，拥有五个学院。1957—1964 年，拉脱维亚农业学院从里加迁至叶尔加瓦。[①]

1991 年，拉脱维亚农业学院更名为拉脱维亚农业大学。拉脱维亚农业大学是一个教育、科研和文化中心，提供多方面的高等教育。从 1936 年起，拉脱维亚农业大学主楼就坐落在巴洛克风格的著名宫殿里，叶尔加瓦宫殿成为杰出的拉脱维亚和外国政治家以及外交家会晤的重要场所，也是国际论坛、会议和其他各种重大活动的场所。学校有 8 个学院，49 个学士和硕士学科，13 个博士学科，涉及农业、林业、兽医、食品生产、土地管理、环境科学、景观建筑学、工程、信息技术和社会科学领域。

二、开设中文课程

2016 年 9 月，拉脱维亚大学孔子学院在拉脱维亚农业大学开设中文课程，设在语言中心，面向大学普通本科生和教职员工，皆为中文选修课，按照学生背景和汉语水平分为大学生中文初级班和教职工中文中级班，各班每周两次课，每次课 90 分钟，以语言学习为主，穿插介绍相

① https://www.llu.lv/lv/vesture，2022 年 7 月 17 日上网查阅。

应中国文化，根据中国传统重要节庆背景安排文化体验课。

本土中文教师丹雅娜（2016 年 9 月—2017 年 6 月）是拉脱维亚农业大学中文教学的拓荒者，她任教时期中文班有 15 位学生，年龄悬殊很大，有 12 岁的孩子，也有 70 多岁的女士。其中有一对特殊的母女同桌，即古稀之年的妈妈喀玛格丽达和年近半百的女儿喀伊内塔。丹雅娜除了承担日常语言课和文化课，也担任“汉语桥”比赛评委和元宵节活动主持人以及其他活动的翻译等工作，还积极组织学生参加“汉语桥”比赛和孔子学院各种文化活动。华南师范大学研究生张扬（2017 年 8 月—2018 年 7 月）任教时期共 2 个班，分别是初级班（15 人）和中级班（10 人）。华南师范大学研究生车俊池（2018 年 8 月—2019 年 6 月）任教时期也是 2 个班，即初级班（5 人）和中级班（5 人），两个班级既有大学生也有教职工。此外，车俊池受语言中心主任邀请，为各个专业的学生举办了 9 场“中国文化与趣味汉语”的讲座。

鉴于拉脱维亚农业大学中文学生生源等问题，校方决定从 2019—2020 学年起停止开设中文课程。

第四节　叶尔加瓦斯比杜拉中学教学点

叶尔加瓦斯比杜拉中学（拉文名 Jelgavas Spīdolas Valsts ģimnāzija，英文名 Jelgava Spidola Secondary School），位于叶尔加瓦市，2016 年开设中文课程，标志着中文教育进入了拉脱维亚南部的中学。

一、学校简介

叶尔加瓦斯比杜拉中学开办于 1990 年 9 月 1 日，校址位于 1775 年创建的拉脱维亚最早的高等教育机构“派特里纳学院”（目前是盖德茨艾里亚斯历史与艺术博物馆所在地）。

叶尔加瓦斯比杜拉中学由拉脱维亚文化基金会发起成立，与恢复独立的拉脱维亚同命运共呼吸，旨在创建一所植根于人文传统的新型学校。[①] 1990 年第一批招生，随着时间的推移，学校不断发展壮大。从最初的叶尔加瓦市文化宫和几个幼儿园教室，发展到了 7 栋教学楼。2001 年 8 月，学校搬进位于尤拉-马穆马拉街 30 号的前叶尔加瓦审计署。2019 年，搬到了位于萨尔马街 2 号的前叶尔加瓦第二小学。

叶尔加瓦斯比杜拉中学有三个专业：经济学(数学、经济、高级语言和课外活动)、人文学科(政治、历史、高级语言，重点是美术与音乐)、通识教育(物理、生物、化学和语言)。教学楼按照科目设有历史教室、生物教室、拉脱维亚语教室、美术教室、物理教室等等，学生们平时都待在自己所属管理老师的教室里，在需要上课的时候会自行找到该课程的教室进行课程学习。学生们在下午三点以后可以选择性地参加学校为学生开设的各种兴趣课程，中文即是其中之一。

二、开设中文课程

2016 年 9 月，拉脱维亚大学孔子学院在叶尔加瓦斯比杜拉中学开设中文课程。本土中文教师丹雅娜(2016 年 9 月—2017 年 6 月)、华南师范大学研究生张扬(2017 年 8 月—2018 年 7 月)、车俊池(2018 年 8 月—2019 年 6 月)、郑玉馨(2019 年 9 月—2020 年 6 月)相继任教。

丹雅娜任教期间，共有两个汉语零基础班，每个班各 10 人，共 20 人。中文课没有固定教室，学校给中文课安排的是拉脱维亚语课教室，学生们在放学后会来到拉脱维亚语课教室学习中文。作为本土教师，丹雅娜上课时使用的教学语言为拉脱维亚语，更容易与学生沟通，也更清楚学生们的兴趣点在哪里，更有助于教学内容的选取和安排。(张扬，2019)张扬任教时期共 2 个班，分别是初级班(7 人)和中级班(3 人)，学生来自七至十二年级。车俊池任教时期共 3 个班，分别是初中初级班(10 人)、

① http://www.jsg.lv/par-skolu/vesture，2022 年 7 月 18 日上网查阅。

高中初级班（3 人）、高中高级班（2 人）。此外，车俊池为来校参观的六年级学生举办了 3 场中文公开课。郑玉馨任教时期共有 3 个班 20 名学生，其中两个班为中文兴趣班，一个班为中文必修学分班。中文学分课纳入学校的外语教学体系，与俄语、法语、英语并列。

2020 年新学年开始，受疫情影响，新的中文志愿者教师无法拿到签证赴任，孔子学院同意叶尔加瓦斯比杜拉中学聘任当地华人授课。

第五节　拉脱维亚文化学院教学点

拉脱维亚文化学院（拉文名 Latvijas Kultūras akadēmija，英文名 Latvian Academy of Culture）位于首都里加，是一所跨学科发展型文化艺术类高等院校，也是文化研究、艺术创作和创意产业的中心。2016 年开设古代汉语等课程，2017 年开设现代中文课程，并成为拉脱维亚大学孔子学院下设教学点。

一、学校简介

拉脱维亚文化学院创建于 1990 年 12 月 29 日，致力于开展国内和国际文化与艺术研究，开展表演艺术（戏剧和舞蹈）、电影和视觉艺术以及文化和创意产业专业的教学。

拉脱维亚文化学院的成立、形成和发展，与恢复独立的拉脱维亚国家同步而行。1990 年 12 月 29 日，拉脱维亚共和国部长会议颁布“关于建立拉脱维亚文化学院”的 243 号决议，由总理伊瓦尔·果德曼尼斯签署。拉脱维亚文化学院在文化工作者资质研究所和里加文化教育工作者技术学院的基础上筹建，彼得里斯·拉吉斯被任命为校长。1991 年夏天，新成立的学院招生委员会在位于布鲁尼涅克街的拉脱维亚文化学院招收第一批学生。此后，学士、硕士和博士学科不断完善，在拉脱维亚历史上首次建立了稳定的视听文化、电影艺术和当代舞蹈艺术的学习传统，也为文化艺术大学确立了重要的学习领域，包括文化社会学、艺术管理、制作、戏剧和文本研究、跨文化交际研究。

拉脱维亚文化学院下设四个教学系：文化理论和历史系，文化社会学和管理学系，跨文化研究和外语系，戏剧表演和视听艺术系。艺术方向培养：艺术学士、视听艺术学士和现代舞蹈学士，艺术硕士和艺术博士。2020年12月29日，在拉脱维亚文化学院成立30周年庆典上，拉脱维亚总统埃吉尔斯·莱维茨发表讲话指出："文化是拉脱维亚国家和拉脱维亚民族的基础。"这是拉脱维亚文化学院未来工作的鼓舞人心的指导原则。[①]

二、开设中文课程

2016年起，拉脱维亚文化学院跨文化研究和外语系开设"跨文化研究：拉脱维亚与东亚"专业，由柯世浩教授负责，旨在培养具备相应的语言和跨文化交际能力，能够从事与东亚的中国、日本、韩国在文化、经济、政治等领域开展交流工作的人才。2016年9月起开设古代汉语和中国古代文学课程，由柯世浩授课。2017年2月起开设现代中文课程，2017年9月起开设商务中文课程，由拉脱维亚大学孔子学院志愿者教师任教。来自华南师范大学的志愿者教师潘斌(2017年2—7月)、朱玥(2017年9月—2018年7月)、尹艳(2018年9月—2019年7月)、黄天祺(2018年9月—2020年7月)、谢慧清(2020年9月—2021年7月)、霍悦(2021年9月—2022年7月)、沈思顺(2022年9月—2023年7月)先后任教。

潘斌担任现代汉语教学任务，共有注册学生6人，旁听学生1人，旁听教师1人。朱玥担任现代汉语和商务汉语两门课程的授课任务，共有4名学生。尹艳共开设3个中文班，分别是基础中文1班(10人)、基础中文2班(8人)和基础中文3班(3人)。黄天祺担任4个中文班的教

① https://www.lka.edu.lv/lv/par-akademiju/par-akademiju/，2022年7月26日上网查阅。

学任务：中文1班（3人），中文2班（7人），中文4班（4人），中文6班（3人），这里的数字代表本班级学生学习中文的第几个学期，都是学分班。

谢慧清因疫情原因未能赴任，而是远程网络授课。第一学期有中文1班（7人）和中文4班（2人）两个班，第二学期有中文2班（3人）和中文5班（2人）两个班。霍悦也由于疫情未能赴任，继续远程网络授课。霍悦共有3个不同的教学班，分别是中文1班、中文2班和中文6/7班，共有10名学生，使用HSK系列教材，教学平台是Teams，中文教学负责人路易泽·达克莎为老师注册账号。

沈思顺终于赴任授课，负责两个班的中文教学。中文1班共3人，为学分班；中文8班共1人，为本校英语教师。

第六节　蒙特梭利探索小学教学点

蒙特梭利探索小学（拉文名 Montessori Sākumskolas “Pētnieki”，英文名 Montessori Primary School “Petnieki”）位于里加，涵盖幼儿园和小学，2017年开设中文课程，是拉脱维亚大学孔子学院下设的第一所小学（含幼儿园学前班）教学点。

一、学校简介

据2017年数据，蒙特梭利探索小学是一所拥有100多名学生和25名教师的教育机构。它最初成立于2007年，当时只是幼儿园，旨在用玛丽亚·蒙特梭利教学法教育3—6岁的学龄前儿童。后来，该机构的活动扩大到参与提高成年人的专业资格。自2010年以来，该机构一直在为成年人举办蒙特梭利教育学培训课程，每年有50—60人参加课程培训。随着学生人数的日益增加，2014年成立了蒙特梭利小学。

学校的使命是最大程度地促进儿童智力和情感潜力的发展，整个教育过程是基于蒙特梭利教学原理，这是一种适应现代儿童需要的进步方法。孩子们学习课程,但学习方式与传统学校不同。学校没有上下课铃声或者严格的时间表,孩子们按照他们的学习需求和节奏独立学习或分小组学习。在此过程中,孩子们不仅获得知识,而且获得成年人生活中非常重要的特征——主动性、计划和完成工作的能力、学习的能力。

学校拥有丰富的蒙特梭利教学材料,当然,也有其他教学材料,还配备了教学所需的计算机和办公设备。学校定期参与各种项目,吸引来自其他国家的志愿者,从而使学生有机会提高外语知识和能力。下午,学生有机会参加各种兴趣课程,如国际象棋、编程、游泳、吉他。

二、开设中文课程

自2016年开始,蒙特梭利探索小学与拉脱维亚大学孔子学院合作,开设中文课。来自华南师范大学的志愿者教师林婕(2016年9月—2017年7月)、刘梦珂(2017年8月—2018年7月)、王昕(2018年9月—2020年6月)和来自中国石油大学的志愿者教师鲍传惠(2022年10月—2024年7月)先后任教。

林婕是蒙特梭利探索小学中文教学开拓者,她任教时期的学生主要是幼儿园学生,园长是尤利娅·凯兹卡。[①] 刘梦珂任教时期,一个班15人,学生年龄最小6岁,最大12岁。她将新词编成简单的儿歌,让学生在欢乐的活动中潜移默化地学到汉语知识。王昕任教两学年,每学年有两个班级,一个新班,一个高级班,10名左右学生。2020—2022年两个学年,由于疫情,新志愿者教师无法赴任,蒙特梭利探索小学的中文课程暂停。2022年鲍传惠终于抵达蒙特梭利探索小学任教,第一学期有3个班级,共26名学生。根据学生的年龄特征,在教学课件制作、课堂活动设计以及课堂用语等方面都十分注重趣味性、简洁性和可操作性。

---

① 林婕《工作总结》,2017年6月3日,第2—3页。

第七节　文茨皮尔斯大学教学点

文茨皮尔斯大学（Ventspils Augstskola），英文名最初为文茨皮尔斯大学学院（Ventspils University College），后改为文茨皮尔斯应用科技大学（Ventspils University of Applied Sciences），位于拉脱维亚西北部的海滨城市文茨皮尔斯，2017 年开设中文课，成为拉脱维亚大学孔子学院下设教学点，标志着中文教育拓展到了拉脱维亚西北部。

一、学校简介

文茨皮尔斯大学成立于 1997 年，是一所自主的国立大学和科研机构。文茨皮尔斯大学设有经济与管理、翻译研究和信息技术等学院，提供 14 个本科、硕士和博士项目。约有 900 名全日制学生（包括来自西班牙、法国、德国、立陶宛、土耳其、中国等国家的国际学生），其中 80% 的学生是由国家资助。文茨皮尔斯大学有 129 名员工，其中学术人员 67 名。2013 年 5 月 20 日，文茨皮尔斯大学获得了科研机构地位，这表明它作为一个科研主体已满足所有的国定科学标准，包括至少有一半学术人员获得了博士学位，发表研究论文，学校具有科学基础设施等。文茨皮尔斯大学中文教学起点高、层次多，学校各级领导非常重视，成为拉脱维亚西部地区中文教学的排头兵和重镇。

二、开设中文课程

2017 年 9 月，文茨皮尔斯大学开设中文课程。中文课程面向研究生、本科生、初高中生、教师和社会人士。潘玲（2017 年 8 月—2018 年 6 月）、朱会平（2018 年 9 月—2019 年 6 月）、林颖娴（2019 年 9 月—2020 年 6 月）、朱可嘉（2020 年 9 月—2021年 2 月）、王昕（2021 年 2—6 月）、刘晶铭（2021 年 2—6 月）、郭萌冉（2021 年 9 月—2022 年 6 月）、徐申（2022 年 9 月—2024 年 6 月）相继任教。其中，朱会平来自河北师范大学，朱可嘉来自黑龙江大学，郭萌冉来自浙江科技学院，徐申来自华侨大学，其余均来自华南师范大学。

潘玲任教期间共 5 个班，分别是高中生基础中文班、大学生基础中文班、大学生中国文化班、研究生基础中文和中国文化班、教师班，其中高中生基础中文班和教师班为兴趣课，大学生和研究生班为选修课和学分课。朱会平任教期间中文课程分为本科生中文选修课（1 个班）、研究生中文必修课（2 个班）、教师班兴趣课（1 个班）、高中生兴趣课（2 个班）以及社会人士兴趣课（1 个班）。林颖娴任教期间分为本科中文选修课（1 个班）、研究生中文必修课（2 个班）、中学生汉语兴趣课（1 个班）以及社会人士兴趣课（1 个班），其中本科中文选修课为新生，汉语零基础。

受疫情影响，朱可嘉远程网络授课一个学期。第二学期由王昕和刘晶铭接手，王昕主要负责两个选修学分班级，刘晶铭负责一个学分班（初级）和一个兴趣班（中高级）。郭萌冉继续远程网络授课，学生主要分为校内大学生和校外社会人士，校内中文课是选修学分课，由不同年级和不同专业的学生组成，也有外国留学生，校外社会人士分为初级班和零起点班。

徐申在疫情后如期赴任，再次开启线下教学。中文课程分为大学选修课班、成人兴趣初级班、成人兴趣高级班、儿童辅导班、网络成人兴趣初级班、网络成人兴趣中级班，共有 35 位大学生及社会人士参与中文学习。其中，大学选修课班大部分学生来自翻译专业和国际关系专业，除了拉脱维亚本国学生，还有日本、印度等国的留学生。成人兴趣初级班学生来自终身学习学院，有市议会工作人员、银行顾问、建筑工人、产品设计师、中学生，甚至终身学习学院的负责人朵海林也一起学习中文。儿童辅导班学生撒沙之前一直学习中文，因为俄乌战争与父母从乌克兰来到文茨皮尔斯，为一对一辅导课。

三、文化交流活动

2017 年 9 月 12 日，拉脱维亚大学孔子学院一行 4 人访问文茨皮尔斯大学，与副校长拉伊塔·罗兰德、翻译学院院长古恩塔尔斯·德雷耶尔斯和语言文化中心主任维塔·巴拉玛及国际办公室秘书拉莎·扎利泰举行会谈。2017 年 11 月 13 日，孔子学院一行出席文茨皮尔斯大学国际文化节。卡尔利斯·克莱斯林什校长发表致辞，尚劝余做中国概况讲座，贝德高讲解中国现况和时事，加深学生对中国的认识。

2019 年 2 月 6 日，文茨皮尔斯大学举办中国新年美食文化体验晚会。朱会平和中文班学生主持操办。活动分为五部分：介绍中国农历新年及其传统习俗；介绍展示中餐美食；品尝美食并观看中国新年视频；表演中华茶艺；互相交流，合影留念。当晚活动中有很多人报名参加中文课程，文茨皮尔斯市电视台对此次活动进行了专访和报道。2019 年 6 月 4 日，文茨皮尔斯大学举办中文课堂结业典礼。国际事务处秘书李佳·克罗达致欢迎词，学生代表鲍卡丽娜发言。尚劝余、贝德高、爱佳·维卡尔奈、朱会平一起为学生们颁发结业证书并合影留念。

2021 年 5 月 11 日和 5 月 13 日，文茨皮尔斯大学先后举办了两场线上中国日活动。由中文班学生普艾丽丝和艾尔扎通过青年成就拉脱维亚领袖项目开展。尚劝余、卡琳娜以及拉脱维亚投资开发署负责人应邀参加了开幕式。参与者学到了很多中国文化元素，包括八个演讲主题，如汉语、中国旅游、商务文化、传统食物、茶文化、节日习俗、中国武术和一些中国学习之旅分享等。

2022 年 6 月 30 日，文茨皮尔斯大学副校长访问拉脱维亚大学孔子学院，为尚劝余颁发嘉奖致谢状，表彰尚劝余教授推动了文茨皮尔斯大学校内学术和文化合作，为许多学生和教师提供了学习中国语言和文化的机会。

第八节 利耶帕亚大学教学点

利耶帕亚大学(拉文名 Liepājas Universitāte，英文名 Liepaja University)，位于拉脱维亚西南部的海滨城市利耶帕亚，2018 年开设中文课，成为拉脱维亚大学孔子学院下设教学点，标志着中文教育拓展到了拉脱维亚西南部。

一、学校简介

利耶帕亚大学的历史可以追溯到 1945 年建立的四年制师范学校。1954 年师范学校转制为师范学院，改名为利耶帕亚教育学院。1961 年，改名为利耶帕亚国立教育学院。1966 年改名为维利亚拉查利耶帕亚国立教育学院。1990 年之前，利耶帕亚教育学院主要为拉脱维亚全境培养小学教师、幼儿园教师、数学教师和拉脱维亚语言文学教师。

1990 年拉脱维亚恢复独立后，校名重新改回利耶帕亚教育学院，从单一学科高等教育机构向区域性多学科高等教育机构转变。1993 年，改名为利耶帕亚师范大学。1998 年，改名为利耶帕亚教育学院。2008 年，更名为利耶帕亚大学。

利耶帕亚大学是库尔泽梅地区最大的高等教育机构，设有人文与艺术学院、教育与社会工作学院、管理与社会科学学院、科学与工程学院，提供完整的学士、硕士、博士三个层次的学位课程。

二、开设中文课程

2018 年 9 月，利耶帕亚大学开设中文课程，设在继续教育系。中文课程面向研究生、本科生和社会人士，以中国文化知识与汉语语言知识为主，其中研究生、本科生的中文课程为选修学分课程，社会人士的中文课为兴趣课。南京师范大学研究生潘凡尘(2018 年 9 月—2019 年 6 月)

和华南师范大学研究生伍淑仪（2019 年 9 月—2020 年 7 月）两位志愿者教师先后任教。

潘凡尘负责两个班的中文教学，都是兴趣班，社会人士比大学生多。每两到三节中文课穿插一个文化知识点，每一个月到两个月进行一次文化实践活动，包括中国数字文化、中国生肖文化等文化知识点以及剪纸、书法等文化体验活动。

伍淑仪任教期间，第一学期中文课分为两个班共有 8 人，第二学期分为三个班共 6 人。中文教学模式为主题–情景教学模式，教学成效显著。此外，平均一个月举办一次中国文化主题活动。从第二个学期开始，受疫情影响，中文课从线下改成线上。

由于疫情肆虐和其他原因，2020 年新学年开始之后，利耶帕亚大学停止了中文课程。

三、文化交流活动

2017 年 9 月 12 日，拉脱维亚大学孔子学院尚劝余、贝德高、柯劳拉、董芳一行访问利耶帕亚大学，与副校长沃叶娃、外语学院院长巴艾丽塔、成教学院专家德麦雅、公共关系处专家莱西蒙娜商谈开设中文教学点事宜。

2018 年 3 月 14 日，拉脱维亚大学孔子学院应利耶帕亚大学邀请，举办中国文化日活动。利耶帕亚大学校长玛库丝、副校长莱迪妮娅、教务处长依玛、秘书妮维多利亚热情接待。尚劝余和贝德高介绍拉脱维亚大学孔子学院以及“汉语桥”、夏令营、奖学金等事宜。刘梦珂和朱玥分别用古筝和琵琶演奏名曲《梁祝》和《春江花月夜》，并合奏《青花瓷》。活动期间展示了中国结、剪纸、吹画和青花瓷盘等。

2019 年 6 月 4 日，利耶帕亚大学举办中文课结业典礼。潘凡尘展示一年来利耶帕亚大学汉语文化课集锦视频，学生代表南泽慧用流利的中文发言，师生一起演唱中文歌曲《月亮代表我的心》，孔子学院两位院长和副校长为学生颁发结业证书并合照。

2019 年 10 月 21 日，利耶帕亚大学举办外国学者见面交流会。本次交流会邀请了来自中国、美国、意大利、印度、立陶宛等国的学者共 10 位，伍淑仪是本次会议中最年轻的教师，她通过图片和视频展示中文课堂学生作品和活动剪影，介绍中国舞蹈和特色服饰，播放拉脱维亚大学孔子学院 100 周年庆典中中文教师志愿者们身穿旗袍亮相的走秀视频，展示孔子学院教师的风采。

第九节 克拉斯拉瓦中学教学点

克拉斯拉瓦中学(拉文名 Krāslavas ģimnāzija，英文名 Kraslava State Gymnasium)，位于拉脱维亚东部的克拉斯拉瓦市，与道加瓦皮尔斯和雷泽克内相邻。2018 年克拉斯拉瓦中学开设中文课程，成为拉脱维亚大学孔子学院下设教学点，标志着中文教育进入了东部中学。

一、学校简介

早在 18 世纪，克拉斯拉瓦就是耶稣会建立的利沃尼亚瓦伊瓦迪亚教育中心的所在地。1923 年，拉特加莱解放战役不久，克拉斯拉瓦中学在前普拉特伯爵的城堡中开办。1923—1929 年，校名为克拉斯拉瓦中学。1930—1944 年，校名为克拉斯拉瓦国立中学。第二次世界大战期间，学校受到巨大冲击和损失。1944—1993 年，校名为克拉斯拉瓦第一中学。1972 年，学校从城堡搬到了位于莱纳街 25 号的大楼。拉脱维亚恢复独立后，1992—1993 学年小学班级迁至阿龙索纳街 3 号。

1993 年 5 月 17 日，为纪念学校成立 70 周年，恢复了克拉斯拉瓦中学校名。2008 年，克拉斯拉瓦中学被授予国立中学地位，校名改为克拉斯拉瓦国立中学。2018—2019 学年，克拉斯拉瓦国立中学有 192 名学生。七至九年级的课程根据全国基础教育标准确定，十至十二年级开设两种通识中等教育课程，即数学、自然科学和技术概况，人文和社会科学。克拉斯拉瓦国立中学是一所授课语言为拉脱维亚语的中学，包括初中和高中，也是克拉斯拉瓦市最好的中学。学生的第二语言可以选择英语、德语、俄语、西班牙语和汉语。[①]

二、开设中文课程

2018年9月，克拉斯拉瓦中学开设中文课程。来自华南师范大学的志愿者教师林颖娴(2018年8月—2019年6月)、麻莉(2019年9月—2020年6月)、吴致昕(2020年9月—2021年7月)、霍悦(2021年9月—2022年7月)、朱柏清(2022年10月—2023年7月)先后任教。

林颖娴任教期间，全校共有72名学生选择汉语，达到全校学生总数的1/3。共有5个班，分别是七年级班，八、九年级班，十年级班，十一年级班，十二年级班。中文课程主要有语言课、文化课、汉字课。麻莉任教期间负责5个班级约30名学生的中文课程，教材为《体验汉语·基础教程》上册。

吴致昕因受到新冠疫情影响未能赴任，网络远程教学，负责3个班级13名学生的中文教学工作。英语老师奥尔佳负责和中文教师进行工作对接，与中文教学项目负责人安娜副校长联系沟通。霍悦依旧通过线上形式进行教学，只有1个教学班3名学生。

朱柏清在疫情后赴任授课，总共有4个中文班级，共14名学生。采用教材包括《体验汉语基础教程》《HSK标准教程》《轻松学中文》，课型包括综合课、文化课、汉字课，教学方法主要有直观演绎法、交际法、认知法、情景法。

三、文化交流活动

2019年5月23日，贝德高和尚劝余访问克拉斯拉瓦中学，出席学

① https://www.kraslavasgimnazija.lv/par_skolu/about，2022年8月10日上网查阅。

年工作总结会议，参加中文课程结业典礼。出席学年工作总结会议的有校长亚尼斯·图坎斯，副校长安娜·利耶采、伊尔佳·斯迪库泰，克拉斯拉瓦中学三位老师，志愿者教师林颖娴。双方总结了学年中文教学情况，并讨论了下一学年中文课的开设模式。结业典礼由林颖娴主持，两位副校长、两位院长、英语老师阿妮塔·马泰娅以及汉语学习者等出席。副校长伊尔佳·斯迪库泰和两位院长为学生颁发结业证书。2019 年 10 月 1 日，克拉斯拉瓦中学举办迎接新中国成立 70 周年的庆祝活动。麻莉以文字和图片的方式向学生们介绍中国的国庆节，同学生们一起观看国庆阅兵仪式的视频，一起欣赏拉脱维亚留华同学会会长卡琳娜录制的国庆祝福视频。

2022 年 6 月 20 日，贝德高、尚劝余、高安娜一行访问克拉斯拉瓦中学，副校长伊尔佳·斯迪库泰和安娜·利耶采及英语老师接待。孔子学院给中文班学生颁发学年结业证书、给学校赠送《拉脱维亚大学孔子学院 10 周年》和《我的中国故事》，克拉斯拉瓦中学为两位院长颁发致谢状。两位副校长和英语老师与孔子学院一行三人一起参加了克拉斯拉瓦博物馆创始人贝阿道夫(贝德高的大伯父)纪念活动。

第十节 叶卡布皮尔斯中学教学点

叶卡布皮尔斯中学(拉文名 Jēkabpils Valsts ģimnāzija，英文名 Jekabpils State Gymnasium)位于拉脱维亚东部，介于里加和道加瓦皮尔斯之间。2018 年，叶卡布皮尔斯中学开设中文课程，成为拉脱维亚大学孔子学院下设教学点，也是拉脱维亚东部中学中文教学重镇。

一、学校简介

1919 年 10 月 6 日，叶卡布米耶斯塔(即现在的叶卡布皮尔斯)解放后不久，叶卡布米耶斯塔国立中学(叶卡布皮尔斯中学的前身)在位于帕斯塔街1号的叶卡布米耶斯塔区学校(1905年创建)校舍内成立,这是当时拉脱维亚第一所真正的学校。1920—1921学年学校也在位于帕斯塔街99号的"红楼"开课。1924年叶卡布皮尔斯区成立后,学校更名为叶卡布皮尔斯国立中学。1950年,更名为叶卡布皮尔斯第一中学。

1993年,叶卡布皮尔斯第一中学改为叶卡布皮尔斯中学。1996年9月1日,学校获得国立中学地位,更名为叶卡布皮尔斯国立中学。2003年9月1日起,七至十二年级学生在校学习。2007年,学校成为首批50所参与欧洲科学基金会(The European Science Foundation, ESF)科学与数学项目的试点学校之一。2006—2008年,在教学过程中大量引入信息技术。2019年,学校庆祝建校100周年,发行纪念徽章。[①]

学校提供中等教育阶段的通识教育课程,数学、科学和技术课程,人文和社会科学课程。除了课程学习外,学生还可以在音乐(合唱团、声乐团、铜管乐队)、舞蹈(民族舞蹈团)和体育(运动会)方面发展自己的才能,也可以参加智力游戏俱乐部。学校和波兰及比利时的学校建立了伙伴关系。学校还组织西部地区中小学数学尖子奥数竞赛,85%的学生毕业后继续在高等院校学习。除了拉脱维亚语,学生也可以学习英语、俄语、德语、瑞典语和汉语。

二、开设中文课程

2018年,叶卡布皮尔斯中学开设中文课程。华南师范大学研究生胡甜(2018年9月—2019年6月)、吴哲哲(2019年9月—2020年6月)和杨彩云(2022年10月—2023年6月)以及南开大学研究生魏亚梅(2020年9月—2021年7月)、湖北工业大学研究生朱惠娟(2021年9月—2022年7月)相继任教。

胡甜与校长瓦莱杨思·维祖里斯和秘书阿拉伊玛一起制订三年中

① https://jvg.edu.lv/info-par-skolu/skolas-v%C4%93sture.aspx, 2022年8月15日上网查阅。

文教学计划，并选定《快乐汉语》第一册作为汉语教材。共有3个班级，十年级学分班、十二年级选修班以及各年级兴趣班，学生总计30人左右。吴哲哲在中文教学过程中，穿插一些中华文化+中华美食的课程。新冠疫情期间，也定时更新所用的社交软件，多以展示当地图片或视频，辅以汉语词汇、句子的形式，将课堂上的语法融入其中，帮助学生在课余时间于潜移默化中巩固和学习更多汉语。

魏亚梅由于新冠疫情未能赴任，而是线上远程教学。这一学年，只开设了十二年级学分班的中文教学课程，共有14名学生。朱惠娟也未能赴任，继续线上远程教学。共有十二年级的12名学生。使用的教材为《HSK标准教程》(第一册)，在中文教学过程中穿插一些中华文化的课程，以达到拓宽学生眼界的目的。

杨彩云在时隔两年后抵达叶卡布皮尔斯，担任叶卡布皮尔斯中学和叶卡布皮尔斯第二中学两个教学点的中文教学任务。叶卡布皮尔斯中学有两个中文班，分别为学分班(十年级的5名学生)和兴趣班(七至十二年级的18名学生)。叶卡布皮尔斯第二中学开了一个兴趣班，共23名学生，来自七至十二年级，以初中生为主，少数高中生。

三、文化交流活动

2019年5月22日，叶卡布皮尔斯中学举行中文课堂结业典礼。尚劝余、贝德高、瓦莱杨思·维祖里斯、阿拉伊玛为学生们颁发结业证书，胡甜及中文班学生出席了本次典礼，学生代表乔好乐和周晨乐发言，并一起合影留念。典礼结束后，两位院长与校长及中文助教、中文教师志愿者一起对学校的中文教学未来进行商讨。

2019年10月24日，叶卡布皮尔斯市中国文化交流会在市图书馆举行。来自市图书馆、市议会、叶卡布皮尔斯中学等的中文爱好者参加了本次活动。阿拉伊玛介绍拉脱维亚大学孔子学院发展情况以及叶卡布皮尔斯中学中文教学工作。副市长丽佳·克里阿维妮娅分享她随拉脱维亚教育访华团访问中国的见闻和感受。吴哲哲播放《少林魂》《穆桂英挂帅》视频，帮助大家多方面了解中国。

2022 年 6 月 20 日，贝德高、尚劝余、高安娜一行访问叶卡布皮尔斯中学，与学校领导会晤商谈中文教学事宜、给中文班学生颁发学年结业证书、给学校赠送《拉脱维亚大学孔子学院 10 周年》和《我的中国故事》。校长瓦莱杨思 · 维祖里斯和秘书阿拉伊玛给两位院长颁发荣誉勋章、证书及 100 周年校庆纪念币，嘉奖他们为实现叶卡布皮尔斯中学的目标做出的贡献。

第十一节　新马露白小学教学点

新马露白小学（拉文名 Jaunmārupes pamatskola，英文名 Jaunmarupe Primary School）位于与里加接壤的马露白市，2018 年开设中文课程，成为拉脱维亚大学孔子学院下设教学点，这也是孔子学院下设第二所小学教学点。

一、学校简介

新马露白小学成立于 2005 年 8 月 8 日，是拉脱维亚恢复独立后第一所完全由市政府财政支持建立的学校，是一所普通教育机构，提供小学和学前教育。新马露白小学设在马露白市新马露白镇，由马兹采纽街 4a 号和马兹采纽街 3 号两栋连体建筑组成，两栋教学楼由一条 110 米长的走廊相连。校址位于一处历史名胜所在地，紧邻本市最古老的建筑之一——莱尔德施瓦茨的前避暑胜地，这个地方目前是该市图书馆和日托中心的所在地。

新马露白小学是一所现代化的学校，拥有最新的技术，以提供最佳的教学环境。现代技术与实践研究相结合，在生物、地理和其他学科中利用学校周围的环境，为所有学习者提供多元化的学习方式。教师定期参加个人和专业发展的课程，如方法论、信息技术、教育学和心理学、咨询、教育有各种学习困难的儿童、课堂管理等。

学校参与了几个欧洲项目，也与各大学(拉脱维亚大学等)建立了伙伴关系，为年轻教师提供实践，并参与研究和考察。学校提供多种课外活动以培养多才多艺的人才，实现学生的既定目标。学生们有机会找到适合自己兴趣和时间表的课外活动，学校还计划和组织不同年龄组和不同主题的文化和体育活动。新马露白小学的学生参加地区性和全国性比赛，在团体体育以及戏剧、唱歌和公众演讲等方面都取得了优异的成绩。

二、开设中文课程

2018 年 9 月，拉脱维亚大学孔子学院在新马露白小学开设中文课程。中文课面向校内三年级到六年级学生，皆为课后兴趣班，按年级将学生分为小班(三至四年级)和大班(五至六年级)，以学习语言为主，课上多借助游戏，任务型活动教学，用以激发儿童学习中文的乐趣，平均每个月开展一次文化课或文化体验活动。华南师范大学研究生尹艳(2018 年 9 月—2019 年 6 月)和黄天祺(2019 年 9 月—2020 年 6 月)先后任教。

尹艳任教期间，共开设两个中文班，分别是汉语小班(10 人)和汉语大班(15 人)，教材均为《YCT 标准教程》和《快乐汉语》。学校对于中文课的安排和管理比较宽松，属于周一和周五下午课后兴趣选修课。黄天祺任教期间，共两个班 10 名学生，每次课堂都有一个主题和一个任务或者活动，并且根据小学生的特点给予适当的鼓励和比拼的规则，以便他们更积极地参与到课堂里来。

由于新马露白小学的教学设置和安排，2019 年 9 月之后停止中文课教学。

第十二节 里加道加瓦河口中学教学点

里加道加瓦河口中学（拉文名 Rīgas Daugavgrīvas vidusskola，英文名 Riga Daugavgriva Secondary School）位于道加瓦河口岛，2019 年开设中文课程。

一、学校简介

里加道加瓦河口中学成立于 1972 年，位于道加瓦河口岛，距离比耶尤拉自然公园和道加瓦河口要塞纪念馆不远。学校是 12 年一贯制的俄罗斯族学校，大部分学生为俄罗斯族。

里加道加瓦河口中学于 1972 年 9 月 1 日开学，是里加的第 67 所中学。学校成立最初几年是确立学校传统和不断改进的初创时期。此后，学校开始进入繁荣期。校长奥尔佳·赛留缇娜和副校长鲁波娃·波格丹诺娃-芮德科娃时期，学校经历了重大变革。学校紧跟时代要求，翻新了教室、礼堂、走廊和食堂，在学习过程中引入新技术，布置电脑柜，让学生融入拉脱维亚环境。2017 年，里加道加瓦河口中学举行 45 周年校庆。[①]

自 2018 年以来，学校一直参与欧洲基金会与“探索开辟欧洲发展之窗的新维度”项目，该项目合作伙伴是来自英国、法国和罗马尼亚的学生。所有教室都配备了电脑和投影仪，化学、物理、生物和地理教室也都配备具有最新技术的教具。学校拥有自己的学科部，旨在培养学生具有创造性、独立性和责任感的个性。学校与拉脱维亚高等教育机构的合作也很成功。学校为学生开设拉脱维亚语、俄语、英语、德语和汉语

① https://www.rdvs.lv/par-mums/vesture，2022 年 8 月 22 日上网查阅。

等课程。

二、开设中文课程

2019年9月，里加道加瓦河口中学开设中文课程。中文课程面向小学三至十二年级的学生，皆为中文选修课。志愿者教师胡靖(2019年9月—2020年6月)、朱柏帆(2020年9月—2021年7月)、杜灏(2020年9月—2021年7月)、谢慧清(2020年9月—2021年7月)、刘贤(2021年9月—2024年7月)相继任教。其中，杜灏来自湖北工业大学，刘贤来自四川大学，其余均来自华南师范大学。

胡靖和助教芮叶莲娜[①]老师一起开展中文教学工作，共有5个中文班共134人，分别是三年级班、四年级班、五至六年级班、七至九年级班以及十一至十二年级班。在课堂教学之外，也会组织丰富多彩的文化活动，如书法绘画、春节表演、"汉语桥"比赛等，让学生感受中国文化从而激发他们的学习兴趣。朱柏帆、杜灏和谢慧清由于新冠疫情无法赴任，进行远程网络授课，由芮叶莲娜老师开启Zoom会议，并协助翻译及解答学生的问题。朱柏帆负责八至十二年级组的中文教学工作，共有11名学生，年龄和程度跨度较大。杜灏负责六至七年级班学生的中文教学，共有8个学生，已经学过一年汉语。谢慧清担任四至五年级的中文教学工作，有7个学生，讲授语法课(学生必须参加)和文化课(学生可选择来或者不来)。

刘贤第一学年远程网络授课，第二学年赴任授课。第一学年担任三至四年级、五至七年级、八至十二年级3个班的中文教学，学生分别为

---

① 芮叶莲娜本科就读于道加瓦皮尔斯大学，就读期间在道加瓦皮尔斯大学孔子课堂学习中文，曾参加赴华夏令营活动，2018—2019年在华南师范大学留学一年，与其母鲁波娃·波格丹诺娃-智德科娃一起推动促成了道加瓦河口中学中文教学点的开办；2019年9月起在道加瓦河口中学任中文助教，2020年9月起在华南师范大学攻读汉语国际教育硕士学位，但由于疫情无法赴华学习，网络远程学习一学年后，因为时差和工作等原因难以继续上课，放弃在华南师范大学的学习，继而在俄罗斯国立人文大学攻读硕士学位。

中文零起点、学过一年中文、学过两年中文。第二学年第一学期总共3个班级，26人，包括一至九年级的学生，也有一些已经毕业了的高中生来上中文课。[①]

三、文化交流活动

2019年9月23日，在拉脱维亚大学孔子学院和深圳市中东欧经济文化促进会牵线搭桥下，深圳明德实验学校代表团访问里加道加瓦河口中学。出席活动的人员有：深圳明德实验学校校长程红兵和副校长刘海粟，深圳市中东欧经济文化促进会秘书长吕传真，里加道加瓦河口中学校长奥尔佳·赛留缇娜和副校长鲁波娃·波格丹诺娃–芮德科娃，中文教师芮叶莲娜和胡靖等。双方就各自学校背景、学校规模、生源、师资、管理办法、教学理念等问题进行了介绍和讨论，为双方未来的学生交流合作打下了基础。

2020年1月27日，里加道加瓦河口中学在校礼堂举行中国春节庆祝活动。梁建全大使、尚劝余院长及夫人张桂英、秘书白丽娜、奥尔佳·赛留缇娜校长、鲁波娃·波格丹诺娃–芮德科娃副校长，芮叶莲娜和胡婧老师等出席活动。学生表演拉脱维亚歌曲《布谷鸟》和《白歌》、集体舞蹈《埃斯皮兰萨》、情景故事《话说中国年》（三至十二年级学生们一起表演）、歌舞《汉语拼音歌》、歌曲《茉莉花》和《数字歌》、中国太极、大合唱《美好新年》。活动期间还贯穿了春节知识有奖竞答环节。

2022年9月1日，里加道加瓦河口中学举行开学典礼。孔子学院秘书高安娜和刘贤受邀参加典礼。学校护旗手护送校旗和校际交流国家的国旗到礼堂，全校师生齐唱校歌；校长新学期致辞，寄语全校师生；刘贤汉语致辞，高安娜拉脱维亚语翻译；学生代表致辞并演唱歌曲；高年级学生代表托举低年级学生代表手拿“开学铃”绕礼堂一周；高年级学

---

① 刘贤《道加瓦河口中学教学情况》，2022年11月5日，第1—2页。

生向低年级学生赠送开学礼物，并带领低年级学生熟悉学校；大家一起走出礼堂放飞彩色气球，迎接新学期的开始。

第十三节 里加64中学教学点

里加64中学(拉文名 Rīgas 64.vidusskola，英文名 Riga No.64 Secondary School)位于里加市人口最稠密的郊区之一普尔夫切姆，在新冠疫情肆虐的2020年开设中文课程，成为拉脱维亚大学孔子学院下设教学点。

一、学校简介

里加64中学成立于1971年，是一所大型学校，涵盖一至十二年级，在校生1400多人，教师100多人。学校有两个校区，五至十二年级位于乌尼亚街93号，一至四年级位于布尔特涅库街34号。

学校非常重视国际合作，学生在国际比赛中屡获大奖。1989年，分别与德国不来梅霍恩中学以及奥地利格拉茨联邦中学签订合作协议。1990年，与挪威阿斯市中学签订合作协议。1998年，与立陶宛潘内维泽斯·哲姆考尼斯中学签订合作协议。2001年，与丹麦开展合作项目。2005年和2006年，学生古恩塔尔斯·凯腾伯格获世界最强年轻数学家和物理学家奖。2010年9月，学校因其在过去10年的教育奥林匹克竞赛中成绩卓著而获得友好邀请奖。2011年9月，学生阿沃茨和艾格里迪斯在欧洲青年科学家竞赛中获奖。[①] 2021年，学校迎来建校50周年。

2019年3月22日，里加64中学校长艾尔恩斯特·斯维克里斯及秘书丝雅娜访问拉脱维亚大学孔子学院，与两位院长商谈开设中文教学点事宜。里加文化中学孔子课堂教师曾庆君和陈莹及里加34中学孔子课堂教师梁娟参加了会谈，就中文课程设置、学员构成、课时安排、教学

① https://www.r64vsk.lv/skola/skolas-vesture，2022年8月22日上网查阅。

内容等情况做了介绍。双方希望里加 64 中学中文教学点顺利开设，并就合同签订时间进行了协商。

二、开设中文课程

2020 年 9 月，在新冠疫情肆虐全球的逆境中，里加 64 中学逆流而上，开设中文课程。华南师范大学研究生符瑾儿（2020 年 9 月—2021 年 7 月）、西南科技大学研究生唐静（2021 年 9 月—2022 年 7 月）和对外经济贸易大学研究生杨一丹相继任教（2022 年 10 月—2023 年 7 月）。

符瑾儿因为疫情未能赴任，开展网络远程教学。中文课报名人数有 70 多人，年龄从 12—18 岁，但坚持上课（注册学员）的 30 多人。授课平台最初使用 Microsoft Team，后来改用 Zoom。每天由中文课负责人丝雅娜预定好 Zoom 会议，再通过 skpye 把会议号发给符瑾儿。授课内容分为两种，课文导向型和主题导向型。唐静继续网络远程教学。一开始中文课报名人数 79 人，但实际上课的人数较少，共开设一年级 3 个班和二年级 2 个班。

杨一丹赴任线下授课。第一学期有 6 个班，共 78 人，其中，周一初级班 10 人，周一中级班 5 人，周二班 26 人，周三班 14 人，周四班 8 人，周五班 15 人。中文教学以培养学生兴趣为主，以《轻松学中文》课本为主线，辅之学生的兴趣点进行教学，教授日常交流用语、中国文化和中国当代青少年关注的内容。[①]

① 杨一丹《里加 64 中学教学情况》，2022 年 7 月 8 日，第 1—3 页。

第八章　原有教学点更上一层楼

这一时期，原有教学点维泽梅大学、里加斯特拉京什大学、拉脱维亚大学的中文教学进一步发展，更上一层楼。

第一节　维泽梅大学

维泽梅大学中文教学点获得了进一步发展。中文课在初始阶段是旅游专业大一和大二学生语言选修课，2013 年规定旅游专业大一中文课为必修课，大二中文课为选修课，两个年级的汉语学分均纳入学生的学分系统当中，后来，中文课作为选修课不仅对大二学生开放，而且将范围扩大到旅游专业所有年级。

一、中文教学

这一阶段，有 9 位志愿者教师相继任教：北京语言大学本科应届毕业生陈学敏（2010 年 10 月—2012 年 6 月）和宁晓璐（2012 年 10 月—2015 年 6 月）、首都师范大学研究生初从从（2015 年 10 月—2016 年 6 月）、华南师范大学研究生刘丹（2016 年 9 月—2017 年 6 月）、陕西师范大学研究生于洋（2017 年 9 月—2018 年 6 月）、湖北工业大学研究生李浩芹（2018 年 9 月—2019 年 6 月）、西安外国语大学研究生姚璟（2019 年 11 月—2020 年 6 月）、黑龙江大学研究生吴炳璋（2020 年 9 月—2021 年 6 月）、华南师范大学研究生朱瑜（2022 年 10 月—2023 年 6 月）。

陈学敏任教两个学年，给旅游管理专业学生开设中文课。宁晓璐任教三个学年，中文教学对象有 4 个班，旅游专业一年级班（34 人）、旅游专业二年级班（8 人）、终身教育中心成人班（2 人）、本校教职工兴趣班（12 人）。初从从给旅游专业大一和大二学生上中文课，大一中文课为必修课（2 个班 30 人），大二为选修课（1 个班 15 人）。刘丹给大一和大二旅游专业学生上中文必修课，给大三大四旅游专业学生上中文选修课，给交换生上中文兴趣课。于洋任教期间有 3 名学生参加“汉语桥”比赛，获得大学生初级组第三名和第四名及中级组第三名，有 2 名学生参加孔子学院夏令营。李浩芹任教期间中文课共有 5 个班，分别是旅游管理专业大一基础班（10 人）、旅游管理专业初级班（6 人）、中级班（1 人）、高级班（1 人）、交换生基础班（6 人）。姚璟任教期间除了上语言课，每月组织一次文化课，尽可能让中文课变得形象、立体起来。由于疫情，吴炳璋未能赴任，而是网络远程授课。也由于疫情，2021—2022 学年维泽梅大学停止了中文教学。2022 年 10 月维泽梅大学恢复了线下中文教学，朱瑜任教期间中文班分为零基础班和中级班，共 22 人。

二、文化交流

2011 年 1 月 18 日，胡业顺大使与夫人颜利茹访问维泽梅大学，校长薇娅・道克施苔女士接待。胡大使一行参观大学图书馆并赠送百余册有关中国文化、艺术、历史方面的最新系列丛书，在中文课堂与学生们一起学习中文歌曲，并教授学生汉字。

2012 年 5 月，陈学敏与学生参加“地球村”活动，展示中国美食、书法、太极和剪纸文化。2013 年 2 月 9 日，宁晓璐参加当地餐厅举办的中国夜活动，介绍春节传统习俗，接受当地报纸有关春节的采访。2016 年 4 月 25 日，初从从在维泽梅大学广场向全校学生介绍并展示不同种类的毽子，和学生一起表演踢毽子。2017 年 6 月 1 日，刘丹带领学生去尤尔马拉，一起欣赏海边风景，玩中文游戏，学习与海边相关的中文词语和句子。2019年9月22日，姚璟在里加中国文化中心参加“我们爱唱中文歌”活动。

第二节 里加斯特拉京什大学

从2011年起，里加斯特拉京什大学孔子中心继续稳步发展，2014年白妩娜接替史莲娜任孔子中心主任。2018年孔子中心改名为中国研究中心，白妩娜任中国研究中心主任。

一、中文教学

孔子中心(中国研究中心)由史莲娜、白妩娜、谢安娜、詹娜、陈红梅等老师授课。白妩娜2012年博士毕业，她的研究兴趣包括中国当代政治话语、当代中国意识形态、欧华关系、“一带一路”政策等国际政治和国际关系问题，还兼任拉脱维亚国际事务研究所新丝绸之路项目主持人。(周睿，2021)谢安娜2012年1月12—18日参加在华东师范大学举办的外国本土中文教师赴华培训欧洲特制班。史莲娜2012年11月24—30日赴华参加外国本土中文教师教材培训班。詹娜在拉脱维亚大学汉学专业本科和研究生毕业，并在北京语言大学、杭州师范大学、浙江大学留学，2012—2014年在孔子中心任教。陈红梅2015年至今任教，最初协助谢安娜一起授课，后来独立授课。

据里加斯特拉京什大学中国研究中心网站介绍，该中心旨在从事有关中国和东亚地区研究，提供证书汉语培训，推动里加斯特拉京什大学国际化学术研究和教学。目前，里加斯特拉京什大学中国研究中心是一个多功能的地区研究中心，按照里加斯特拉京什大学发展规划组织活动，包括教育、研究和国际化三个主要方向。中国研究中心为初学者以及有中文学习经历者提供中文课程，负责人白妩娜，不同级别的中文课程向所有人开放，给学生提供免费电子版课本，为学完所有课程并成功通过年末考试者颁发证书。①

二、文化交流

中国大使访问交流活动。2011 年 12 月 1 日，胡业顺大使访问孔子中心并向其赠送教学设备，乌泽兰塔副校长及史莲娜主任接待。2013 年 4 月 21 日，杨国强大使走访孔子中心，就下一步中文教学与推广深入交换了看法。

举办学术研讨会。2013 年 9 月 21 日，孔子中心举办"中国和欧洲：文化、语言和政治方面的交往"国际研讨会，纪念孔子中心成立八周年。史莲娜、白妩娜、谢安娜、詹娜以及来自白俄罗斯国立大学、香港大学、赫尔辛基大学、北京外国语大学、武汉大学的 20 余名学者参会。

中国传统节日庆祝活动。2016 年 2 月 22 日，孔子中心举办元宵节联欢会。黄勇大使、葛德乌斯基斯校长以及史莲娜、白妩娜等师生百余人出席活动。2017 年 2 月 13 日，孔子中心举办元宵节庆祝活动，黄勇大使、葛德乌斯基斯校长、白妩娜主任以及师生出席活动。

与中国高校互访交流。2011 年，里加斯特拉京什大学学生魏罗曼斯赴北京语言大学留学一年学习现代汉语，春柳赴浙江师范大学留学一年学习现代汉语。2014 年，白妩娜在复旦大学访学一年。2015 年 4 月 28 日，白妩娜访问上海商学院。2015 年 5 月 18 日，白妩娜访问安徽医科大学。2015 年 11 月 23 日，白妩娜陪同拉脱维亚总理斯特劳尤马访问复旦大学。2017 年 10 月 4 日，安徽中医药大学党委书记王大鹏率团访问里加斯特拉京什大学，参访孔子中心。

此外，2018 年 8 月 21 日，史莲娜教授荣获第 12 届中华图书特殊贡献奖，颁奖仪式在北京举行。②

---

① https://www.rsu.lv/en/china-studies-centre，2022 年 9 月 18 日上网查阅。

② http://www.cptoday.cn/news/detail/6114，2022 年 9 月 20 日上网查阅。

第三节　拉脱维亚大学人文学院

拉脱维亚大学孔子学院成立后，与拉脱维亚大学人文学院密切合作，联合打造中文教育平台，人文学院亚洲学系汉学专业教学也在稳步发展。

一、师资队伍

2010—2014 年，柯世浩任亚洲学系主任。[①] 2015—2022 年，亚尼斯·布列戴任亚洲学系主任。小卡和鲍葛薇先后担任汉学专业负责人，鲍葛薇也曾任拉脱维亚大学印度文化研究中心主任(2015—2017)，小卡 2014 年赴台湾政治大学攻读博士学位并留在台湾工作。玛伊丽娜继续给大一和大二学生上课，2014 年 3 月因个人原因离开拉脱维亚大学。莫丽雅继续担任汉语语音教师，2019 年结婚后与丈夫冯奈斯特拉移居瑞士。卡琳娜 2015 年起成为师资队伍中新的一员，为中文教学注入了新的活力。[②] 鲍葛薇介绍："卡琳娜最初是我的学生，硕士毕业后不久成为我的同事。她主要讲授现代中文课，也给许多学生做私教。可以说，她培育了新一代汉学家，用她自己对中国文化和语言的热情与执着，激励着年轻一代。此外，卡琳娜也组织和参与大量与中国有关的活动，在中国大使馆和孔子学院组织的各种活动中做主持和翻译。"(Baltgalve Agita，2024)

2011 年 1 月 17 日，李碧建参赞代表国家汉办与奥津什校长签订《中

---

① 柯世浩于 2020 年离开拉脱维亚大学，2021 年起任奥地利因斯布鲁克大学(University of Innsbruck)客座教授和独立汉学研究员。

② 卡琳娜 2005—2009 年在拉脱维亚大学汉学专业攻读学士学位(2007—2008 年在上海外国语大学进修)，2010—2012 年在拉脱维亚大学汉学专业攻读硕士学位，2012—2013 年在华东师范大学留学，2015 年开始在拉脱维亚大学汉学专业任教，2016 年起担任拉脱维亚留华同学会会长，2017 年参加青年汉学家研修项目，2019 年起在拉脱维亚大学攻读文化与人类学博士学位，主要研究领域为中国古代历史和中国传统文化。

国国家汉办与拉脱维亚大学关于派遣汉语教师和志愿者的协议》，以加强中文师资力量。这一阶段，有5位中国公派教师任教，即河南安阳工学院讲师樊莉（2011年5月—2013年6月）、黄冈师范学院讲师王琼子（2013年8月—2015年6月；2018年1月—2020年1月）、华南师范大学讲师潘军武（2016年1月—2018年1月）、华南师范大学教授王葆华（2018年10月—12月）、华南师范大学硕士白冰玉（2020年9月—2024年6月）。此外，有6位孔子学院志愿者教师先后任教，即黄蕊（2015年9月—2016年7月）、曾庆君（2016年8月—2018年6月）、邹亚平（2018年9月—2020年6月）、车俊池（2018年8月—2020年6月）、焦文静（2019年9月—2020年6月）、郑玉馨（2019年9月—2020年6月）。另外，也有生活在拉脱维亚的当地华人李满楠（2012年9月—2014年1月）、路岩（2015年9月—2016年1月）等任教。

二、中文教学

鲍葛薇在《拉脱维亚大学汉学专业教学经历》中写到，在亚洲学本科阶段，中文习得始于第一学期的两门课程，即语音课和汉字课，第二学期开始学习中文综合课，如汉语Ⅰ、汉语Ⅱ等，包括听说读写各项技能的综合训练。在硕士阶段，继续学习综合中文课的同时，也学习笔译、口译、文学等课程。多年来，一年级新生先由拉脱维亚本土中文教师授课，以便能够更好地介绍基础中文知识。但近年来，由于大部分学生入学前已经学过中文和中国文化，因此第一学期开始就由中国老师讲授口语课。语言课由拉脱维亚老师和中国老师共同承担，语法、翻译和文学课由拉脱维亚老师承担，而其他方面如会话和写作则由中国老师承担。

每个教师都有自己不同的教学方法和对待学生的态度。例如，柯世浩具有中欧教育背景，喜欢组织研讨会和讲座，以便培养学生的批判性思维和科学视野。小卡更重视恰当理解科学研究方法，比较中西思想，在他的考试中，学生必须非常详细地解释中国文化的核心概念，与历史和社会背景相关联，不允许老生常谈。卡琳娜开发了许多有效学习语言的方法，运用社会文化和艺术元素(画出绕口令，传统节日和现代生活的有趣事例)，她用丰富多彩的活动、实用可行的练习、视觉互动材料吸引学生，但也布置大量的作业。鲍葛薇主要举办有关中国文学、文化和历史的讲座，讲解并展示她在中国的亲身经历以及与中国人的接触，讲座配以照片、图表、视频，要求学生积极参与，回答问题，翻译词汇或句子，表达他们自己的观点等。(Baltgalve Agita，2024)

樊莉任教两学年四个学期，第一学期为大二、大三和研一、研二学生讲授汉语Ⅰ、汉语Ⅵ、汉语Ⅶ、汉语Ⅷ，学生总数58人；第二学期为大一、大二、大三和研一学生讲授汉语Ⅱ、汉语Ⅳ、汉语Ⅶ，学生总数82人；第三学期为大三和研一、研二学生讲授汉语Ⅳ、汉语Ⅵ、汉语Ⅶ，学生总数36人；第四学期为大一、大二和研一学生讲授汉语Ⅰ、汉语Ⅳ、汉语Ⅶ，学生总数50人。王琼子任教四学年八个学期，第一任期两个学年担任本科三个年级的综合课，大三的中国方言课，研一的语言课，研二的翻译课，孔子学院高级班的综合课；大一21人，大二22人，大三20人，研一4人，研二4人。第二任期两个学年担任大一综合中文课31人，大二综合中文课26人，大三综合中文课46人；研一综合中文课10人、翻译课3人、文言文课4人；研二翻译课4人、综合中文课3人。潘军武第一学年除了给人文学院学生上课外，也给孔子学院超级班学员上课，第二学年一直在人文学院亚洲系给汉学专业学生上中文课程，教学对象是汉学专业大一、大二、大三和研一、研二年级。王葆华担任研究生讲座课程，两个年级5人，唐诗介绍与欣赏、宋词介绍与欣赏、中国现代诗歌介绍与欣赏、中国现代小说介绍、中国古代诗词中的意象；大三讲座课程，15人，中文如何表达空间和时间、汉字与汉语亲属词汇之间的关系、中国古代诗词中的意象、中国现当代诗歌欣赏；大三中国文学课程，15人，宋词、唐宋八大家、朱熹与理学、元曲、京剧、明清小说；大一英文讲座课程，12人，唐诗宋词。白冰玉头两个学年一直是网络远程上课，承担本科生和研究生的中文课程，第一学年大一 12 人，大二 19 人，大三 5 人，研究生 8 人；第二学年大一 14 人，大二 12 人，大三 15 人，研究生 7 人；第三学年终于赴任授课，第一学期注册学生人数 51 人，共 5 个年级，每年级 1 个班，其中大一 14 人，大二 13 人，大三 15 人，研一 6 人，研二 3 人。

中国志愿者教师黄蕊给研一和研二两个年级合并起来的研究生班上课，共 6 人，课程分为 HSK 辅导、“汉语桥”辅导和汉语语言知识讲解三个方面。曾庆君给研究生班上课，共 6 人，除了平时上课，“汉语桥”比赛期间至少 2 课时 / 周辅导时间。邹亚平第一学年负责研究生班的中文教学，第二学年负责本科二年级的中文教学，使用教材《HSK 标准教程 3》和《HSK 标准教程 4》（上）。车俊池第二学年承担本科一年级汉语听说课，收获最大的是解锁了新冠疫情初期“在线教学”这种新的教学模式。焦文静第一学期负责研究生班教学，设计了“看视频学中文”的教学方法。郑玉馨第二学期承担研究生班的课程，选择中国影视剧作为教学内容。

三、汉语角活动

这一时期，汉语角（汉语沙龙）活动有了一些新变化。(1) 起初汉语角固定在拉脱维亚华人华侨联合会大本营东亚长城饭店举办，后来改在拉脱维亚大学人文学院中文教室和几个中餐馆及茶店等流动举办。(2) 起初汉语角由拉脱维亚大学人文学院亚洲学系汉学专业组织举办，后来拉脱维亚大学孔子学院和拉脱维亚留华同学会（2016 年 8 月 23 日在拉脱维亚大学主楼小礼堂举办成立庆典，卡琳娜任会长，安泽和古爱柳任副会长，叶春萌任秘书长）加入其中，一起参与举办汉语角活动。(3) 汉语角活动最早是每周一次，主要是播放中国电影，后来创新形式，多姿多彩，或两周一次，或一月一次。下面是一些汉语角活动记录。

2014 年 9 月 25 日、10 月 9 日、10 月 30 日、11 月 13 日，该学期

第一期至第四期汉语角活动在长城饭店举行。孔子学院和人文学院学生以及对中文及中国文化交流感兴趣的社会人士参加活动。前三次在茶话会形式的氛围中，中拉友人欢聚一堂，就各种话题展开讨论。第四次是中国古琴专题活动，以讲座和观摩为主，古琴家田泉和师生们分享了蕴含在中国古琴中的精神气质。2018 年 2 月 23 日和 9 月 25 日，在长城饭店分别举办中外诗歌翻译会主题和中秋节主题汉语角，由卡琳娜主持。

2015 年 10 月 12 日和 11 月 16 日，2016 年 4 月 14 日、6 月 1 日和 10 月 6 日，汉语角活动在拉脱维亚大学人文学院中文教室举办。人文学院汉学专业师生、孔子学院师生、中国留学生等参加活动。分别举行猜汉字、故事接龙、我做你猜以及旅游主题、运动主题、爱好主题、文学小说诗歌散文主题等活动，由鲍葛薇主持。2018 年 11 月 7 日和 2019 年 3 月 7 日，在人文学院中文教室举行限时互换聊天汉语角，由鲍葛薇和卡琳娜主持。

2017 年 3 月 31 日和 2018 年 3 月 28 日，汉语角活动分别在里加山茶店和加佳家中餐馆举行，主题分别为品茶论道、讲述中国故事领略中国文化。2020—2022 学年，受疫情影响，汉语角活动暂停。2022 年 9 月 21 日和 10 月 14 日，时隔两年多后，汉语角活动终于在加佳家中餐馆再次拉开了帷幕，主题分别是畅聊万物和学习包饺子，由鲍葛薇和卡琳娜主持。

四、学术交流

中国大使馆交流活动。2011 年 2 月 11 日，中国大使馆与拉脱维亚汉教师生举行联欢交流会。2011 年 12 月 27 日，中国大使馆举办汉学文化招待会。2012 年 2 月 14 日，贝德高拜访中国大使馆。2013 年 9 月 3 日，杨国强大使走访拉脱维亚大学。

学术培训活动。2012 年 1 月 12—18 日，莫丽雅和谢安娜参加孔子学院总部/国家汉办举办的外国本土中文教师教材培训班。2017年2月，中国大使馆推荐4位拉脱维亚大学培养的汉语人才赴华参加中国文化部举办的研修班，其中卡琳娜参加青年汉学家研修班，叶春萌参加中外文学出版翻译研修班，孙天娜参加汉学与当代中国研修班，赵劳拉参加中外影视译制合作高级研修班。2022年11月17—21日，鲍葛薇和卡琳娜赴匈牙利罗兰大学参加中东欧中文教师培训中心第十期培训班。2022年11月25日至12月3日，鲍葛薇参加北京语言大学举办的欧洲本土中文教师在线研修项目。

波罗的海东亚研究中心活动。2014年，拉脱维亚国家图书馆新馆（光之城堡）竣工开业，波罗的海东亚研究中心阅览室由拉脱维亚大学人文学院亚洲学系搬迁到拉脱维亚国家图书馆，叶春萌任阅览室主任。[①] 2015年9月17日，拉脱维亚大学波罗的海东亚研究中心与拉脱维亚国家图书馆联合举办拉脱维亚国家图书馆亚洲研究分馆开馆仪式。

学术讲座活动。2017年10月10—11日，柯世浩与小卡一起组织系列国际讲座《信仰之岛：中国台湾地区的佛教与佛教学说》。2019年5月28日，鲍葛薇在人文学院报告厅举办《汉传佛教与藏传佛教比较》讲座。2020年8月3—31日，拉脱维亚留华同学会和中国大使馆联合主办在线汉学讲座。2021年12月14—28日，鲍葛薇和卡琳娜主持举办首届国际《汉传和藏传佛教研究》线上系列讲座。2022年12月26—30日，鲍葛薇和卡琳娜主持举办汉语、梵语和藏语历史关系与语言基础国际线上工作坊。

学术会议。2018年，第三届波罗的海亚洲研究联盟会议在拉脱维亚大学召开。2021年5月28日，拉脱维亚大学人文学院亚洲学系举办以“中文教学的优点和难点”为主题的汉语专家与中文教师论坛会。

---

① 叶春萌2008—2011年在拉脱维亚大学汉学专业读本科，2011—2012年赴浙江大学留学进修汉语，2012—2014年在拉脱维亚大学汉学专业读硕士，2012年起在拉脱维亚大学波罗的海东亚研究中心阅览室工作。

余　论

历时近两年忙里偷闲的写作终于画上了句号。原计划写一篇《国别（拉脱维亚）与区域（中东欧16国）互鉴视角下拉脱维亚中文教育的特点、成就、经验、挑战与应对》作为本书的余论，但由于卸任之际事务繁杂加之手头资料有限，只好抱憾留待以后再写。

拉脱维亚中文教育历史悠久，跌宕起伏，历经几个时期。拉脱维亚第一次独立时期和苏联时期虽然成就不大，但具有举足轻重的历史地位，是拉脱维亚中文教育肇始和储备期，为随后时期中文教育的厚积薄发奠定了坚实的基础和优良的传统。拉脱维亚中文教育系统化和专业化始于拉脱维亚恢复独立时期，经历了由点到面、由小到大、由弱到强的不同历史演进阶段，从一枝独秀到多点开花再到遍布全境。作为拉脱维亚唯一开设汉学本科和硕士研究生专业的学校，拉脱维亚大学是拉脱维亚中文教育的摇篮和基地，撑起了拉脱维亚中文教育的一片天，培养了许多中文人才。孔子学院则是拉脱维亚中文教育的助推器，推动中文教育走向全国，拉脱维亚中文教学点由原来只集中在首都里加，发展到现在遍及东南西北中，遍布全国各地，由原来主要集中在大学，发展到涵盖大学、中学、小学、幼儿园以及社会人士各个阶层。

由于新冠疫情和其他原因，几个教学点停止了中文教学，也有教学点由当地华人接手，但新的教学点也陆续开设，包括叶卡布皮尔斯第2中学、里加13中学、里加40中学、里加45中学、瓦尔米耶拉第2中学、利耶帕亚海事学院等。此外，银行大学（史劳拉任中文教师）、蒙特梭利玛雅幼儿园（陈健任中文教师）、里加国际德语私立幼儿园（陈健任中文教师)、里加国际学校、功夫协会、里加英语教室、尼克为你公司(刘劳拉任中文教师)等私立学校和机构也开设了中文课程，有本土老师和中国老师任教。一些学校也曾开设短期汉语培训班之类，如里加古典高级中学、里加37中学、多玛(如家)母童培教中心等。另外，也有一些拉脱维亚华人和当地人开设汉语培训班和私教课程。拉脱维亚大学孔子学院和人文学院的毕业生也利用业余时间从事中文家教工作，形成代代相传的中国语言文化传播的动人局面。例如，贝德高教授培养了学生鲍葛薇，鲍葛薇培养了学生卡琳娜(现在是同事)，卡琳娜培养了学生玛莎，玛莎现在也有自己的学生跟她学习中文，可谓四代相传，生生不息。仅笔者知道的开设中文培训班和私教课程的有陈健、杜雨桐、李杰、李华、郭春梅、万玉、卡琳娜、叶春萌、高安娜、罗佳玫、刘劳拉、帕伊丽娜、罗丽娜、蜜雪儿、帝安娜、玛莎等。还有无数个像他们一样的中文爱好者和传播者在中文私教的讲坛上默默耕耘，风雨前行。他们犹如暗夜烛光和星星之光，点燃了中文教育的明灯，熠熠生辉，璀璨夺目，闪耀在拉脱维亚的星空，闪耀在波罗的海之滨和道加瓦河畔!

主要参考文献

安慈莎（2020）《俄罗斯汉语教学历史、现状和展望》，辽宁师范大学硕士学位论文。

安会敏（2017）《苏联时期波罗的海三国民族问题研究》，聊城大学硕士学位论文。

安吉塔·鲍葛薇（2016）《拉脱维亚汉学研究述评》，尚劝余、贝德高、董芳主编《拉脱维亚汉语教学研究与探索》，昆明：云南人民出版社。

奥丽加·伊瓦诺娃（2019）《俄罗斯帝国汉语教学历史及其当代启示》，青岛大学硕士学位论文。

贝德高（2010）《序言》，贝德高《汉语拉脱维亚语大词典》，北京：商务印书馆。

贝德高（2021）《我的中国日记》，尚劝余等译，北京：商务印书馆。

曹　慧（1995）《俄罗斯汉学家眼中的中国传统文化》，《中国典籍与文化》第 3 期。

董　芳（2016）《里加文化中学汉语教学现状调研》，尚劝余、贝德高、董芳主编《拉脱维亚汉语教学研究与探索》，昆明：云南人民出版社。

韩　莉（2011）《1917 年前的俄国国内汉语教育》，《齐齐哈尔大学学报》（哲学社会科学版）第 1 期。

何　杰（2000）《拉脱维亚大学的汉语教学》，《世界汉语教学》第 2 期。

雷丽萍、李　渤（2011）《俄罗斯汉学的发展演变及其现实意义》，《东北亚论坛》第 4 期。

李明滨（2008）《波兹涅耶娃的学术成就和对中俄文化交流的贡献》，《中国俄语教学》第 4 期。

李兴汉《列国志：波罗的海三国——爱沙尼亚、拉脱维亚、立陶宛》，北京：社会科学文献出版社，2003 年。

刘东亮（2021）《伊万诺沃国际儿童院的红色后代们》，《百年潮》第 6 期。

刘会强（2022）《拉脱维亚，我们会后有期》，尚劝余、贝德高主编《汉语之花盛开在波罗的海之滨——我与拉脱维亚的故事》，北京：世界知识出版社。

刘　旭《中国孔子学院历时发展研究》，《重庆大学学报》（社会科学版）2015 年第 6 期。

柳阿萨（2019）《莫斯科国立大学中文教学模式分析》，天津师范大学硕士学位论文。

柳若梅(2003)《独树一帜的俄罗斯汉学》,《中国文化研究》夏之卷。

柳若梅(2005)《〈汉文启蒙〉》和《〈官话语法试编〉》,李向玉、张西平、赵永新主编《世界汉语教育史研究》,澳门:澳门理工学院出版社。

罗　薇(2020)《俄国汉语教材〈官话语法试编〉(1902)汉字课程的历史语言学思想》,《汉字文化》第6期。

罗　薇(2021)《〈汉语官话语法试编〉研究》,北京外国语大学博士学位论文。

纳迪娜(2022)《拉脱维亚与中国关系研究:多边视阈下的双边关系(1991—2019)》,尚劝余、贝德高主编《拉脱维亚视阈下的拉脱维亚与中国研究》,里加:拉脱维亚大学出版社。

欧阳静平、卢　渠(2017)《中国是我的第二故乡》,《华南师大报》12月第939期第4版。

彭　飞、张　红(2011)《拉脱维亚的汉语教学历史和近况》,《海外华文教育》第4期。

钱娅莉(2020)《俄罗斯汉学家鲁达科夫及其对远东汉学流派发展的贡献》,《欧亚人文研究》第4期。

尚劝余、贝德高、白冰玉主编(2022)《拉脱维亚线上汉语教学纵论》,里加:拉脱维亚大学出版社。

尚劝余、贝德高、董　芳主编(2016)《拉脱维亚汉语教学研究与探索》,昆明:云南人民出版社。

尚劝余、贝德高等(2016)《拉脱维亚汉语教学总体情况概述》,尚劝余、贝德高、董芳主编《拉脱维亚汉语教学研究与探索》,昆明:云南人民出版社。

尚劝余、贝德高、玛丽娅主编(2021)《拉脱维亚大学孔子学院10周年纪念册》,里加:拉脱维亚大学出版社。

尚劝余、贝德高、王　蕾、王琼子主编(2021)《拉脱维亚汉语教学探索》,里加:拉脱维亚大学出版社。

尚劝余、尚沫含(2022)《拉脱维亚汉语教学研究》,《汉语教学学刊》(总第16辑),北京:北京大学出版社。

尚劝余、王琼子、贝德高主编(2019)《拉脱维亚汉语教学研究》,里加:拉脱维亚大学出版社。

施密特(2016)《涅吉达尔人的语言》,王大可译,《满语研究》第2期。

史莲娜(1996)《五四时期克鲁泡特金对中国的影响》,《汉学研究》第14卷。

斯卡奇科夫(2011)《俄罗斯汉学史》,米亚斯尼科夫编,柳若梅译,北京:社会科学文献出版社。

谭武军(2020)《拉脱维亚汉学家贝德高——"我与中国有着不解之缘"》,《人民日报》6月14日第7版。

王敌非(2016)《欧洲满文文献典藏述略——以拉脱维亚、瑞典和丹麦为例》,《黑龙江民族丛刊》第3期。

王红厂、钟晓雯(2015)《谭傲霜的汉语研究特色》,《中北大学学报》(社会科学版)第5期。

王琼子、尚劝余(2022)《拉脱维亚大学汉语教学新探》,《欧亚人文研究》第4期。

鲜轼振(1996)《拉脱维亚九月》,《语象》第23期。

谢清松(2019)《波罗的海三国的语言政策研究》,贵州民族大学硕士学位论文。

阎国栋(2006)《俄国汉学史》,北京:人民出版社。

于丛杨(2022)《我是胭脂红中间那道白——拉脱维亚大学执教三部曲》,尚劝余、贝德高主编《汉语之花盛开在波罗的海之滨——我与拉脱维亚的故事》,北京:世界知识出版社。

张　扬(2019)《海外本土教师初级阶段汉语教学研究——基于拉脱维亚斯比杜拉中学的个案研究》,尚劝余、王琼子、贝德高主编《拉脱维亚汉语教学研究》,里加:拉脱维亚大学出版社。

中共中央文献研究室(1990)《老一代革命家家书选》,北京:生活·读书·新知三联书店。

周宏友(2022)《那些人那些事那些难忘的回忆》,尚劝余、贝德高主编《汉语之花盛开在波罗的海之滨——我与拉脱维亚的故事》,北京:世界知识出版社。

周　睿(2021)《21世纪波罗的海三国汉学研究现状述评》,《汉学研究通讯》第2期。

子　川(2010)《俄罗斯学校的汉语热》,《教育》第36期。

Baltgalve Agita(2024) Chinese Language and Culture Pedagogy at the University of Latvia, *Journal of Chinese Language Teaching in Europe*, No. 1.

Biezais Von Haralds(1982) Peter Schmidt – eine kurze Biographie, in *Florilegia Manjurica in Memoriam Walter Fuchs*, Hrsg. Michael Weiers und Giovanni Stary, Wiesbaden: Otto Harrassowitz.

Bulis Aldis, Škapars Roberts & Šķiltere Daina(2016) *Latvijas ražošanas uzņēmumu konkurētspējas uzlabošana Ķīnas Tautas Republikas tirgū*, Rīga: LU Akadēmiskais apgāds.

Dedze Indra & Rubene Zanda(2016) Universities in Latvia – from the Soviet to European Higher Education Area, *Foro de Educación,* vol. 14, núm. 21, juliodiciembre, España: FahrenHouse Cabrerizos.

Dunajevs Georgijs(2021) From Orientalist to Scholar of Asia: Pēteris Šmits' Writings on China for Mājas Viesis, 1897–1899, in *Latvijas Nacionālās bibliotēkas Zinātniskie raksti 7 (XXVII)*, Vēstures avoti Latvijas atmiņas institūcijās.

Eihmanis Kaspars(2019) Edgara Kataja studenti atceras savu skolotāju, *Latvijas Zinātņu Akadēmijas Vēstis*, 73. Sēj., Nr. 2.

Haijima Agnese(2015) Japanese Studies in Latvia: A Historical Perspective and the Present Situation,*Japanese Studies Around the World,* Volume 2014, 2015–03–06.

Ivbulis Viktors(2011) Twenty Years of Latvian Oriental Studies, *Latvijas Universitātes Raksti,* Volume 779.

Kalnins Māra(2014) *The Ancient Amber Routes: Travels From Rīga to Byzantium*, Riga: Pētergailis.

Karpova Ksenija & Ošiņš Edgars(1994) *Svešvalodu fakultāte, Latvijas Universitāte 75*, Rīga: Latvijas Universitāte.

Katajs Edgars(1996) Par ķīniešu rakstu zīmju fonētisko atveidi latviešu valodā, in Grīslis Egils(ed.), *Ceļš,* No. 48. Rīga: LU Teoloģijas fakultāte.

Katajs Edgars(2000) *Zem desmit valstu karogiem*, Rīga: Jumava.

Katajs Edgars(2008 transl.) *100 ķīniešu gudrības*, Rīga: Jumava.

Lao Še; Katajs Edgars (1963 transl.) *Rikša*. Rīga: Latvijas valsts izdevniecība.

Pildegovičs Pēteris(2008) *Latviešu-ķīniešu sarunvalodas vārdnīca*, Rīga: Izdevniecība RaKa.

Pildegovičs Pēteris(2019) *Mans Ķīnas stāsts*, Rīga: LU Akadēmiskais apgāds.

Pildegovičs Pēteris(2020) Profesora Pētera Šmita ieguldījums ķīniešu valodas apmācības metodoloģijā, in Saviča Mārīte(eds.), *Professors Pēteris Šmits: no Raunas līdz Pekinai,* Rīga: LU Akadēmiskais apgāds.

Rode Nadina(2016) Latvieši Ķīnā 1918–1940. Harbinas piemērs, *Latvijas Universitātes Žurnāls. Vēsture*, Nr. 2 (97).

Rozenbergs Jānis(1998) *Folklorista, etnogrāfa un valodnieka Pētera Smita atcerei*, *Letonica*, LU Literatūras, folkloras un mākslas institūts, Nr.2.

Saviča Mārīte(eds.) (2020) *Professors Pēteris Šmits:No Raunas Līdz Pekinai*, Rīga: LU Akadēmiskais Apgāds.

Shang Quanyu(2020) A Study of Sinologist Pēteris Šmits From the Chinese Perspective, *Ukurainian Journal of Sinology Studies*, No 1.

Shang Quanyu & Lu Yan(2020) Research on Latvian sinologist Peter Schmidt in China: contemporary perspective and significance, in Saviča Mārīte(eds.), *Professors Pēteris Šmits: no Raunas līdz Pekinai,* Rīga: LU Akadēmiskais apgāds.

Smirnova Anželika(2022) *Tālu, tālu Austrumos*, Rīga: LU Akadēmiskais apgāds.

Šmits Pāvils(1962) Profesora Šmita atstātais zinātniskais mantojums (sakarā ar valodnieka, etnogrāfa un folklorista 24. gadu nāves dienu)，打印稿，藏于拉脱维亚大学学术图书馆。

Šaurums G., *Profesors Pēteris Šmits: Pēc autobiogrāfiskiem materiāliem*, Rīga, 1940, 铅字打印稿。

Staburova Jeļena(1990) "Viņš devās ceļā īstajā laikā un pareizajā virzienā", *žurnāls Grāmata,* 02.

Staburova Jeļena(1993) *Latvija–Ķīna–Taivāna: trīsstūris vai aplis?* Rīga: Latvijas Ārpolitikas institūts.

Staburova Jeļena(1995) *Balts zirgs nav zirgs jeb tradicionālā Ķīnas filozofija*, Rīga: Enciklopēdija.

Staburova Jeļena(1997) *Ķīnas Tautas Republika ar un bez Dena Sjaopina*, Rīga: Ekonomisko Reformu institūts.

Staburova Jeļena(2006) *Ķīniešu valodas īpašvārdi un to atveide latviešu valodā*, Rīga: Jāņa Rozes apgāds.

Staburova Jeļena(2006) *Konfūcijs:Apkopotas runas*, Rīga: Neputns.

Staburova Jeļena(2009) *Laodzi: Dao un De kanons,* Rīga: Neputns.

Strods H. (Ed.) (1999) *Latvijas Valsts universitātes vēsture, 1940–1990*, Rīga: Latvijas Universitāte.

Taivāns Leons(2019) Latvijas Zinātņu akadēmijas Goda doktors Edgars Robertis Kattai (Edgars Katajs) 3.02.1923–5.04.2019, *Latvijas Zinātņu Akadēmijas Vēstis*, 73. Sēj., Nr. 2, p.125.

Walravens Hartman(1982) Peter Schmidt Ostasienwissenschaftler, Linguist und Folklorist, Eine Vorlaufige Biographie, in *Florilegia Manjurica in Memoriam Walter Fuchs*, Hrsg. Michael Weiers und Giovanni Stary, Wiesbaden: Otto Harrassowitz.

Zeiferts Teodors (1920) Pēteris Šmits, *Izglītības Ministrijas Mēnešraksts*, 9.

Врадий С. (1999) Профессор китаеведения А. В. Рудаков, Известия Восточного института.

Еланцева О. (2015) Восточный институт: история и современность. Известия Восточного Института, 25.01.2015.

Шмидт П. (1901) Лингвистическое введение в изучение китайского языка, Владивосток: Паровая Типо-литогр. газ. «Дальний Восток».

人名汉译和原文对照表

（以汉译名拼音为序）

A

阿·波兹涅耶夫 Александр Матвеевич Позднев
阿迪斯·克朗瓦尔兹 Atis Kronvalds
阿道夫·克洛斯 Ādolfs Krauss
阿尔尼斯·阿尔德恩斯 Arnis Altens
阿杰莉娜 Adelīna Lāce
阿拉伊玛 Laima Vizule-Aovta
阿列克斯 Aleksandrs Aleksejevs
阿列克谢耶夫 Vasily Mikhailovich Alekseev，中文名阿翰林或阿理克
阿·摩尔特莱施特 A. Moltresht
阿娜西 Anastasija Puzankova
阿妮塔·马泰娅 Anita Mateja
阿帕莱 Dzintra Apale
阿提斯·卡姆帕尔斯 Atis Kampars
阿维兹·施密特 Arvids Smits
阿沃茨 A. Avots
阿尤莉亚 Jūlija Ahmadejeva
埃吉尔斯·莱维茨 Egils Levits
艾·柏莱施内德 E. Bretschnerder
艾德林 Zalmanovich Eydlin
艾蝶尔 Lauma Ēdelmane
艾尔恩斯特·斯维克里斯 Ernests Sviklis
艾格里迪斯 R. Eglitis
艾杰西 Jesse Appell
艾蓝黛 Džekija Eilande
艾乐 Aleksandra Kiļa
艾力克 Ēriks Kasparenoks
艾丽娜·瓦西尔叶娃 Elīna Vasiļjeva
艾莲娜 Elēna Ardava
艾明 Emils Kolosovs
艾任斯 Eižens Vietnieks
艾思洁 Agnese Stūrmane
艾娃 Eva Kasparenoka-Bogdāne
艾薇娅 Evija Pintane
艾唯 Evianna Majore
艾维塔 Evita Grase-Kalme
艾维娅 Evija Ozoliņa
艾文 Pārsla Dambe
艾晓奇 Edvins Gajevskis
爱尔扎 Elza Bekmane
爱佳·维卡尔奈 Aiga Veckalne
爱莱娜·贝德高 Elena Pildegoviča
爱丽札 Elīza Stīpniece
爱娃 Eva Kremere
安 Anastasija Griņina
安慈莎 Anastasia Davydova
安德里斯·派尔什 Andris Pelšs

安德列夫·涅德拉 Andrievs Niedra
安德烈斯·乌皮茨 Andrejs Upīts
安吉丽娜 Angelina Maksimova
安杰斯 Andžejs Kaševskis
安娜·利耶采 Anana Liece
安妮达·新泽梅 Anita Jaunzeme
安然 Ksenija Naidjonoka
安特拉·柯莉阿文斯卡 Antra Kļavinska
安亚尼斯 Jānis Andzans
安泽 Anželika Smirnova
昂劳拉 Laura Onzule
奥迪斯·菲尔库斯 Aldis Firkuss
奥尔佳·赛留缇娜 Olga Seļutina
奥津什 Mārcis Auziņš
奥丽加·伊瓦诺娃 Olga Ivanova
奥丽莎 Oļesja Garjutkina
奥莉亚 Olga Opekuna
奥莉娅 Olga Golubeva
奥梦达 Monta Ozola
奥斯卡尔斯·布列戴 Oskars Priede
奥斯马·西姆迪娜 Ausma Cimdina
奥赛克里斯 Auseklis
奥辛什 E.Osins
澳妮卡 Veronika Aleksejeva

B

巴艾丽塔 Elita Balčus
巴拉第·卡法罗夫 П.Н.КaqbapoB
巴莉耶娜 Liene Barkāne
巴舍夫基斯 A. Barsevkis
白凯夏 Jekaterīna Beļajeva
白丽娜 Katrīna Barisa
白丽雪 Elizaveta Bogatova
白琳达 Linda Bērziņa
白妩娜 Una Aleksandra Bērziņa-Čerenkova
白艺兰 Elina Breskere
白伊丽娜 Irina Bezručenko
鲍迪娜 Maija Baltina
鲍葛薇 Agita Baltgalve,全名安吉塔·鲍葛薇
鲍卡丽娜 Karīna Balašova
保罗·斯特拉京什 Pauls Stradiņš
保罗·瓦尔登 Paul Valden
贝阿道夫 Ādolfs Adama Pildegovičs
贝艾米莉亚 Emīlija Pildegoviča
贝艾瓦尔斯 Aivars Pildegovičs
贝安德烈斯 Andrejs Pildegovičs
贝安娜 Anna Pildegoviča
贝彼得里斯 Pēteris Pildegovičs
贝德高 Pēteris Pildegovičs
贝卡尔利斯 Kārlis Pildegovičs
贝勒 Emil Bretschneider
贝马丁什 Mārtiņš Bērziņš
贝玛格达丽娜 Magdalēna Pildegoviča
贝娜茜 Anastasija Petrova
贝思婷 Kristīne Baltpurviņa
贝特霍尔德·劳费尔 Berthold Laufer
贝亚当斯 Ādams Karla Pildegovičs
贝伊达 Ida Pildegoviča
贝尤里斯 Juris Pildegovičs
贝尤利娅 Jūlija Pildegoviča
彼得里斯·拉吉斯 Pēteris Laķis
彼得里斯·司徒奇卡 Pēteris Stučka
彼得森 E.Pētersons
碧海 Helēna Vikmane
比留科夫 V. Birjukov

彼耶扎伊斯 Von Haralds Biezais
波波夫 Павел Степанович Попов，中文名柏百福，笔名茂林
波波娃 Irina Popova
波利瓦诺夫 Евгений Дмитриевич Поливанов
波美兰 Лариса Евгеньевна Бомеранцева
帛黎 A.Theophile Piry
博戈列波夫 N.Bogolepov
布劳拉 Laura Blomentale
布丽娜 Liene Brioonoka
布鲁诺・扬森斯 Bruno Jansons
布罗克斯 Rolands Broks
布麦雅 Maija Burmakova
布伊尔泽 Ilze Briede

C

采普里提斯 Maris Cepuritis
村斯卡 Aija Cunska
查赫 Erwin von Zach，又译赞克，全名欧文・冯・查赫（或赞克）
初玛丽亚 Maria Čumikova-Pucinska
春柳 Tatjana Kaļimana

D

达吉雅娜 Tatjana Kudrjavceva
达吉亚娜 Tatjana Kovaļkova
大卡 Kaspars Krustiņš
达娜 Dana Sorokina
达维多夫 A. Davidov
达伊娜 Daina Brante
大山 Ilona Jevstropova
戴安娜 Diāna Zeļepukina
戴卡佳 Jekaterina Dena
戴伊娜・什奇尔泰莱 Daina Šķiltere
丹凯尔斯 Osvalds Dankers
丹尼尔斯・盖戴茨 Daniels Gederts
丹尼斯 Deniss Petrovs
丹尼娅 Tatyana Pang
丹雅娜 Jana Daniča
道古里斯 Martins Daugulis
德・波兹涅耶夫 Дмитрий Матвеевич Позднев
德拉古诺夫 Александр Александрович Драгунов
德拉古诺瓦 Е. Н. Драгунова
德列耶伊曼 A.Dreimanis
德鲁维叶戴 Ina Druviete
德麦雅 Maija Drekslere
迪米特里 Dmitrijs Trizna
帝安娜 Diana Komova
杜丹娜 Dana Duda
朵安娜 Anna Dobrijaņina

E

鄂山荫 Илья Михайлович Ошанин
恩尼斯茨・布尔特涅克斯 Ernests Burtnieks

F

方爱德 Edgars Mikelsons
费德林 Николай Трофимович Федоренко
费多罗娃 Е. К. Федорова
佛尔克 Alfred Forke
弗拉迪 Vladislavs Užulis
弗里德里希・恩格斯 Friedrich Engels
福兰阁 Otto Franke

福图纳托夫 Filipp Fedorovič Fortunatov

G

高安娜 Anastasija Krilova-Galkina
高碧娜 Astrida Gobina
高歌 Anna Jenerte
高乐言 Aleksandrs Gross
高辟天 Артемий Михайлович Карапетьянц，原名卡拉佩季扬茨
戈列洛夫 Владимир Иванович Горелов
格奥尔吉耶夫斯基 Сергей Михайлович Георгиевский
格蕾 Sabīne Madara Galeja
格列比翁希科夫 Александр Васильевич Гребенщиков
格玛丽娜 Marina Grečaņina
葛阿丽娜 Alīna Gržibovska
葛查娜 Zane Graudiņa
葛德乌斯基斯 Jānis Gardovskis
葛禄博 Wilhelm Grube，葛禄博系自取汉名，亦音译为顾路柏、顾威廉、格鲁柏、格鲁伯、葛鲁贝等
葛思语 Georgijs Dunajevs
贡蒂斯·乌尔马尼斯 Guntis Ulmanis
古爱柳 Aleksandra Grevceva
古恩塔尔斯·德雷耶尔斯 Guntars Dreijers
古恩塔尔斯·凯腾伯格 Guntars Kitenbergs
古斯塔夫斯·沙乌鲁姆斯 Gustavs Šaurums
管生生 Renāte Zdanovska
郭索菲亚 Sofija Golubeikov
果玛丽亚 Marija Gorbacenko

H

哈艾葛妮赛 Agnese Iļjina-Haijima
哈依达尔·穆内卡 Hajdar Muneka
汉诺夫·巴拉诺夫 I.Baranov
亨利·裕尔 Herry Yule
华克生 D. Voskresensky，原名沃斯克列先斯基
霍赫罗夫 Alexander Hohlov
霍玛丽亚 Mariya Horoshkeyeva
霍叶莲娜 Jelena Holodova

J

基拉 Kira Žuraveļa
嵇穆 Martin Gimm
季穆尔 Denisovs Timurs
吉英蕾 Ineta Girdjuka
加迪斯 Gatis Veldre
加利采夫 И. Н. Гальцев
嘉琳娜 Gaļina Pildegovičs
贾娜·巴坦·扎茹塔 Jana Butāne-Zarjuta
杰卢利斯 Ģerulis
金茨 Gints Kauniste
金捷娅 Kintija Zdanovska

K

卡爱丽丝 Alise Karalīna Kakatiņa
卡戴 Edgars Katajs
卡尔利斯·卡斯帕尔森斯 Kārlis Kasparsons
卡尔利斯·克莱斯林什 Kārlis Krēsliņš
卡尔利斯·乌尔马尼斯 Kārlis Ulmanis
卡尔宁什 Valdonis Kalniņš

卡拉米妮娅 Karamiņa
卡琳娜 Karīna Jermaka
卡恰 Jekaterina Šilina
喀玛格丽达 Margarita Kaltigina
喀伊内塔 Ineta Kaltigina
康格罗 Andris Kangro
康克尔基娅·库里洛娃 Konkordija Kurilova
康琳 Kristīne Milere
考安达 Anda Kalniņa
柯劳拉 Laura Krēgere-Zatīna
柯琪娜 Irēna Kokina
柯世浩 Frank Jochen Kraushaar
科尔斯 Helmuts Kols
科罗特科夫 Николай Николаевич Коротков
科洛科洛夫 Всеволод Сергеевич Колоколов
科特维奇 Władysław Kotwicz
科托娃 A. Kotova
克拉夫·韦维尔斯 Klavs Vevers
克拉文什 Kaspars Kļaviņš
克莱斯林什 Jānis Kreslins
克丽娜 Karina Kalniņa
克丽塔 Krista Muižniece
孔津什 Kārlis Kundziņš
库埃德加 Edgars Kuzmans
库朵莱 Ilze Kudore
库尔德内 Baudouin de Courtenay
库洛萨瓦 Ayumi Kurosawa
阔凯 Tatjana Koke
阔桑塔 Santa Kozlova

L

拉丽莎·贡恰连科 Larisa Gončarenko
拉莎·扎利泰 Rasa Zalite
拉文斯 Imants Lavins
拉叶莲娜 Jeļena Ragozina
拉叶娃 Ieva Lapiņa
拉伊塔·罗兰德 Raita Rollande
莱迪妮娅 Māra Leltiņa
莱梅赛 Solveiga Linda Remese
莱蒙尼 Laimonis Rozenbergs
莱西蒙娜 Simona Laiveniece
莱耶娃 Ieva Reca
蓝娜 Lana Burceva
老罗高寿 A.P. Rogachev，原名阿列克谢·彼得罗维奇·罗加乔夫
乐桑 Inesa Antonova
雷劳拉 Laura Treiliha
雷雅晶 Elīna Ļeščuka
梨椰娜 Liene
黎黎 Irina Pronina
李艾迪 Aldis Bulis
李艾娜 Liene Feldemane
李安娜·加布拉奈 Liana Gabrane
李达彩 Dace Liberte
李福清 B.Riftin，原名鲍里斯·利沃维奇·里弗京，Boris L.Riftin
李佳·克罗达 Līga Koloda
李兰 Līga Ozoliņa
李丽 Ligita Jurkāne-Davidova
李莉 Ligita Zihmane Linda
李琳达 Linda Kande
李莎 Елизавета Павловна Кишкина

李思达 Krista Buša-Dāvida
李斯 Artūrs Rimašs
李约瑟 Joseph Needham
理查兹 Ricards Cerenkovs
丽佳・克里阿维妮娅 Līga Kļaviņa
利比奇克斯 Leonīds Ribickis
利佳 Līga Tuca
利文斯 Pauls Līvens
莉娃 Liva Koziola
列尔葛薇 Marija Lielgalve
列娜特 Renāte Andersone
列舍托夫 Alexander Mikhailovich Reshetov
列伊奈赛 Inese Lielmane
林安邦 Kristaps Veide
林妲 Linda
林晒波 Лин Шайло
林西莉 Cecilia Lindqvist
林伊娃 Ieva Saliņa
林祖恩 Zane Erkske
刘克甫 Василий Михайлович Крюков，原名克留科夫
刘劳拉 Laura Liepiņa
刘祖恩 Zane Petrovska
柳阿萨 Sarkitova Lyuaza
柳鲍芙・德米特里耶夫娜・波兹涅耶娃 Lyubov Dmitrievna Pozdneeva
柳德米拉・坡伦科维奇 Lyudmila Porunkevich
卢卡 Luka Ivanovs
鲁波娃・波格丹诺娃-芮德科娃 Lubova Bogdanova-Židkova
鲁达科夫 A.V. Rudakov
鲁道夫斯・维特拉 Rudolfs Vetra
卢卡 Luka Ivanovs
鲁缅采夫 Михаил Кузьмич Румянцев
鲁斯卡 Sarma Ruska
路娃 Natalija Rodionova
路易泽・达克莎 Luīze Dakša
罗伯茨・吉利斯 Roberts Kilis
罗伯茨・什卡帕尔斯 Roberts Škapars
罗伯特・克林伯格 Roberts Krimbergs
罗佳玫 Aļesja Rogača
罗拉伍 Vladimirs Silovs
罗丽达 Lolita Sarkane
罗丽娜 Lorīna Gordejeva
罗娜达莉亚 Nataļja Rogaļeva
罗日杰斯特文斯基 Юрий Владимирович Рождественский
罗森堡 Otto Karl Julius Rosenberg
罗亚男 Aleksandra Romanova

M

马丁斯・叶里莫夫斯 Martins Jerimovs
马尔康奈 Velga Mālkalne
马里斯・盖利斯 Maris Gailis
马西姆 Maksims Izotovs
马笑笑 Madara Smalkā
玛奥尔佳 Olga Maļeva
玛库丝 Dace Markus
玛拉・卡尔宁斯 Māra Kalnins
玛丽 Marieta Tarabrina
玛丽黛・萨维查 Mārīte Saviča
玛丽卡・皮拉 Marika Pīra
玛丽亚・蒙特梭利 Marijas Montesori
玛丽亚・叶盖莱 Marija nēe Jēgere
玛丽娅 Marija Jurso

玛莉卡 Marika Kupce
玛莎 Marija Švacka
玛雅・布里玛 Maija Burima
玛伊丽娜 Irina Marinska-Siuhina
迈祖里斯 Ainārs Mežulis
梅辉立 William Fredrick Mayers
美查娜 Zane Mellupe
蒙恰诺娃 J. Molchanova
梦竹 Žanna Musina
米艾维塔 Evita Mikiško
米玛丽娅 Marija Pokrovska-Mihajličenko
米亚斯尼科夫 Владимир Степанович Мясников
米伊尔泽 Ilze Paegle-Mkrtčjana
蜜白芭 Baiba Misāne
蜜达彩 Dace Mihailova
蜜雪儿 Mišela Belkina
明亥 Mihails Rīzakovs
莫丽雅 Jūlija Gumiļova-Fenestra
莫洛迪赫・瓦列里・约西福维奇 Molodykh Valery Iosifovich
莫妮卡 Monika Štikāne
穆拉夫斯基 S. Muravsky
穆内卡 Hajdar Muneka
穆伊日涅克斯 Indriķis Muižnieks
穆尤莉亚 Jūlija Mnife

N

那斯佳 Anastasija Kozireva
娜达莉亚 Natālija Pestune
娜杰日塔・亚历山大罗夫娜・扎伊泽娃 Nadezda Aleksandrovna Zaiceva
娜塔丽娅・阿米洛夫娜・斯图普尼茨卡娅 Natalia Amirovna Stupnizkaja
纳迪娜 Nadīna Rode
纳尼卡 Veronika Nasredinova
讷色恩 Arthur von Rosthorn
奈伊琳娜 Irina Nekļudova
南茜 Anastasija Rizika
南泽慧 Nataļja Vecvagare
倪安娜 Anna Nidbalska
尼古拉斯・默里・巴特勒 Nicholas Murray Butler
尼基福罗夫 V. Nikiforov
妮安娜 Anna Ņikitina
妮蒂娜 Daina Nitina
妮基季娜 Никитина Тамара Никифоровна
妮卡 Nika Marta Ivaninoka
妮维多利亚 Viktorija Ņikitina
诺娃 Anastasija Goršanova
诺亚历山大 Aleksandrs Novikovs

O

欧内斯茨・布莱赛 Ernests Blese
欧阳兰 Paula Ozoliņa

P

帕卡林斯 Guntis Pakalns
帕库乐 Janina Kursite-Pakule
帕维尔・本莫特–阿瓦洛夫 Pavel Bermonta-Avalov
帕维尔斯・施密特 Pāvils Šmits
帕谢尔盖 Sergejs Paratovs
帕叶莲娜 Jeļena Paškeviča
帕伊丽娜 Irina Glodika-Paratovs
潘尼卡 Veronika Pankratova

潘亚力 Aleksejs Paškovskis
佩休罗夫Дмитрий Алексеевич Пещуров，中文名孟第
皮安娜 Anna Pīpiņa
皮理查德 Richards Piks
珀维拉 Vera Pole
珀亚尼斯 Jānis Pokulis
普艾丽丝 Alise Plotova
普艾雅 Aija Pliena
普安娜 Anna Puriņa
普丹尼尔 Daniils Pjaterņovs
普拉特 Count Plāters
普穆普林斯 Talis Pumpurins

Q

齐比科夫 Гонбоджаб Цыбиков
恰亚尼斯 Jānis Tjarve
乔治·威廉·蒂姆 Georg Wilhelm Timm
屈纳 Николай Василивиеч Кюнер

R

任纳斯 Renars Lasks
茹丹娜 Dana Rudāka
芮叶莲娜 Jeļena Židkova

S

萨琳达 Linda Sallu
萨罗吉尼·奈杜 Sarojini Naidu
萨沙 Aleksandra Mirojevska
萨叶娃 Ieva Sakne
塞尔盖 Sergejs Polanskis
塞马尼斯 E.Semanis
赛叶娃 Valērija Satibaldijeva
赛怡乐 Valerija Seile
桑德拉·梅什科娃 Sandra Meškova
森丽娅 Jesenija Kolosova
沙瓦布 Arveds Švābe
莎比娜 Sabīne Kuriloviča
施嘉琪 Zane Zvaigzne
施密特 Peter Schmidt，Pēteris Šmits 或 Pētera Šmita，全名彼得·施密特
什温克 J.Švinka
什伊尔泽 Ilze Šķestere
史劳拉 Laura Šlare
史莲娜 Jeļena Staburova
史麦雅 Maija Šauruma
史坦恩布利克斯 G.Šteinbriks
奭慈敏 Anna Vodolagina
舒托娃 Е. И. Шутова
丝丽奈薇查 Irēna Siliņeviča
丝玛丽亚 Marija Stupakova
丝雅娜 Jana Strautmane
思巴文 Eižens Spalviņš，又名 Evgenij Spalvin
思查娜 Zane Skuja
思卡佳 Jekaterina Stepanova
思劳拉 Laura Stupaka
斯阿蒙兹 Armands Strauja
斯卡奇科夫 P. E.Skachkov，中国史籍中称为孔气，也称孔琪庭、孔琪
斯帕尔维纳 Eižena Spalviņa
斯特劳尤马 Laimdota Straujuma
斯维特蓝娜·什巴耶娃 Svetlana Sibaeva
宋意晴 Rebeka Anna Abija
苏安娜 Anna Suškēviča
孙天娜 Kristiāna Meldere
索尔恩采夫 Вадим Михайлович Солнцев

索尔维塔·库克尔 Solvita Kukle

T

塔安娜 Anna Lūcija Tauriņa
塔尼亚 Tatjana Andrejeva
塔伊万斯 Leons Taivāns
泰奥多斯·泽伊菲尔茨 Teodors Zeiferts
泰鲁姆涅克斯 Edmunds Teirumnieks
甜甜 Simona Zuja
唐娜拉 Nora Ziedkalna
涂宏睿 Elvis Tupčijenko，中文名温暖

W

瓦尔达·莱科 Valda Reke
瓦尔泰莱 Maira Valtere
瓦加达 Wagada
瓦拉迪斯拉夫 Vladislavs Malahovskis
瓦莱杨思·维祖里斯 Valerjans Vizulis
瓦乐丽雅·朵佳达叶娃 Valerija Dogadajeva
瓦西里 Vasilijs Mihailovs
王西里 V.P.Vasiliev，原名瓦西里·帕夫洛维奇·瓦西里耶夫
威姆·瓦斯伍德 Wihelm Oswald
威妥玛 Thomas Francis Wade
微微 Margarita Sviridova
薇拉 Vera Rižņikova
薇炜 Iveta Kukuma
薇娅·道克施苔 Vija Daukšte
韦小洁 Agnese Vilka
维尔吉娜 Ilze Vergina
维克多·伊夫布里斯 Viktors Ivbulis
维塔·巴拉玛 Vita Balama
伟军 Deniels Van Lubeks
伟烈亚力 Alexander Wylie
魏汉茂 Hartmut Walravens
魏罗曼斯 Romans Vikis
温达 Venta Kocere
温维雅 Viktorija Vintere
文玲 Helēna Avdjukēviča
沃安娜 Anna Vodolagina
沃亚尼斯 Jānis Ozoliņš
沃叶娃 Ieva Ozola
乌埃德加 Edgars Uļjāns
乌尔蒂斯·贝尔津什 Uldis Bērziņš
乌尔迪斯·苏科夫斯基斯 Uldis Sukovskis
乌罗兰兹 Rolands Ūdris
乌斯汀·彼得·马特维耶维奇 Ustin Pjotr Matvejevich
乌祖里斯 Vladislavs Uzulis

X

西格玛·安克拉瓦 Sigma Ankrava
西格奈·内玛奈 Signe Neimane
西蒙娜 Simona Gurbo
习卡丽 Karīna Čimbaraite
习妮卡 Veronika Čistjakova
谢安娜 Anna Sedova
谢尔久琴科 Георгий Петрович Сердюченко
星星 Anais Korali
小荷花 Marija Ņilova
小卡 Kaspars Eihmanis，也叫艾恪、艾荷蔓、艾柯
小莲 Liene Logina
小云 Jekaterina Koteļņikova

Y

雅洪托夫 Sergey Evgenyevich Yakhtov，中文名杨托夫
雅尼斯 Jānis Skubeničs
雅尼斯·恩泽林斯 Jānis Endzelīns
亚尼斯·贝尔津什 Jānis Bērziņš
亚尼斯·布列戴 Jānis Priede
亚尼斯·拉齐普列西斯 Jānis Lacplesis
亚尼斯·罗森堡斯 Jānis Rozenbergs
亚尼斯·洛亚 Jānis Loja
亚尼斯·马瑞克斯 Jānis Mažeiks
亚尼斯·斯克思突利斯 Jānis Sīkstulis
亚尼斯·什特拉乌赫曼 Jānis Štrauhmanis
亚尼斯·图坎斯 Jānis Tukāns
亚尼斯·维特拉 Jānis Vētra
阳胡能 Huha Janhunen
阳康龙 Karens Petrosjans
阳颂娜 Ilga Jansone
杨桑塔 Santa Jansone
叶比鲁塔 Biruta Jēgere
叶波波娃 Jelena Popova
叶春萌 Jekaterina Pavlova
叶明目 Artjoms Jevsejevs
叶薇珍妮娅 Jevgēnija Maslovska
叶亚尼斯 Jānis Jirgens
衣尔泽 Ilze Pūka
伊达·紫葛薇 Ida nēe Zilgalve
伊尔佳·斯迪库泰 Ilga Stikute
伊尔嘉 Ilga Mantiniece
伊尔泽·沃列诺维查 Ilze Oļehnoviča
伊凡 Ivans Ņilovs
伊格尔斯·迪潘斯 Igors Tipāns
伊格尔斯·格劳斯 Igors Graurs
伊格斯 Igors Kudrjavcevs
伊克思顿斯 Jānis Ikstens
伊丽娜·宝索娃 Irina Bausova
伊丽莎 Elizaveta Ivanova
伊鲁塔 Iluta Vilcāne
伊玛格丽塔 Margarita Isajeva
伊曼茨 Imants Kaulakāns
伊娜拉 Ināra Katajsa
伊尼卡 Nika Marta Ivaninoka
伊萨延科 Борис Степанович Исаенко
伊斯梅尔·阿布-卡里莫夫 Исмаил Абу Каримов
伊娃 Ieva Goba
伊瓦尔·果德曼尼斯 Ivars Godmanis
伊万诺夫 Алексей Иванович Иванов
伊万诺夫斯基 Алексей Осипович Ивановский
伊薇塔·米叶图莱 Iveta Mietule
伊维达 Iveta Bankova-Cīrule
依兰娜 Ilana Šterensus
依玛 Jema Neimane
依妮 Inita Kulite
依尤娜 Ilva Legzdina
茵娜 Ina Forande
尹杜里斯·兰卡 Indulis Ranka
优安娜 Anastasija Jukšinska
优何意 Takeda Yuhei
尤里斯·阿伦南斯 Juris Alunāns
尤里耶夫 M. Yuriyev
尤利娅·凯兹卡 Jūlija Kezika
尤娜 Una Lekuze
月蓝塔 Jolanta Priede

Z

赞德尔 Friedrich Zander
早星 Simona Liepa
扎多延克 Tamara Pavlovna Zadojenko（Тамара Павловна Задоенко）
扎哈罗夫 Иван Ильич Захаров，中国史籍中称为杂哈劳
扎里特 Pēteris Zālīte
扎内 Zane Sprukta
扎齐斯 Juris Zakis
詹娜 Zane Breice-Kļaviņa
张安娜 Anastasija Zlideņa
张放 Egils Dzelme
赵劳拉 Laura Pinkena
珍珠 Margarita Markune
郑慧敏 Solveiga Kārkliņa-Akmentiņa
周文馨 Marija Nikolajeva
兹格付里资·安娜·迈叶洛维奇 Zigfrīds Anna Meierovics
兹姆尼科娃 Irina Zimnikova
兹桑塔 Santa Zvirbule

后　　记

本书完稿付梓之际，笔者不胜感慨，思绪万千。

笔者于2014年6月16日抵达拉脱维亚，出任拉脱维亚大学孔子学院中方院长，由于孔子学院10周年庆典和新冠疫情等因素，连续任职长达10个年头（9年有余），2023年10月卸任。2019年4月25日，拉脱维亚教育与科学部致函中国教育部和孔子学院总部 / 国家汉办："拉脱维亚共和国教育与科学部非常感谢贵部迄今为止的合作与支持，感谢贵部派遣客座教授在拉脱维亚大学工作。我们非常高兴，中国高等教育机构和拉脱维亚高等教育机构为学习彼此的语言和文化提供了机会，这是双方践行拉脱维亚共和国政府和中华人民共和国政府于2017年11月22日在北京签署的教育领域合作协议第六款的成果。语言技能和文化意识在两国友好关系发展和可持续性合作方面发挥着重要作用。在拉方院长贝德高教授和中方院长尚劝余教授的共同努力下，拉脱维亚大学孔子学院发展迅速，成效卓著，我们高度赞赏和感谢他们两人做出的贡献。2021年拉脱维亚大学孔子学院将迎来10周年庆典。根据所提供的信息，筹划了许多庆祝活动，包括出版书籍、开发词典、组织展览以及在拉脱维亚扩大中文教学点等。鉴于上述情况，我们非常感谢中方的支持，能够延长尚劝余教授任期到2021年11月4日拉脱维亚大学孔子学院10周年庆典之后卸任。这将有助于成功筹备庆典活动，也将有助于为进一步在拉脱维亚推动中国语言和文化教学奠定更坚实的基础。期待进一步富有成效的合作。"[①] 2021年9月7日，中国驻拉脱维亚大使馆致函华

---

① 拉脱维亚教育与科学部函，编号：4-5.1.19/1191，2019年4月25日。

南师范大学："拉脱维亚大学孔子学院是华南师范大学和拉脱维亚大学共建孔子学院，也是拉目前唯一一所孔子学院，肩负着在拉全国推广中文教学和中华文化的重任。该孔子学院现任中方院长尚劝余原计划今年11月结束任期回国。但拉政府因疫情全面收紧入境签证政策，暂不批准我持普通护照公民签证申请，新任中方院长无法来拉接任工作，且当地现无中文教师志愿者。为保障拉脱维亚大学孔子学院的顺利运转和在拉中文教学及管理工作的正常开展，建议尚劝余院长暂时留任，待新任院长抵拉后离任。"① 正是由于任期一再延长，为本书的顺利写作提供了时间和条件。

本书的资料收集始于2019年拉脱维亚大学100周年庆祝活动期间举办施密特教授诞辰150周年国际学术研讨会之际，从那时开始笔者便陆陆续续查阅收集资料，并对相关人士进行访谈。2021年4月，在北京大学施正宇教授的感召下，笔者撰写了《拉脱维亚汉语教学史初探》一文，投给了北京大学对外汉语教育学院《汉语教学学刊》。② 同时，笔者也将这篇论文发给了于丛杨老师，于老师建议在文章框架基础上进一步扩充写成一本专著。于是，从2021年5月开始，笔者便一边搜集资料一边动笔写作本书。非常感谢施正宇教授和于丛杨教授的鼓励，使笔者萌生了撰写拉脱维亚中文教育史的念头。2022年10月5日本书初稿写完后，第一时间发给了于丛杨老师。于老师不久发来了读后感："……有历史学家说，个体生命对历史的体会和理解是历史学的最高境界。窃以为，尚劝余的《拉脱维亚中文教育史》，对102年拉脱维亚中文教育的体会和理解，就达到了这种最高境界。为什么这样说？尚劝余是用自己的心血和笔墨，以及9年的生命历程进行了具体的诠释。历史研究不是理

① 中国驻拉脱维亚大使馆《关于建议拉脱维亚大学孔子学院现任院长暂时留任事》，2021年9月7日。

② 经评审专家建议，《拉脱维亚汉语教学史初探》一文在发表时题目改为《拉脱维亚汉语教学研究》。

论研究，它首先要寻找事实，要探究形成这个事实的诸多因素、条件和环节。这一点，《拉脱维亚中文教育史》就做得非常完美。作者能在时断时续的拉国中文教育历史中，透过更细致更精密的细节，梳理出明晰的脉络。换句话说，该书是在丰富的资料基础之上进行分析性的叙述，同时又站在国际中文教育的高度，目光贯穿过去、现在和未来，在深层次上对拉国的中文教育进行全方位的深掘和分析，以此展示了拉国继续发展中文教育的雄厚资源和力量，呈现了拉国中文教育发展的坚实步伐，传达了拉脱维亚人民了解中国和学习中文的强烈意愿和热情。总而言之，概括起来说，《拉脱维亚中文教育史》史料翔实，分期合理，立论精当，这部著作是国际中文教育国别史的开创篇，是国际中文教育历史上的第一部，它的作用是让历史照亮未来。相信拉脱维亚未来的中文教育，会更加璀璨耀眼！”[①] 此外，于老师在阅读书稿过程中，也做了大量勘误，并提出了一些需要讨论和修改的问题，令笔者感动。

在本书撰写过程中，拉脱维亚大学科学图书馆、拉脱维亚大学学术图书馆、拉脱维亚国家图书馆、中国驻拉脱维亚大使馆等在档案资料方面提供了便利与帮助。在笔者任职期间，中国驻拉脱维亚大使馆杨国强大使、黄勇大使、梁建全大使、唐松根大使、傅智敏参赞、李涛参赞、孙应来参赞、宋丹卉公参、刘少军参赞、沈晓凯参赞、孙金焕参赞、姜润杰秘书、杨婧仪秘书、梁卫泉秘书、曾伏华领事、刘继民领事、赵沛瑶领事、郭海波主任、郑源川主任、屈清源主任、张泽阳主任等对拉脱维亚中文教育非常重视和支持。拉脱维亚大学贝德高教授、鲍葛薇副教授、柯世浩教授、卡琳娜老师、莫丽雅老师、玛伊丽娜老师、白伊丽娜老师，孔子学院秘书玛丽娅女士、柯劳拉女士、白丽娜女士、高安娜女士，俄罗斯远东联邦大学孔子学院前俄方院长康克尔基娅・库里洛娃

① 于丛杨《让历史照亮未来——尚劝余〈拉脱维亚中文教育史〉读后》，2022 年 10 月 11 日。

女士，前阿尔巴尼亚驻华大使穆内卡先生，里加工业大学谢安娜主任，里加斯特拉京什大学白妩娜主任和陈红梅老师，里加34中学格玛丽娜副校长、艾维塔老师、薇拉老师，原里加68中学初玛丽亚老师、珍珠老师、克丽塔老师，里加文化中学周文馨老师，中国驻拉脱维亚大使馆艾晓奇秘书、唐娜拉秘书、李兰秘书、赵劳拉秘书、罗佳玫翻译，拉脱维亚外交部张放司长、古爱柳女士、安吉丽娜女士，拉脱维亚国家图书馆叶春萌主任和葛思语先生，拉脱维亚大学科学图书馆典藏与开发部主任玛莉卡女士和管理员伊尔嘉女士，华大智造拉脱维亚公司蜜雪儿女士和雷雅晶女士，华为拉脱维亚公司罗亚男女士、高歌女士和陈健先生，杜高斯贝银行欧阳兰女士，上海养老院院长阿娜西女士，赞比亚中医院思劳拉女士，北京大学博士生安泽女士，浙江大学博士生刘劳拉女士，浙江大学本科毕业生罗丽娜女士，上海外国语大学博士生帝安娜女士，华南师范大学本科生刁卡丽女士、诺娃女士、泽戴安娜女士，深圳大学硕士生艾乐女士，成都理工大学任教的文玲女士，台湾大学硕士生杜丹娜女士，俄罗斯人民友谊大学硕士生蓝娜女士，英国朴次茅斯大学本科生刁妮卡女士，拉脱维亚大学汉学专业研究生帕伊丽娜女士，拉脱维亚大学本科生卡爱丽丝女士，比特公司张安娜女士，伊办佩公司林伊娃女士，里加中国文化中心秘书艾文女士，国际IT公司亚洲销售部经理艾蝶尔女士，翻译公司经理纳迪娜女士，物流公司路娃女士，青年汉学家阳康龙先生，李思达女士，玛奥尔佳女士，伊尼卡女士，潘尼卡女士，贝思婷女士，奥梦达女士，詹娜女士，莫妮卡女士，丝玛丽亚女士，阿杰莉娜女士，等等，接受了笔者各种不同形式的访谈，提供或核实了宝贵的第一手信息。

拉脱维亚各个中文教学点逾百位历任公派中文教师何杰、于丛杨、王珊、张俊玲、王英佳、王烨姝、樊莉、王琼子、董芳、潘军武、倪艺榕、王葆华、曾庆君、白冰玉和志愿者教师崔艳蕾、张红、衣蕾、杜丽丽、黄芳、牛华丽、陈学敏、罗毅、宁晓璐、王树蕙、黄颖怡、张双、张婕、于靖媛、金晶、方思琪、程雪、季楠、刘会强、莫婉婷、尹莎莎、黄蕊、王志杰、梁铭轩、袁钰、王佳乐、金蒙、初从从、盛铭、潘斌、曾嵘、林婕、吴甜田、吴炜、孙霄、赵倩、胡越、刘丹、于洋、滕飞、刘梦珂、张扬、潘玲、朱玥、陈凤凰、邹亚平、车俊池、王昕、陈莹、黄天祺、梁娟、刘晶铭、林颖娴、尹艳、潘凡尘、胡甜、朱会平、汤蕴新、李浩芹、乔培哲、焦文静、王璐、郑玉馨、胡靖、麻莉、肖依琴、吴哲哲、伍淑仪、燕雪宁、姚璟、姚柳、朱柏帆、邬艳丽、杜灏、吴致昕、朱可嘉、符瑾儿、郭子凡、牛爽、高晴、单琪、魏亚梅、谢慧清、贾昆诺、郑雯宁、谢丽婷、郭萌冉、吴炳璋、涂菁滢、汤蘅、王凯欣、邝又君、李欣、张丹丹、王嘉夫、郝心瑜、李文玉、刘一瑶、朱惠娟、刘贤、霍悦、唐静、徐申、汪贝娅、胡诗蓉、唐璐瑶、杨彩云、邵月园、沈思顺、张涵絮、周蔓、朱瑜、朱柏清、葛欣怡、杨宝茹、杨一丹、孙智慧、鲍传惠，以及本土中文教师丹雅娜、马笑笑、伊玛格丽塔等，每个学年末给中国教育部 / 国家汉办、大使馆和孔子学院提交的工作总结、履职鉴定、光荣岁月、给下任教师志愿者的一封信，每个月给孔子学院提交的工作日志等，都是非常珍贵的第一手资料。拉脱维亚武术协会（里加武术体育学校）历任武术志愿者马一鸣（东北师范大学）、林才（北京体育大学）、张柳繁（北京体育大学）、师鹤松（首都体育学院）、吴家旭（北京体育大学）、黎锦豪（华南师范大学）、钟梦婷（华南师范大学），也是广义中文教育大家庭的一员，是拉脱维亚中文教师的一分子，也每月提交工作日志，每学年末提交工作总结、履职鉴定、光荣岁月、给下任教师志愿者的一封信等。正如钟梦婷所写：在武术课程中，将中文教学融入武术教学，通过易懂的课程讲解、标准的动作演示，使拉脱维亚的儿童、青少年与成年人既可以学习武术的拳法、脚法等，还能在练习武术的过程中学习中文。[①] 本地华人教师李满楠和路岩等，也为拉脱维亚中文教育做出了不可或缺的贡献。

---

① A Mergence of Martial Arts with Cultural Learning – Martial Arts Classes at Riga Wushu Sports School restarts，http://www.ci.lu.lv/?p=6118，Posted by laon1986 on Nov 15. 2022, 2022 年 11 月 16 日上网查阅。

中国外交部周宏友先生、北京外国语大学/中国驻圣彼得堡总领事馆柳若梅教授、兰州大学韩莉教授、华南师范大学李民副教授、北京外国语大学拉脱维亚语教师吕妍女士、北京外国语大学博士罗薇女士、北京第二外国语学院/拉脱维亚大学硕士方慧女士、美国哥伦比亚大学硕士生王铭逸卓女士、美国明尼苏达州雷克斯国际语言学校中文部教师尚沫含女士等，或接受访谈核实信息，或在拉脱维亚语、俄语和英语资料翻译以及专有名词翻译方面，提供了无私帮助和大力支持。

需要特别指出的是，在最后校稿阶段，吕妍女士对拉脱维亚人名、机构名、参考文献、脚注等做了认真细致的校对。

令笔者感动的是，2023 年 9 月 18 日拉脱维亚各界在拉脱维亚大学主楼小礼堂为笔者举行盛大的欢送会，拉脱维亚大学副校长赛格林什和德鲁维戴为笔者颁发校长穆伊日涅克斯签署的嘉许状，孔子学院、孔子课堂和各中文教学点相关负责人和汉语学习者代表也给笔者赠送了鲜花、礼物和卡片；2023 年 9 月 28 日，中国驻拉脱维亚大使馆唐松根大使和夫人王倩为笔者举行欢送会并颁发荣誉证书。

在此，对上述机构和个人表示由衷感谢！

最后，向所有在拉脱维亚这块热土上抛洒热血和汗水、辛勤耕耘和付出、使绚烂的中文之花盛开在碧波荡漾的波罗的海之滨和道加瓦河畔的人们致敬！

尚劝余

2022 年 10 月 5 日初稿

2023 年 10 月 5 日删节稿

2024 年 6 月审读校核